annabac

SUJETS et CORRIGÉS 2017

Philosophie Tle

séries L, ES, S

Stéphanie Degorre
Professeur certifiée
Didier Guimbail
Professeur agrégé
Sabrina Cerqueira
Professeur agrégée

W0299672

 ISSN 1168-3775 ISBN 978-2-218-99843-0

Achevé d'imprimer
Par Maury imprimeur à Malesherbes - France
Dépôt légal 998430-0/01 - Août 2016

IMPRIM'VERT
Votre imprimeur agit pour l'environnement

PAPIER À BASE DE FIBRES CERTIFIÉES

Hatier s'engage pour l'environnement en réduisant l'empreinte carbone de ses livres.
Celle de cet exemplaire est de :
550 g éq. CO_2
Rendez-vous sur
www.hatier-durable.fr

Hatier

Annabac, mode d'emploi

Que contient cet Annabac ?

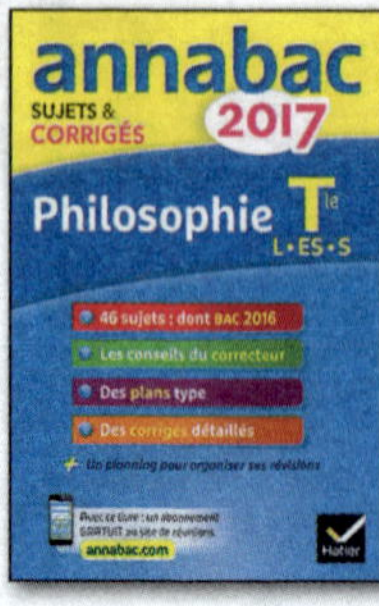

Tous les outils nécessaires pour se préparer de manière efficace à l'épreuve de philosophie du bac 2017.

En premier lieu des **sujets corrigés tombés lors des épreuves du bac 2016**, mais également :
- des sujets complémentaires ;
- des conseils de méthode ;
- les repères clés du programme.

▶ Une large sélection de sujets d'écrit

L'ouvrage comprend les **sujets de la dernière session** et des sujets complémentaires. Il s'efforce de représenter de manière équilibrée **tous les types** d'exercices qui peuvent être proposés dans le cadre de l'épreuve.

▶ Également des sujets d'oral

Nous vous proposons également des sujets vous permettant de vous faire une idée de **l'épreuve orale de contrôle** et de la préparer, si nécessaire, en en connaissant les exigences.

▶ Comment les sujets sont-ils traités ?

Les auteurs de cet ouvrage ont eu à cœur de vous aider à bien interpréter un sujet et « fabriquer » une bonne copie. C'est pourquoi ils ont associé à chaque énoncé :
- une **explication du sujet** et des aides pour construire la réponse (rubrique « Les clés du sujet ») ;
- un **corrigé clairement structuré**, avec des conseils et des commentaires quand c'est nécessaire.

Comment utiliser l'ouvrage ?

▶ À l'aide du sommaire

Dès le mois de décembre, **à l'occasion d'un contrôle ou d'un examen blanc**, n'hésitez pas à vous familiariser avec les types d'exercices proposés au bac en traitant ceux correspondant aux **thèmes du programme à réviser**. Le sommaire vous aidera à les sélectionner.
Travaillez-les le plus possible, dans un premier temps, avec la seule aide des « Clés du sujet » ; puis confrontez ce que vous avez fait au corrigé proposé.

▶ À l'aide du planning de révisions

La date de l'examen se rapproche. Grâce à la rubrique « Votre planning de révisions », choisissez, **en fonction du temps qui vous reste**, les sujets qui vous permettront d'aborder l'épreuve dans les meilleures conditions possible.

Et l'offre privilège sur annabac.com ?

L'achat de cet ouvrage vous permet de bénéficier d'un **accès gratuit*** aux **ressources d'annabac.com** : fiches de cours, podcasts, quiz interactifs, exercices, sujets d'annales…

Pour profiter de cette offre, rendez-vous sur www.annabac.com, dans la rubrique « Vous avez acheté un ouvrage Hatier ? ». La saisie d'un mot clé du livre (lors de votre première visite) vous permet d'activer votre compte personnel.

* Selon conditions précisées sur www.annabac.com.

Qui a fait cet Annabac ?

▶ L'ouvrage a été écrit par **trois enseignants de philosophie** au lycée : Sabrina Cerqueira, Stéphanie Degorre et Didier Guimbail.

▶ Les contenus fournis ont été mis en forme par une équipe composée de plusieurs intervenants :

- des éditeurs : Anne Peeters, Grégoire Thorel et Charlotte Monnier, assistés de Sophie Larras et de Julie Laurendeau ;
- une correctrice : Éva Baladier ;
- des graphistes : Tout pour plaire et Dany Mourain ;
- des maquettistes : Hatier et Dany Mourain ;
- une illustratrice : Juliette Baily ;
- un compositeur : STDI.

SOMMAIRE

Autrui

Le désir

L'existence et le temps

LA CULTURE

Le langage

L'art

Le travail et la technique

La religion

L'histoire

LA RAISON ET LE RÉEL

Théorie et expérience

L'État

LA MORALE

La liberté

Le devoir

Le bonheur

III. Préparer l'épreuve orale de contrôle

IV. La boîte à outils

Votre planning de révisions

J – 30 à J – 15

Vous débutez vos révisions un mois avant l'épreuve.

Traitez un exercice par thème-clé

N°	Thème du programme
6	La conscience
9	Autrui, le désir
14	Le langage
17	La religion
27	La vérité
29	La société
36	La liberté

Vous débutez vos révisions deux semaines avant l'épreuve.

Révisez dans des conditions optimales !

▶ **Avant tout, organisez-vous**

Sur une grande feuille, construisez un tableau, avec : à l'horizontale, les plages de révision qui vous restent et, à la verticale, les différentes matières à réviser. Associez à chaque case un contenu.

▶ **Mettez-vous dans les conditions de l'examen**

Dans les dernières semaines de révisions, il est très important de « plancher » sur de vrais sujets. Essayez de travailler par tranches d'au moins une heure, sans pause.

▶ **Travaillez en équipe**

Vous pouvez aussi organiser des séances de révisions avec des amis, afin de partager vos connaissances et vos techniques de travail, et vous soutenir le moral.

Bonne chance !

J – 15 à J – 7

Consolidez vos méthodes

N°	Point de méthode
15	Analyser le sujet, définir les termes
6	Dégager la problématique du sujet
30	Dégager la problématique d'un texte
27	Construire un plan
19	Rendre compte d'un texte
9	Introduire et conclure

Parcourez le programme

N°	Thème du programme
8	L'inconscient
15	L'art, la perception
26	La matière et l'esprit
31	La société
35	La liberté et l'État
39	Le bonheur

Vous débutez vos révisions une semaine avant l'épreuve.

J – 7 à J

Dernière ligne droite

- Vous maîtrisez désormais les connaissances et les méthodes nécessaires pour réussir.
- Complétez vos révisions avec ces 4 sujets représentatifs :

N°				
N°	7	10	30	38

Dernière ligne droite

- Vous avez revu les grands thèmes du programme.
- Entraînez-vous désormais sur ces 4 sujets représentatifs :

N°	5	10	24	33

Droit au but !

- Plus qu'une semaine, il va falloir mettre les bouchées doubles !
- Travaillez sur ces 4 sujets dans les conditions de l'examen, en ne lisant le corrigé qu'après avoir traité le sujet au brouillon.

N°	1	12	26	34

POUR S'ENTRAÎNER !

Sur **www.annabac.com**

retrouvez les corrigés de 15 sujets de dissertation supplémentaires

Tapez le sujet dans le moteur de recherche du site.
D'un clic, vous affichez le corrigé.

15 sujets en accès gratuit

1 **La conscience** • Pourquoi vouloir se connaître ?

2 **L'inconscient** • Expliquer ses actes par l'inconscient, est-ce ruiner la morale ?

3 **La perception** • Puis-je faire confiance à mes sens ?

4 **Autrui** • Est-il plus facile de connaître autrui que de se connaître soi-même ?

5 **Le désir** • Le désir est-il la marque de la misère de l'homme ?

6 **L'existence et le temps** • Le futur n'existe-t-il que dans notre pensée ?

7 **Le langage** • Peut-on tout exprimer ?

8 **L'art** • L'art est-il moins nécessaire que la science ?

9 **Le travail et la technique** • Doit-on avoir peur de la technique ?

10 **La religion** • À quoi tient la force des religions ?

11 **L'histoire** • Peut-on dire que les hommes font l'histoire ?

12 **La raison et le réel** • De quoi l'expérience nous instruit-elle ?

13 **L'interprétation** • L'imaginaire et le réel se contredisent-ils ?

14 **La vérité** • La pluralité des opinions fait-elle obstacle à l'exigence de vérité ?

15 **La société et l'État** • La politique est-elle l'affaire de tous ?

I. Comprendre les règles de l'épreuve

Description des épreuves

Le programme

(*Cf.* arrêté du 27 mai 2003, *Bulletin Officiel* de l'Éducation nationale du 19 juin 2003.)

On vous donne en début d'année un programme composé de **notions** à assimiler, de **repères**, c'est-à-dire de distinctions conceptuelles à connaître et à savoir utiliser, ainsi qu'une **liste d'auteurs** que l'on ne vous demande pas de connaître intégralement, mais parmi lesquels vous pouvez puiser vos connaissances philosophiques. Le ou les ouvrages préparés pour **l'oral** éventuel (s'il vous manque des points à l'écrit) seront issus nécessairement d'un auteur de la liste.

NOTIONS

Les chiffres renvoient aux sujets corrigés se rapportant à la notion. Le signe + indique que la notion est au programme.

NOTIONS	Séries			SUJETS
	L	ES	S	
Le sujet				
La conscience	+	+	+	6, 7, 8
La perception	+			7, 15
L'inconscient	+	+	+	8
Autrui	+	+		8, 10, 39
Le désir	+	+	+	1, 11, 13, 39
L'existence et le temps	+			12, 13
La culture				
Le langage	+	+		14
L'art	+	+	+	13, 15, 16
Le travail et la technique	+	+	+	5, 16
La religion	+	+	+	17
L'histoire	+	+		2, 3, 12, 18, 19

NOTIONS	Séries			SUJETS
	L	ES	S	
La raison et le réel				
Théorie et expérience	+			20
La démonstration	+	+	+	21, 23
L'interprétation	+	+		14, 23
Le vivant	+		+	24, 25
La matière et l'esprit	+	+	+	26
La vérité	+	+	+	4, 17, 21, 23, 27, 28
La politique				
La société	+		+	10, 29, 30, 31
La société et les échanges		+		31
La justice et le droit	+	+	+	32, 33
L'État	+	+	+	34, 35
La morale				
La liberté	+	+	+	11, 35, 36, 37, 38
Le devoir	+	+	+	24, 25, 38
Le bonheur	+	+	+	11, 39, 40

▶ Voir Lexique des notions.

REPÈRES

« La maîtrise de ces distinctions permettra au candidat de mieux comprendre le sens et la portée d'un problème et de construire sa réflexion pour le traiter. » (Extrait des informations de la Desco.)

Absolu/Relatif – Abstrait/Concret – En acte/En puissance – Analyse/Synthèse – Cause/Fin – Contingent/Nécessaire/Possible – Croire/Savoir – Essentiel/ Accidentel – Expliquer/Comprendre – En fait/En droit – Formel/Matériel – Genre/Espèce/Individu – Idéal/Réel – Identité/Égalité/Différence – Intuitif/ Discursif – Légal/Légitime – Médiat/Immédiat – Objectif/Subjectif – Obligation/ Contrainte – Origine/Fondement – Persuader/Convaincre – Ressemblance/ Analogie – Principe/Conséquence – En théorie/En pratique – Transcendant/ Immanent – Universel/Général/Particulier/Singulier.

▶ Voir Lexique des repères.

L'épreuve écrite

L'épreuve écrite dure 4 heures. Vous devez traiter au choix l'un des trois sujets proposés. Il s'agit de **deux dissertations et d'une explication de texte**. Chaque sujet porte sur une ou plusieurs notions différentes. Il s'agira donc de choisir le sujet relatif à la notion que vous maîtrisez le mieux.

En aucun cas vous ne devez faire, pendant l'année, d'impasse méthodologique : vous devez vous entraîner aux deux types d'épreuves (dissertation et explication de texte), sachant que vous n'êtes pas à l'abri d'un texte ou d'un sujet de dissertation que vous ne comprenez pas.

L'épreuve orale

▶ Si, lors des premiers résultats du baccalauréat, vous avez obtenu une **moyenne entre 8 et 10**, vous passez ce qu'on appelle l'oral. C'est vous qui choisissez les deux disciplines à repasser en fonction des points qu'il vous manque et du coefficient de la matière.

▶ Il faut savoir que la philosophie est une des disciplines pour laquelle l'écart entre l'écrit et l'oral est le plus grand. Si vous avez bien préparé vos textes pendant l'année, il n'y a aucune raison de ne pas réussir. Par contre, à l'écrit on n'est jamais à l'abri d'un contresens.

▶ Quand vous vous présenterez devant le professeur qui vous interrogera, vous serez muni(e) d'une **liste de textes** (comme au bac de français) sur laquelle figurent une ou deux œuvres intégrales si vous êtes en ES ou S, et deux ou trois œuvres si vous êtes en L. Les auteurs sont nécessairement ceux du programme, et, si vous présentez plus d'une œuvre, elles devront appartenir à des périodes différentes. Cette liste doit vous être remise par votre professeur un peu avant la fin des cours. Il faudra bien sûr apporter **les œuvres elles-mêmes**, et de préférence en double exemplaire de manière que le correcteur puisse suivre le texte en même temps. Il choisira un extrait d'une longueur similaire ou supérieure à celle de l'explication écrite. Vous disposerez alors de 20 minutes de préparation puis il vous interrogera pendant 20 minutes, avec en moyenne 10 minutes pour votre exposé et 10 minutes pour l'entretien.

Nos conseils de méthode

La philosophie est une discipline nouvelle, et l'épreuve du baccalauréat permet d'évaluer le sérieux du travail que vous avez fourni pendant l'année scolaire. La réussite à cette épreuve ne s'improvise pas et répond à un certain nombre d'exigences exposées ici.

L'épreuve écrite

RECOMMANDATIONS GÉNÉRALES

L'usage de votre raison

▶ La première capacité exigée d'un élève est celle de penser par soi-même. Penser par soi-même ne signifie pas faire étalage de ses opinions, ou pire de ses sentiments. Il s'agit de **construire, grâce à votre raison, une réflexion** qui soit accompagnée d'arguments acceptables par tous.

▶ Vous devez donc transformer la question posée en un problème et appuyer chaque idée par un argument, une explication, une analyse. Votre raison est également à l'œuvre dans le contrôle de la cohérence de votre devoir.

Les distinctions conceptuelles

▶ Vous devez essayer de définir au brouillon **tous les termes importants du sujet**. Pour ce faire, vous pouvez recourir à des termes qui semblent proches (par exemple, l'erreur et la faute) ou encore à des termes de sens contraire.

▶ Un grand nombre de distinctions conceptuelles sont listées dans les « Repères ».

L'usage des exemples

▶ Un exemple peut servir soit d'illustration à un argument, soit de point de départ pour construire une explication. Il **doit correspondre à une idée**. Que vous commenciez ou que vous finissiez par lui, il doit s'accompagner d'une analyse. Il n'a à lui tout seul pas valeur d'argument.

▶ Préférez des exemples dans un domaine facilement communicable, telle la littérature, plutôt que votre vie privée. Si vous parlez de la passion amoureuse, mieux vaut l'illustrer par les affres d'Emma Bovary que par le récit de vos dernières vacances !

L'usage des références

▶ On peut dire la même chose ici que pour les exemples. La thèse d'un auteur, une citation n'ont d'intérêt que si elles s'accompagnent d'une explication.

Ce qui importe autant que la thèse, c'est de savoir **quel argument apporte l'auteur** pour appuyer sa thèse.

▶ Soyez précis dans vos citations. Si vous n'êtes pas sûr(e) de vos références, n'utilisez pas les guillemets.

La gestion du temps

▶ La gestion du temps est un des paramètres importants à maîtriser pour réussir l'épreuve. Vous disposez de quatre heures pendant lesquelles vous devez vous organiser méthodiquement, sans céder à la panique. C'est pourquoi il faut vous entraîner pendant l'année à faire des devoirs en temps réel.

▶ Les dix premières minutes doivent être employées au **choix du sujet.** Il faut donc les lire calmement en procédant par élimination, et en aucun cas commencer à traiter tous les sujets en même temps. Une fois que votre choix est fait, ne revenez plus en arrière. Ensuite, quel que soit le type d'épreuve, vous devez **analyser votre sujet** durant 1 h 30 à 2 h au brouillon. Cette étape est fondamentale pour rendre un devoir construit.

▶ Quoi qu'il arrive, gardez dix minutes pour **relire**. Il vaut mieux un devoir plus court, mais bien fait, qu'une longue série de phrases incohérentes pleines de fautes d'orthographe.

LA DISSERTATION

La dissertation est un exercice qui consiste à répondre à une question posée par un sujet. La question posée n'attend pas une réponse arrêtée (oui ou non), mais implique d'exposer le problème qu'elle soulève.

La préparation au brouillon

Il s'agit donc dans un premier temps de transformer la question posée en un problème.

▶ Pour ce faire, il faut que vous analysiez au brouillon **chaque terme du sujet** puis que vous établissiez les liens qui existent entre les concepts (similitude, opposition, dépendance…), de manière à soulever les questions sous-jacentes au sujet. Ce n'est qu'une fois ce travail fini que vous pouvez dégager le problème principal que pose le sujet.

▶ Le problème doit se présenter sous la forme d'une alternative entre deux thèses qui permettraient de répondre au sujet, mais qui s'accompagnent chacune d'une objection ou d'une restriction.

▶ Le **plan** vient donc une fois le problème trouvé, et avant la rédaction définitive du devoir.

Élaborez-le au brouillon en notant les titres de chaque partie (de préférence sous forme de phrase) et de chaque sous-partie ; n'oubliez pas, entre deux parties, de rédiger complètement la transition, c'est-à-dire la raison pour laquelle vous passez d'une partie à une autre.

L'introduction

Dans l'introduction, vous devez introduire le sujet, c'est-à-dire « accrocher » votre lecteur au problème philosophique dont il est question. Vous pouvez commencer par définir les termes du sujet. Formulez ensuite la question posée par le sujet en reprenant les mêmes termes, puis énoncez le problème qui lui est sous-jacent.

Pour finir, vous devez donner le plan de votre devoir ; cependant, pour éviter les lourdeurs, vous pouvez faire aussi en sorte qu'il se lise en filigrane dans l'évocation du problème.

Le développement

Si vous avez bien établi le plan au brouillon, le développement n'en est que l'explicitation.

Il faut que la forme de votre devoir permette de reconnaître les différentes parties sans que vous ayez besoin de noter les titres. Entre deux parties, sautez plusieurs lignes et, à chaque nouveau paragraphe, allez à la ligne en commençant en retrait.
N'oubliez pas que chaque paragraphe doit contenir une idée.

La conclusion

Dans la conclusion vous devez faire non pas le résumé, mais la synthèse de votre développement en reprenant le problème posé dans l'introduction et en y répondant. Vous pouvez alors dégager les enjeux philosophiques, c'est-à-dire les champs philosophiques que la question peut ouvrir, en les justifiant. Vous pouvez aussi terminer par une nouvelle question, que le sujet engage et qui demanderait une nouvelle dissertation…

L'EXPLICATION DE TEXTE

L'explication de texte n'est en réalité qu'une dissertation qui s'appuie, non pas sur une question posée par un sujet, mais sur une question posée implicitement ou explicitement par le texte. Vous devez par conséquent respecter les mêmes exigences que celles de la dissertation.

Cependant, la réponse à la question dans le cas d'un commentaire s'appuie sur **l'analyse précise du texte dans sa forme et son contenu** (structure, schéma de l'argumentation, formulations).

Rendre compte du texte

Chaque texte est accompagné de la consigne suivante : « La connaissance de la doctrine de l'auteur n'est pas requise. Il faut et il suffit que l'explication rende compte, par la compréhension précise du texte, du problème dont il est question. »

On ne vous demande donc pas de produire un cours sur l'auteur, mais de **lire pour comprendre**, puis d'expliquer les éléments qui demeurent encore implicites dans le propos de l'auteur.

Dégager ses enjeux philosophiques

Ainsi, l'explication de texte exige que vous rendiez compte de l'ensemble du texte dans sa logique générale et dans son détail et, si vous devez bien mettre en œuvre une **réflexion personnelle**, c'est non pas pour contredire la thèse de l'auteur mais pour en dégager les **enjeux philosophiques**.

LES ERREURS À ÉVITER

Le hors-sujet

Le hors-sujet consiste à traiter d'un autre sujet que celui qui vous est demandé.

Généralement, cela se produit lorsque dans la dissertation, on fait un **traitement thématique du sujet**, sans s'intéresser à la question précise. On fait souvent cette erreur lorsqu'on s'est contenté d'identifier le chapitre du cours concerné et que l'on cherche à le reproduire sans réfléchir. Ainsi, lorsqu'on vous demande « L'histoire a-t-elle un sens ? » et que vous répondez à « L'histoire est-elle une science ? ».

De la même façon, on peut être hors sujet dans une explication de texte lorsqu'on développe le thème du texte sur une question autre que celle du texte.

Le contresens

Le contresens est plus fréquent dans les explications de texte. Il consiste à **mal interpréter le texte** et à lui faire dire le contraire de ce qu'il contient.

Dans les dissertations, le contresens a souvent lieu lorsqu'on restitue mal la pensée d'un auteur, ou lorsque l'on en déduit des conclusions par rapport au sujet qui sont à l'opposé de la pensée d'un auteur.

L'absence d'enjeux

Les enjeux ne sont pas mis en lumière lorsqu'on n'a pas vu ce qui se « jouait » dans le sujet. Si l'on vous demande « Le droit n'est-il que l'expression des rapports de force ? », il faut être en mesure de discuter la thèse adverse, à savoir pourquoi et comment le droit est autre chose que l'expression de rapports de force.

Déterminer les enjeux consiste aussi à **resituer le sujet dans un champ de notions philosophiques plus large**.

Le manque de cohérence

Le manque de cohérence résulte d'un enchaînement des parties qui n'est pas logique. Argumenter une thèse puis sa thèse opposée en les nuançant l'une par rapport à l'autre consiste à expliciter un problème, mais poser simplement l'une après l'autre deux thèses contradictoires, c'est se contredire soi-même. De la même manière, au sein d'une partie, il ne sert à rien d'accumuler des idées différentes sans suivre un **fil directeur**.

Les répétitions

Dans une dissertation, on peut être amené à se répéter lorsque le plan n'est pas logique et progressif.

Dans une explication de texte, la forme de répétition la plus connue est **la paraphrase** : il s'agit de redire exactement ce qui se trouve dans le texte, souvent avec les mêmes mots. Là encore, elle résulte d'une mauvaise préparation qui n'a pas permis de mettre à jour l'implicite du texte.

Le manque de réflexion personnelle

La réflexion personnelle est absente lorsqu'on se livre à des **lieux communs**, à des généralités non philosophiques (c'est alors personnel, mais non réfléchi), ou lorsqu'on **reproduit un cours** sans le comprendre (on a alors une réflexion, mais qui n'est pas personnelle, et souvent du coup hors sujet).

L'absence d'exemple

Un devoir qui ne fait pas l'effort d'appliquer des concepts à des cas concrets restera vide et abstrait. Comment parler d'art sans citer une œuvre, ou de science sans se référer à une expérience ou une découverte ?

L'absence de vocabulaire et de références philosophiques

On vous demande de mener une réflexion personnelle, mais celle-ci s'appuie sur votre **connaissance des auteurs et du vocabulaire philosophique**, notamment celui des repères qu'on vous demande de savoir utiliser.

On ne vous demande pas d'avoir une connaissance encyclopédique, mais de savoir exploiter au moins quelques références, quelques textes que vous connaissez bien.

Les arguments par autorité

Un argument par autorité veut se faire passer pour une preuve. Il consiste à faire croire que la simple référence à la thèse d'un auteur sans l'argumentation qui l'accompagne constitue à lui seul un argument. Par exemple, vous ne pouvez prouver que l'homme est mauvais simplement en disant que pour Hobbes « l'homme est un loup pour l'homme ». Une thèse doit être accompagnée de sa justification sous peine d'être dogmatique.

Les généralisations abusives

Faire des généralisations abusives consiste à réduire une thèse à une idée communément admise, un préjugé, une opinion. Le symptôme le plus connu d'une telle erreur consiste à commencer son devoir par le fameux « De tout temps, l'homme… », qui ne manquera pas d'agacer immédiatement votre examinateur.

Les anachronismes

Faire un anachronisme, c'est confondre des époques. On explique par exemple la thèse d'un auteur par celle d'un autre qui a existé bien après lui. Par exemple, certains élèves essaient malencontreusement d'expliquer un texte de philosophie politique d'Aristote à partir du vocabulaire et de la philosophie de Hobbes.

Les fautes d'orthographe

Malheureusement, les fautes d'orthographe sont très fréquentes : celles qui sont relatives au vocabulaire dépendent d'un travail à long terme qu'il faut mener toute l'année (vérification dans le dictionnaire, identification et correction des fautes dans les copies, lectures variées…) ; celles qui sont liées à la grammaire exigent, bien sûr, de savoir quelles en sont les règles. Ces fautes peuvent considérablement baisser votre note, alors qu'elles sont faciles à corriger en vous relisant après chaque paragraphe puis à la fin du devoir.

L'épreuve orale

LA PRÉPARATION

▶ En dehors de votre connaissance de l'auteur et de votre capacité à resituer le texte dans l'œuvre, les exigences de l'épreuve orale sont similaires à celles de l'explication de texte écrite. Vous disposez de vingt minutes pour repérer la thèse de l'auteur, la question à laquelle cette thèse répond et comment l'auteur argumente, c'est-à-dire le plan du texte.

▶ Pour vous donner un peu plus d'aisance en commençant votre oral, **rédigez votre introduction et faites un plan très détaillé** de votre exposé, plan qui, en principe, suit le texte de manière linéaire. Mais il ne faut pas tout rédiger pour lire ensuite votre feuille de brouillon.

▶ Repérez bien les notions clés, que vous analyserez conceptuellement, ainsi que les articulations du texte. On vous demandera à la fois d'avoir une vue synthétique du texte et d'être capable de rendre compte du détail.

L'EXPOSÉ

▶ Proposez donc, pour commencer, de **lire le texte à voix haute**, à moins que l'examinateur ne vous demande de passer directement à l'explication (ce qui est rare). Profitez-en pour vous détendre en lisant calmement, et avec un ton qui montre que vous comprenez ce que vous lisez.

▶ Ensuite, il s'agit d'entrer dans le cœur du sujet et de **rester concentré sur le texte** et rien que le texte. Vous devez donc faire une introduction, un développement et une conclusion.

• L'**introduction**, comme à l'écrit, donne la thèse, la question posée et le plan. Vous pouvez situer brièvement le texte dans l'œuvre. Par contre, toutes références historiques ou bibliographiques sont inutiles.

• Au cours de votre **développement**, n'hésitez pas à en marquer les articulations et à faire quelques arrêts sur une expression ou une phrase du texte.

• La **conclusion** vous permet de dégager les enjeux et l'intérêt du texte par rapport à la question posée en introduction, par rapport à un problème plus général de philosophie, et éventuellement par rapport à la problématique de l'œuvre elle-même.

L'ENTRETIEN

L'examinateur peut vous poser des **questions pour approfondir certains points** de votre exposé ou vous demander de développer, éventuellement, certaines problématiques que vous n'aurez pas abordées. Il s'agit d'un échange au service d'une réflexion commune. Soyez prêt à lui livrer toutes les informations nécessaires, sans avoir l'air de ne penser qu'à la note qui vous permettrait d'avoir votre bac !

II. Préparer l'épreuve écrite

SUJET

1

France métropolitaine • Juin 2016

DISSERTATION • Série L

Le désir est-il par nature illimité ?

LES CLÉS DU SUJET

■ Définir les termes du sujet

Le désir

• Le désir est le sentiment né de la représentation d'un manque (j'ai l'idée d'un manque, alors que le besoin naît d'un manque qui ne doit rien à ma représentation), qui persiste donc dans le temps – contrairement à l'envie, volonté passagère – parce qu'il est appuyé sur cette représentation qui le fait persister en l'absence de l'objet de désir.

• Ce sentiment vise la satisfaction ou le plaisir.

Par nature

• « Par nature » signifie « par essence », « par définition ». La question porte sur ce qu'est le désir en soi, indépendamment de ce que nous pouvons en faire.

Illimité

• « Illimité » signifie « sans limite », « sans fond ».

• Le désir illimité peut désigner le désir qui ne s'arrête pas, qui ne s'épuise pas dans la satisfaction d'un désir particulier : un désir satisfait n'interromprait pas le désir mais nous relancerait vers un autre objet de désir.

• Le désir illimité peut également désigner un désir excessif, qui nous porte à la démesure.

■ Dégager la problématique et construire un plan

La problématique

• Le problème est de savoir si le désir est par définition illimité, ou s'il est rendu illimité par une chose extérieure à lui.

• Car si le désir tend à la satisfaction, au plaisir, encore faudrait-il savoir en quoi consiste cette satisfaction : faut-il penser que le désir tend vers sa propre disparition (plaisir lié à la disparition du manque et à l'obtention de l'objet) ou vers sa renaissance permanente (plaisir lié au fait de désirer) ? Y a-t-il, dans la définition du désir, quelque chose qui le rende inépuisable, impossible à assouvir, ou bien ne rencontrons-nous le désir illimité que parce que nous n'en voyons pas la limite naturelle ? En ce sens, est-ce le désir qui est sans limite, ou le désir n'est-il sans limite qu'en raison de notre incapacité à le réguler ?

Le plan

- Dans un premier temps, nous verrons que c'est nous qui rendons nos désirs illimités.
- Dans un deuxième temps, nous verrons que l'illimitation est une caractéristique du désir.
- Enfin, nous verrons que si le désir est sans limites, c'est parce qu'il correspond à notre essence.

■ Éviter les erreurs

Toute l'ambiguïté du sujet réside dans l'expression « par nature », qu'il faut interpréter.

CORRIGÉ 1

Les titres en couleur servent à guider la lecture et ne doivent en aucun cas figurer sur la copie.

Introduction

Il s'agit ici de se demander si le désir est par définition sans limite ou s'il est rendu insatiable par une chose extérieure à lui. *A priori*, on aurait tendance à penser que tout désir s'arrête quand il est satisfait : il serait donc limité par définition. Mais si chaque désir particulier est ainsi défini par cette limite que serait sa satisfaction, est-ce le cas pour le désir en soi ? Le désir est le sentiment né de la représentation d'un manque et qui me pousse à le combler. S'interroger sur ce qu'il est « par nature », c'est se demander ce qu'il est en soi, par essence, indépendamment de ses accidents. Qu'il soit « illimité », enfin, peut signifier qu'il ne s'épuise pas, ou encore qu'il est excessif, démesuré. Car si le désir tend à la satisfaction, encore faudrait-il savoir en quoi elle consiste : faut-il penser que le désir tend vers sa propre mort (plaisir lié à la disparition du manque) ou vers sa renaissance permanente (plaisir lié au fait de désirer) ? Y a-t-il, dans la définition du désir, quelque chose qui le rende inépuisable, impossible à assouvir, ou bien ne rencontrons-nous le désir illimité que parce que nous n'en voyons pas la limite naturelle ? En ce sens, est-ce le désir qui est sans limite, ou est-ce nous qui le rendons sans limites ?

1. Le désir n'est pas par nature illimité

A. Le désir nous est donné par la nature pour nous satisfaire

Dans un premier temps, on pourrait penser que le désir n'est pas illimité par nature, mais qu'il ne le devient que si nous n'en respectons pas la limite naturelle. En effet, comment se pourrait-il que le désir soit illimité par nature, dès lors que nous sommes capables d'éprouver en nous le terme d'un désir sous la forme d'une satisfaction ? C'est précisément ce qu'indique Épicure dans la *Lettre à Ménécée*, en définissant le désir comme ce mouvement de l'âme qui nous projette d'un besoin vers un plaisir. Autrement dit, le désir n'est pas ce processus sans début ni fin dont le but serait de se déployer, mais un simple intermédiaire visant son abolition dans la satisfaction.

B. Les désirs illimités sont des désirs artificiels

Ainsi, si le désir peut nous apparaître sans limite, c'est seulement en vertu de l'ignorance dans laquelle nous sommes concernant nos désirs. Connaître nos désirs, c'est distinguer ceux qui, parmi eux, sont « naturels et nécessaires », ou « seulement naturels », c'est-à-dire les désirs qui nous sont donnés par la nature, et que celle-ci, qui est bien faite, nous a donné les moyens de satisfaire facilement. Ces désirs naturels sont reconnaissables à ce que, précisément, ils peuvent être satisfaits et rencontrent une limite qui prend pour nous la forme d'un plaisir. Le désir de manger, par exemple, est naturel en ce qu'il est facile de le satisfaire, et en ce qu'une fois satisfait, notre nature nous donne à percevoir la limite sous la forme de la satiété.

En revanche, le désir illimité, ou « désir vide », est précisément celui que j'éprouve dès lors que j'ai dépassé la limite naturelle, et tourné le dos à ma propre nature – en continuant de manger, par exemple, ce qui m'ouvre à l'excès, puisque la nature ne me donnera plus le signal d'arrêter : c'est ainsi que je me détourne du plaisir, et que ce désir cesse d'être naturel, et bon pour moi. Ainsi, le désir vide, qu'il soit désir à l'origine naturel mais dévié de sa fin (tel que la gourmandise) parce que je n'en ai pas respecté la limite, ou désir vide en lui-même (le désir d'immortalité, par exemple, désir qui n'est pas même un désir naturel à l'origine puisqu'aucune limite ne lui est attachée), me voue au malheur : c'est un faux désir produit par des opinions fausses, et porteur d'excès et de souffrance.

Ainsi, nos seuls vrais désirs, dit Épicure, sont ceux que la nature nous a donnés, en y joignant la facilité à les satisfaire et le plaisir correspondant à la limite à laquelle il s'éteint. Les désirs illimités, eux, sont artificiels et vains.

[Transition] Pourtant, cette définition du désir ne va pas de soi : ne s'agit-il pas de réduire le désir à un ensemble de besoins qui visent avant tout la conservation de notre vie ? L'illimitation n'est-elle pas une caractéristique du désir, qui nous projette toujours au-delà de nous-même pour nous porter à nous déployer ?

2. Le désir est illimité par nature

A. Si chaque désir particulier peut s'achever, le désir, lui, est inépuisable

Dans un deuxième temps, on peut dire que l'illimitation est une caractéristique essentielle du désir, dans la mesure où, si chaque désir tend à s'épuiser dans sa satisfaction, le désir, lui, n'a pas de limite. C'est là le point d'accord entre Socrate et Calliclès, dans le dialogue mis en scène par Platon dans le *Gorgias* : l'image du tonneau percé, sur laquelle s'appuie Socrate pour convaincre Calliclès de l'absurdité d'une vie consacrée à l'assouvissement du désir, est celle du désir qui, à mesure qu'il se satisfait, se relance vers de nouveaux objets, et n'est donc jamais satisfait.

Info
L'image du tonneau percé fait écho au supplice des Danaïdes, figures de la mythologie grecque condamnées, pour avoir tué leurs époux, à remplir aux Enfers un tonneau qui se vide sans cesse.

Ainsi, si un désir particulier peut être défini par une limite – il cesse quand j'ai comblé le manque –, le désir en soi ne cesse pas une fois atteinte la satisfaction d'un désir particulier. À ce caractère inépuisable et déréglé du désir, qui peut imprimer son dérèglement à nos vies, l'homme sage doit, dit Socrate, opposer sa tempérance, en s'efforçant de fermer lui-même le tonneau, c'est-à-dire en s'exerçant à jouir de ce qu'il possède déjà.

B. Le désir est tendu entre le dénuement et l'abondance

Mais d'où vient cette illimitation essentielle du désir ? Dans *Le Banquet*, Socrate, pour élucider la question de l'essence du désir amoureux, évoque le mythe de la naissance d'Éros tel qu'il lui a été raconté par Diotime. Éros, dit Diotime, est fils de Pénia – la pauvreté, le dénuement – et de Poros – la ressource – : le désir est ainsi par essence tendu entre le dénuement et l'abondance. « Mais dans la même journée, écrit Platon, tantôt il est florissant et plein de vie, tant qu'il est dans l'abondance, tantôt il meurt [...]. Ce qu'il acquiert lui échappe sans cesse, de sorte qu'il n'est jamais ni dans l'indigence ni dans l'opulence ». Autrement dit, le désir est par nature illimité parce qu'il est cette tension, ce mouvement sans fin et sans terme possible qui a pour origine un manque.

[Transition] Mais alors, si l'illimitation appartient à la nature du désir, pourquoi nous faudrait-il ramener le désir à la limite que pourrait être la réalité ? Est-il possible d'opposer la nature du désir à notre propre nature ?

3. Le désir est sans limite parce qu'il correspond à notre essence

A. Le désir est illimité parce qu'il repousse nos propres limites

Enfin, on peut dire que si le désir est par nature illimité, c'est parce qu'il correspond à notre essence. Aussi l'illimitation du désir n'est-elle pas à craindre, en ce qu'elle ne résulte pas d'une erreur que nous ferions au sujet du désir. Au contraire, le désir est illimité parce qu'il correspond à l'expression de notre « conatus », dit Spinoza, à savoir l'essence humaine, définie comme un effort qui tend à l'affirmation de soi, c'est-à-dire à la conservation et au développement de notre puissance de penser et d'agir.

Info
Que le désir épouse le mouvement de la vie, c'est ce qu'oppose Calliclès à Socrate, quand celui-ci s'efforce de ramener le désir à cette limite que serait la satisfaction : mais c'est là vivre « comme une pierre », dit Calliclès.

Dire que nos désirs ne sont illimités que lorsqu'ils sont de faux désirs, ou que ces désirs illimités sont des formes perverties et dangereuses du désir, c'est finalement méconnaître à la fois le désir et notre rapport à lui.

B. Le désir est notre essence, et notre essence est de ne pas être défini

En effet, selon Spinoza, l'essence humaine est une impulsion consciente de la conservation de soi-même et de sa puissance. Si le désir est l'essence de l'homme (« Le désir est l'essence même de l'homme, en tant qu'elle est conçue comme déterminée, par une quelconque affection d'elle-même, à faire quelque chose »), cette impulsion peut nous porter vers nos buts comme elle peut s'avérer, par erreur, destructrice : mais alors, ce qui est en cause n'est pas le désir lui-même mais notre incapacité à nous en former une connaissance claire. En d'autres termes, on peut dire que le désir est sans limite parce que nous sommes définis par cette volonté consciente ou inconsciente de nous développer, et pas seulement de nous conserver, du point de vue de notre corps et de notre esprit.

Conclusion

En définitive, on peut dire qu'il appartient bien au désir d'être sans limite. En ce qu'il nous porte au-delà de nous et du réel, le désir est bien illimité par essence, et, en cela, correspond à ce que nous sommes profondément. Que cette illimitation soit de l'ordre d'un excès, d'une souffrance ou d'un plaisir ne change rien au fait que le désir soit par nature sans fin et corresponde de ce fait à notre propre nature.

SUJET 2

France métropolitaine • Juin 2016

EXPLICATION DE TEXTE • Série L

Hannah Arendt

▸ **Expliquer le texte suivant :**

Est-ce qu'il existe aucun fait qui soit indépendant de l'opinion et de l'interprétation ? Des générations d'historiens et de philosophes de l'histoire n'ont-elles pas démontré l'impossibilité de constater des faits sans les interpréter, puisque ceux-ci doivent d'abord être extraits d'un chaos de purs événements (et les principes du choix ne sont assurément pas des données de fait), puis être arrangés en une histoire qui ne peut être racontée que dans une certaine perspective, qui n'a rien à voir avec ce qui a eu lieu à l'origine ? Il ne fait pas de doute que ces difficultés, et bien d'autres encore, inhérentes[1] aux sciences historiques, soient réelles, mais elles ne constituent pas une preuve contre l'existence de la matière factuelle, pas plus qu'elles ne peuvent servir de justification à l'effacement des lignes de démarcation entre le fait, l'opinion et l'interprétation, ni d'excuse à l'historien pour manipuler les faits comme il lui plaît. Même si nous admettons que chaque génération ait le droit d'écrire sa propre histoire, nous refusons d'admettre qu'elle ait le droit de remanier les faits en harmonie avec sa perspective propre ; nous n'admettons pas le droit de porter atteinte à la matière factuelle elle-même. Pour illustrer ce point, et nous excuser de ne pas pousser la question plus loin : durant les années vingt[2], Clemenceau, peu avant sa mort, se trouvait engagé dans une conversation amicale avec un représentant de la République de Weimar[3] au sujet des responsabilités quant au déclenchement de la Première Guerre mondiale. On demanda à Clemenceau : « À votre avis, qu'est-ce que les historiens futurs penseront de ce problème embarrassant et controversé ? » Il répondit : « Ça, je n'en sais rien, mais ce dont je suis sûr, c'est qu'ils ne diront pas que la Belgique a envahi l'Allemagne ».

Hannah Arendt, « Vérité et politique »,
La Crise de la culture, 1964.

1. Inhérent : qui appartient essentiellement à quelque chose.
2. Années vingt : période de 1920 à 1929.
3. République de Weimar : régime politique de l'Allemagne de 1919 à 1933.

La connaissance de la doctrine de l'auteur n'est pas requise. Il faut et il suffit que l'explication rende compte, par la compréhension précise du texte, du problème dont il est question.

LES CLÉS DU SUJET

■ Dégager la problématique du texte

• En histoire, il semblerait que l'historien n'échappe pas à l'influence de ses opinions et de son interprétation. Faut-il pour autant affirmer qu'il n'y a point d'objectivité dans cette science ?

• Hannah Arendt, dans « Vérité et politique », montre que, si l'histoire, comme toute science humaine, est une science interprétative, et non comme les sciences de la nature, une science explicative, elle n'en demeure pas moins une science qui ne peut inventer des choses qui n'existent pas. En effet, malgré les différentes interprétations possibles des faits, l'existence de la matière factuelle elle-même ne peut être contredite.

■ Repérer la structure du texte et les procédés d'argumentation

Arendt commence par souligner les difficultés inhérentes à l'histoire qui fait le récit des événements historiques, autrement dit l'Histoire. L'histoire dépendrait de la subjectivité de l'historien. Elle répond alors dans la seconde partie que cette interprétation est limitée par la résistance de la matière factuelle. Enfin, elle illustre sa thèse par les propos d'un personnage historique.

■ Éviter les erreurs

Ce texte ne comporte pas de défi interprétatif. Il s'agit plutôt de bien définir les termes qui sont en jeu. La qualité du devoir dépendra de la rigueur des distinctions conceptuelles entre : histoire / Histoire ; expliquer / comprendre ; sciences humaines / science de la nature ; objectif / subjectif ; événement / fait ; fait / opinion / interprétation.

CORRIGÉ 2

Les titres en couleur servent à guider la lecture et ne doivent en aucun cas figurer sur la copie.

Introduction

L'histoire, contrairement au mythe, prétend dire une vérité sur des événements passés. Ces événements sont ordonnés dans un récit afin de trouver un sens (en tant que signification et direction). Mais le travail de l'historien aujourd'hui ne se limite pas à énoncer une chronologie des événements comme cela se faisait aux débuts de l'histoire. Il interprète ces événements. Jusqu'où l'historien peut-il pousser l'interprétation ? Y a-t-il des limites à cette interprétation ? Qu'est-ce qui peut garantir l'objectivité de l'histoire ?

Info
En historiographie, la science de l'écriture de l'histoire, on distingue trois périodes : l'histoire comme chronologie, l'histoire positiviste et l'histoire comme interprétation plurielle selon un courant issu de l'école des Annales.

Hannah Arendt, dans cet extrait de « Vérité et politique » datant de 1964, répond que l'interprétation est un élément essentiel du travail de l'historien, mais cela ne signifie pas que celui-ci puisse inventer ou déformer la réalité : la matière factuelle doit résister à toute négation ou manipulation.

Arendt admet d'abord que la part interprétative du travail de l'historien peut être problématique, mais elle explique ensuite que l'historien ne doit pas pour autant raconter « des histoires » en s'opposant à la réalité objective. Arendt trouve dans l'histoire elle-même des éléments pour illustrer son propos.

1. L'histoire comme science interprétative dépend d'une subjectivité

A. Questionnement initial

Hannah Arendt commence son texte sur l'histoire par une question : « est-ce qu'il existe aucun fait qui soit indépendant de l'opinion et de l'interprétation ? ». Un fait désigne une donnée observable de l'expérience, souvent garante d'objectivité.

Pourtant, Arendt demande s'il est possible d'envisager l'existence d'au moins un fait qui ne soit pas dépendant de l'opinion et de l'interprétation. On peut être surpris car l'opinion semble s'y opposer dans la mesure où elle désigne le jugement d'un sujet qui s'appuie sur ses sentiments et valeurs personnelles et non sur un raisonnement. En ce sens, l'opinion n'est pas une preuve contrairement à un fait qui peut en prendre la valeur. L'opinion est souvent condamnée quand elle veut se faire passer pour une vérité.

Arendt demande également s'il n'y a pas de fait indépendant d'une interprétation. Or l'interprétation peut désigner à la fois le fait d'éclairer, de révéler un sens caché, mais aussi de manière péjorative le fait de travestir un propos. Dans les deux cas, la subjectivité de l'historien interviendrait.

B. Les événements et les faits

Arendt précise alors le sens du terme « fait » en le distinguant du terme « événement ». Les faits doivent être « extraits » du chaos des événements, c'est-à-dire de ce qui advient mais qui présente un caractère exceptionnel pour l'historien. Le travail de l'historien, pour choisir et retenir tel événement plutôt qu'un autre, implique une interprétation. Ce qui gouverne le choix, ce n'est pas un fait, mais la conscience de l'historien. Il n'y a pas de fait brut naturel indépendant de l'interprétation qu'on en donne.

Attention
Ce texte nécessite de faire une analyse conceptuelle rigoureuse. C'est à partir de là que l'on pourra problématiser et introduire la question de l'objectivité de l'histoire.

C. L'Histoire et son récit, l'histoire

En effet, ce qui est retenu comme fait important dépend du récit dans lequel il s'inscrit. L'historien est celui qui va faire un récit (l'histoire avec un petit « h ») du cours des événements (l'Histoire avec un grand « H »). Un fait devient un événement historique dans la mesure où il s'inscrit dans une « certaine perspective » qui lui donne rétrospectivement toute sa valeur, valeur qui se distingue de ce qu'il pouvait être « à l'origine ».

Les difficultés de l'historien viennent donc de l'intervention inévitable de sa subjectivité et de sa nécessité de faire correspondre un récit avec des événements passés, donc qui n'existent plus.

2. Pour autant, l'historien ne peut pas s'opposer à une forme d'objectivité

A. Contre la négation de la matière factuelle

Les difficultés évoquées sont « réelles », elles sont celles de toutes les sciences humaines qui ne procèdent pas par explication comme les sciences de la nature, mais par « compréhension ». Il s'agit de comprendre le sens des événements et non de découvrir une seule cause à un événement comme une température à 100 degrés suffirait à expliquer l'ébullition de l'eau. On peut imaginer d'autres difficultés propres à la science historique comme par exemple le risque d'anachronisme, puisque l'on étudie dans le présent des faits qui n'existent plus.

Pour autant, il y a une limite à la subjectivité de l'historien, c'est l'existence de la matière factuelle elle-même. Les faits, s'ils sont sélectionnés et interprétés, ne peuvent être inventés de toute pièce. L'interprétation s'appuie toujours *in fine* sur quelque chose qui a réellement eu lieu. Dire le contraire serait tomber par exemple dans le négationnisme.

Admettre qu'il y a une part interprétative dans le récit historique, tel que le revendique l'école des Annales selon une conception de l'histoire comme interprétation plurielle, ne constitue pas une « preuve » contre l'existence des événements.

B. Contre la confusion entre fait, opinion et interprétation

On ne peut nier l'existence de faits, et on ne peut nier non plus que ces faits en eux-mêmes se distinguent de leur interprétation. En avoir conscience, ce n'est pas renoncer ou condamner l'interprétation, mais c'est prendre une distance avec la discipline historique. Il s'agit de ne pas tomber dans l'idéologie lorsque l'opinion se fait passer pour la vérité et risque de déformer la réalité des faits, ou encore lorsque l'interprétation, non consciente d'elle-même, se confond avec la matière factuelle, sans envisager d'autres perspectives.

Le risque de cette confusion entre fait, opinion et interprétation réside dans la manière dont l'historien utilise son récit : en déformant ou en niant la vérité historique, il peut manipuler les gens pour se mettre au service d'un pouvoir politique. C'est en ce sens qu'Arendt rapproche vérité et politique dans le titre de l'essai dont le texte est extrait.

C. Illustration des limites de l'interprétation

Il s'agit pour Arendt d'énoncer ce qui doit être et non ce qui est. L'auteur présente ce qui doit être une forme de devoir de l'historien : même si l'interprétation est constitutive de l'histoire, la réalité de la matière factuelle doit être respectée. Elle refuse même l'idée d'un « droit de porter atteinte à la matière factuelle elle-même ». Par exemple, aujourd'hui, en France, le négationnisme est condamné juridiquement.

> **Attention**
> L'illustration qu'Arendt utilise pour appuyer sa thèse n'a de sens que si elle est mise en rapport avec les concepts développés dans les parties précédentes.

Elle appuie ses revendications par le bon sens d'un personnage historique qui fait autorité. Clemenceau aurait été interrogé peu avant sa mort sur les responsabilités « quant au déclenchement de la Première Guerre mondiale ». Il est clair qu'un historien peut y apporter plusieurs éclairages, plusieurs interprétations. Il peut insister sur tel ou tel aspect selon ses opinions, sa nationalité. Mais il ne peut pas s'opposer à la matière factuelle elle-même en allant par exemple inventer que « la Belgique a envahi l'Allemagne » selon la réponse de l'homme politique français qui mena la

France à la victoire en 1918. Si les faits appartiennent au passé et nous ne pouvons plus en faire l'expérience, il reste cependant des documents, des vestiges, des témoignages, des bâtiments…

Conclusion

Ainsi Hannah Arendt assume la part interprétative du travail de l'historien, nécessaire pour faire l'histoire de l'Histoire. Les faits passés existent encore pour l'historien parce qu'ils sont resitués dans une certaine perspective. Cependant, l'historien ne peut interpréter le fait qu'il y ait à l'origine une matière factuelle. Si cette matière factuelle peut être interprétée, on ne peut ni ne doit contester le fait qu'elle existe, sous peine de tomber dans une forme de négation de l'Histoire elle-même ou de faire de la manipulation et de la propagande.

SUJET

3

France métropolitaine • Juin 2016

DISSERTATION • Série ES

Pourquoi avons-nous intérêt à étudier l'histoire ?

LES CLÉS DU SUJET

■ Définir les termes du sujet

Pourquoi

Ce mot interrogatif porte sur la cause d'un phénomène ou sur l'intention d'une action. Dans le premier cas, on s'intéresse à ce qui produit l'événement, dans le second cas, à son but. On attend alors que soit formulée une justification.

Avons-nous intérêt à

Cette expression implique la présence d'un désir mû par l'espoir d'un gain. Nous nous intéressons à quelque chose lorsque nous estimons que son obtention améliorerait notre situation. L'intérêt est un mobile de la volonté.

Étudier

Ce verbe signifie travailler à acquérir la connaissance de quelque chose. Il faut rechercher, observer, analyser puis relier les éléments que l'on a distingués. On parle d'une attitude théorique ou spéculative pour la distinguer du comportement de celui qui agit.

L'histoire

Ce terme désigne les actions des hommes et les récits faits à leur sujet. Les deux sens sont liés. Celui qui étudie le passé travaille sur des documents relatifs aux événements. C'est pourquoi l'étude de l'histoire est souvent le fait des historiens de métier. Néanmoins, cette étude peut être faite par ceux qui s'instruisent afin de mieux comprendre leur présent.

■ Dégager la problématique et construire un plan

La problématique

Une opinion courante affirme la nécessité de l'étude de l'histoire pour sa capacité à nous enseigner des erreurs à ne pas commettre. Or, on relève que les guerres ne cessent pas et que les passions haineuses sont toujours présentes. Existe-t-il réellement des leçons de l'histoire ? Est-il vraiment de notre intérêt d'étudier cette discipline ? La problématique consiste donc à montrer que le lien entre le passé, objet de l'étude, et le présent n'est pas simple. Il est illusoire de croire que l'on peut rompre avec le passé mais il ne l'est pas moins d'estimer que rien ne change.

Le plan

- Dans un premier temps, nous définirons les termes et montrerons en quel sens l'étude de l'histoire est de notre intérêt.
- Dans un deuxième temps, nous ferons des objections qui relativiseront cette position.
- Enfin, nous verrons que l'intérêt pour l'étude ne doit pas être nié mais réfléchi et nous définirons précisément sa nature.

Éviter les erreurs

Il ne faut pas considérer que la question est réglée d'avance et transformer le sujet en une énumération des raisons justifiant l'intérêt pour l'étude de l'histoire. Cet intérêt doit être problématisé.

CORRIGÉ 3

Les titres en couleurs servent à guider la lecture et ne doivent en aucun cas figurer sur la copie.

Introduction

La nécessité d'étudier l'histoire paraît aller de soi. Une opinion très répandue affirme que la connaissance des erreurs du passé évite de les reproduire. Il y aurait ainsi des leçons à tirer de l'histoire. De plus, une nation a besoin de savoir d'où elle vient car elle vit sur des idéologies qui façonnent durablement les mentalités. Ces raisons méritent cependant d'être examinées. Les guerres sont récurrentes ; les passions qui les entretiennent ne semblent donc guère sensibles aux enseignements qu'on pourrait tirer du passé, et le propre du temps historique est de produire des situations nouvelles. Aussi est-il légitime d'interroger le bien-fondé d'une étude de l'histoire. Quel est son intérêt, si elle en a un ?

Attention
Tous les mots comptent dans un sujet. Le sens du verbe « étudier » a son importance.

1. La nécessité de l'étude

A. L'étude de l'histoire

L'intérêt que nous prenons à quelque chose varie en raison de l'importance que nous lui accordons. Nous nous accordons généralement à penser qu'il est nécessaire de fournir des efforts pour acquérir un savoir. L'étude est un travail intellectuel. Elle demande que nous développions des capacités d'analyse afin de nous pénétrer de la mentalité des siècles passés et d'éviter les anachronismes. Aussi, elle est surtout le fait des historiens, de ceux qui ont travaillé afin de comprendre le sens des documents. La connaissance historique ne consiste pas à savoir par cœur des faits. Elle implique un travail d'interprétation, de mise en relation, fondée sur un apprentissage du sens des termes. Marc Bloch l'indique en prenant pour exemple le mot « villa ». Que signifiait-il pour les hommes du haut Moyen Âge ? Qu'entendaient-ils par « guerre », par « honneur » ? Il faut étudier patiemment les textes pour le savoir.

B. Pourquoi la juge-t-on nécessaire ?

Conseil
Faites le point pour justifier un approfondissement de la réflexion.

La connaissance de l'histoire est généralement tenue pour nécessaire. Il faut donc que la raison y trouve un intérêt. Cette étude nous donnerait d'indispensables leçons. Machiavel justifie la lecture des historiens car elle permet de faire des rapprochements éclairants pour notre présent. Leurs analyses nous donnent des leçons de conduite, notamment en matière politique et militaire. Cette thèse présuppose que la diversité des situations historiques est moins importante que la permanence de certaines passions. Il faut croire, comme Hume dans *L'Enquête sur l'entendement humain*, en l'existence d'une nature humaine qui ne change pas à travers le temps.

L'étude de l'histoire est ainsi le laboratoire de la science de l'homme. Quelle que soit l'époque, nous remarquons la présence de la haine et de l'amour, du courage et de la lâcheté, de la générosité et de l'égoïsme. Les actions humaines ne sont que la combinaison de ces passions et il semble possible de trouver les principes qui les relient. Dès lors, il est légitime de raisonner en disant que les mêmes motifs produisent toujours les mêmes actions. C'est déjà l'idée de Thucydide au début de son *Histoire de la guerre du Péloponnèse.* Il affirme que son travail est un « trésor pour toujours » car les causes de cette guerre ne sont pas spécifiques à cet événement. Ainsi, leur connaissance pourrait permettre d'éviter de nouveaux drames en permettant de prendre à temps les mesures appropriées.

[Transition] L'intérêt de l'étude de l'histoire a donc un fondement philosophique. Devons-nous pour autant l'accepter sans restriction ?

2. Critique des « leçons de l'histoire »

A. La contingence de l'action

Conseil
Donnez des exemples pour illustrer le raisonnement.

La thèse de Hume a des accents déterministes même si sa position est plus nuancée. S'il écrit que la plupart des observations faites sur les Français d'aujourd'hui sont applicables aux Romains, il maintient que « la nature humaine reste toujours la même dans ses principes et dans ses opérations ». Or cette thèse sous-estime l'importance de l'évolution historique. Dire que les Romains avaient les mêmes passions que nous n'est pas une connaissance historique. On rétorquera, en suivant Machiavel, qu'il existe des situations typiques qu'un dirigeant doit connaître afin de bien gouverner. Mais il n'y a pas deux situations identiques car les actions des hommes sont libres et créent nécessairement de l'inédit. La contingence, c'est-à-dire l'indétermination, est inscrite dans l'histoire humaine. L'étude de l'histoire peut justement nous apprendre l'importance du hasard dans le détail des affaires humaines. Que se serait-il passé si Bonaparte était mort avant de devenir Napoléon ? Les concours de circonstances ne sont pas une invention de l'esprit mais une réalité. L'entrecroisement complexe d'actions qui s'opposent forme des situations mouvantes et singulières dont la résolution est toujours à inventer.

B. La singularité du présent

Cette idée est développée par Hegel qui rejette l'idée des leçons de l'histoire. Les exemples ne manquent pas. Deux guerres rapprochées avec l'Allemagne n'ont pas empêché l'horreur de la Seconde Guerre mondiale. De même, si la grandeur de certaines figures est indéniable, elle ne peut rien nous apprendre de décisif pour notre présent. Ainsi, transposer le comportement des républicains romains, ou des Français de 1789, dans un monde qui n'est plus le leur, reviendrait à vouloir appliquer une recette sans tenir compte de la singularité de chaque situation. Hegel raille ceux qui vont répétant aux gouvernants et au peuple qu'ils doivent s'instruire des leçons du passé sans voir que celles-ci ne sont que des maximes générales qui ne disent pas ce qu'il faut faire précisément ici et maintenant. L'unicité de chaque situation fait que les rapprochements avec ce qui eut lieu ne sont jamais déterminants.

La thèse de départ est donc renversée. L'intérêt de l'étude de l'histoire est précisément de nous apprendre que les peuples n'en ont jamais tiré de leçons car ils ne pouvaient pas en tirer. Les généralités sont sans force face à la nouveauté du présent.

[Transition] Nous sommes dans une situation problématique. Est-il encore sensé de penser que l'étude de l'histoire présente un réel intérêt ?

3. Le réel intérêt de l'étude

A. Le temps historique

L'opposition des deux premières parties a pour centre le statut du temps historique. Hume minore sa portée en affirmant que les changements sont le fait d'une nature humaine aux principes invariables. La variété viendrait de la façon dont ces principes se combinent selon les époques. Hegel fait valoir que le temps historique est une puissance de changement et que les différences comptent plus que les ressemblances. Il est vrai que le recours au passé semble parfois éclairant mais révèle vite ses limites. Il est d'usage de rapprocher la situation française actuelle de celle des années 1930 qui connurent des poussées nationalistes et haineuses. Cependant, la France d'aujourd'hui n'est pas celle d'il y a quatre-vingts ans. Ne pourrait-on pas concilier les deux positions en disant que Hume se place sur un terrain théorique en considérant l'histoire comme un laboratoire pour définir l'homme tandis que Hegel la considère du point de vue de l'action et donc du présent ? L'étude de l'histoire ne peut avoir le même intérêt dans les deux cas. Ce qui vaut pour la théorie ne vaut pas pour la pratique.

B. Le double intérêt de l'étude

Cette séparation a son importance car il est vrai que la philosophie de l'histoire ne guide pas l'homme d'action dont le génie n'est pas d'être un théoricien mais d'avoir le sens de ce qu'il convient de faire pour éviter la violence et la déraison. Aristote nomme « prudence » cette sagesse des limites qui n'exclut pas l'audace et Hegel lui-même ne fait pas du philosophe un guide pour le gouvernant. Il est toutefois possible d'affiner ce rapport en notant que l'étude du passé n'a peut-être pas pour fonction essentielle de nous enseigner des concordances mais des différences qui donnent à penser. Le choix n'est pas entre un empirisme rusé et des vues trop générales pour être instructives. La sensibilité aux écarts entre des situations est une source de réflexion. Disons que l'intérêt doit porter sur ce qui nous rapproche du passé et sur ce qui en diffère. L'étude est donc indispensable mais elle ne suffit pas à éviter les drames. Une action n'est pas de la théorie appliquée.

Conclusion

Nous sommes partis de l'idée commune qui soutient que l'intérêt de l'étude de l'histoire est d'en retirer des leçons puis nous avons montré ce qu'elle a d'insuffisant. Il apparaît finalement qu'étudier l'histoire a du sens dans la mesure où nous n'y cherchons pas des recettes mais des occasions de penser en quoi notre présent ressemble au passé et en quoi il en diffère. C'est cette tension qui est intéressante.

SUJET

4

France métropolitaine • Juin 2016

EXPLICATION DE TEXTE • Série ES

Descartes

▸ Expliquer le texte suivant :

[…] Parce que nous savons que l'erreur dépend de notre volonté, et que personne n'a la volonté de se tromper, on s'étonnera peut-être qu'il y ait de l'erreur en nos jugements. Mais il faut remarquer qu'il y a bien de la différence entre vouloir être trompé et vouloir donner son consentement à des opinions qui sont cause que nous nous trompons quelquefois. Car encore qu'il n'y ait personne qui veuille expressément se méprendre, il ne s'en trouve presque pas un qui ne veuille donner son consentement à des choses qu'il ne connaît pas distinctement : et même il arrive souvent que c'est le désir de connaître la vérité qui fait que ceux qui ne savent pas l'ordre qu'il faut tenir pour la rechercher manquent de la trouver et se trompent, à cause qu'il les incite à précipiter leurs jugements, et à prendre des choses pour vraies, desquelles ils n'ont pas assez de connaissance.

René Descartes, *Principes de la philosophie*, 1644.

La connaissance de la doctrine de l'auteur n'est pas requise. Il faut et il suffit que l'explication rende compte, par la compréhension précise du texte, du problème dont il est question.

LES CLÉS DU SUJET

■ Dégager la problématique du texte

• Descartes problématise le thème de l'erreur. Comment se fait-il que nous nous trompions ? La réponse paraît aller de soi. L'erreur est due à l'ignorance sous ses différentes formes : le préjugé, l'illusion due à la puissance de nos désirs, la certitude d'avoir un savoir que l'on n'a pas.

• Or Descartes n'accepte pas ces idées. L'erreur est, selon lui, un acte de la volonté. Dès lors, elle semble inexplicable car nul n'a la volonté de se tromper. Pourtant, il est clair que l'erreur existe. Il faut donc rendre compte du problème suivant : **l'erreur peut-elle venir de la volonté sans être cependant délibérée ?**

Repérer la structure du texte et les procédés d'argumentation

• Le texte est divisé en trois parties. La première pose le problème en mettant en avant le lien entre l'erreur et la volonté.
• La deuxième apporte une réponse en distinguant deux usages de la volonté (« Mais il faut remarquer [...] distinctement »).
• La dernière partie apporte une précision importante, en soulignant que l'erreur est parfois due à un désir de vérité qui ne sait pas se discipliner. La démarche argumentative est claire. Descartes raisonne de façon linéaire. À la position du problème succède sa résolution par la mise en lumière progressive du rapport de la volonté à la raison et au désir.

Éviter les erreurs

Il ne faut pas parler de l'erreur en général. De même, la notion de volonté ne doit pas être prise dans un sens vague mais définie comme un pouvoir de décision.

CORRIGÉ 4

Les titres en couleurs servent à guider la lecture et ne doivent en aucun cas figurer sur la copie.

Introduction

Conseil
Montrez ce qui motive la réflexion de l'auteur.

L'erreur est un phénomène répandu et aisément constatable. Chacun l'a vérifié à ses dépens. Mais quelle est sa cause ? On s'accorde volontiers à dire qu'elle est due à un mauvais jugement dicté par nos sens ou par nos sentiments. Les choses semblent donc claires. Or Descartes ne s'en tient pas à cette thèse. Le jugement est, selon lui, un acte de la volonté. Il faudrait ainsi croire que nous nous trompons volontairement. Mais cette idée est absurde. Qui, en effet, pourrait vouloir se tromper ? Il faut donc, pour dénouer ce problème, éclairer le sens de notions employées, à commencer par celles de volonté et d'erreur dont les relations ne sont pas simples.

1. La position du problème

A. L'étonnement initial

Conseil
Soulignez la progression du problème.

Descartes commence sa réflexion en admettant qu'il est légitime de s'étonner de l'existence de l'erreur que nous rencontrons dans nos jugements. Pourquoi cet étonnement ? Nous sommes habitués à croire que nos sens ou notre imagination peuvent nous faire mal juger. Les illusions d'optique ou les représentations issues de nos désirs en témoignent. Mais Descartes ne se satisfait pas de cette pensée. L'erreur doit être référée à une décision de la volonté. Cette faculté nous permet de juger, c'est-à-dire de décider. Vouloir c'est choisir, donc affirmer, nier, ou rester délibérément dans le doute en attendant d'avoir des idées plus nettes. Descartes l'a fortement souligné dans les *Méditations métaphysiques* en soutenant que la volonté est absolument libre d'arbitrer sur tous les sujets. L'erreur est le fait d'un usage de notre libre arbitre qui, n'étant déterminé par rien d'autre que lui-même, peut juger comme il l'entend. Celui qui juge sépare le vrai du faux ou le juste de l'injuste. Il est toujours possible qu'il se trompe en accordant sa confiance à ce qui ne le mérite pas et, inversement, qu'il rejette ce qui devrait être choisi.

B. Une contradiction apparente

Tout semble clair. Or, surgit ici une difficulté de taille que Descartes met en relief : « Personne, note-t-il, n'a la volonté de se tromper ». Vouloir le faux est un acte contradictoire. On peut concevoir que quelqu'un se trompe par ignorance comme celui qui emprunte une mauvaise route. Mais il est clair que son erreur est involontaire. Le cas est semblable pour celui qui commet une erreur parce qu'il a été trompé, à cette seule différence que son ignorance a été exploitée par autrui. La naïveté, l'insouciance sont autant de causes possibles de l'erreur mais ici le cas est différent. Descartes soutient que celui qui se trompe le veut. Il ferait donc le choix de se tromper comme quelqu'un qui se ment à soi-même par mauvaise foi. Or l'expérience dément cette possibilité. Comment d'ailleurs se tromper si on sait que l'on se trompe ?

[Transition] Ainsi s'explique l'étonnement qui donne son impulsion au texte. Voyons comment la suite résout cette difficulté.

2. La première résolution du problème

A. Une attitude absurde

Descartes insiste. Nul ne veut « expressément se méprendre ». Ce serait arbitrer contre soi en connaissance de cause. L'erreur est un signe d'imperfection. Commettre une erreur est toujours une marque de faiblesse qui nous expose à des déconvenues, voire à la malignité d'autrui. Or, qui voudrait vraiment s'affaiblir ? Mais l'emploi de l'adverbe « expressément » introduit une nuance de taille. Personne ne veut délibérément se tromper. Les choses deviennent ainsi plus claires. La raison s'accorde avec l'expérience. Il faut donc chercher la cause de l'erreur dans un mauvais usage de la volonté.

Info
Il est toujours bon de faire ressortir un contraste car cela donne à penser.

B. Une attitude très répandue

> **Conseil**
> Donnez un exemple même si le texte n'en comporte pas.

Descartes expose maintenant une attitude très répandue et qui donne la première réponse au problème. Il note que la très grande majorité des hommes acquiesce à ce qu'elle « ne connaît pas distinctement ». Les jugements ont lieu sur la base d'idées confuses. Nos représentations ne sont pas toutes d'égale qualité. Une idée mal analysée contient des imprécisions, des éléments inaperçus. Dès lors, notre volonté juge sans connaître suffisamment son sujet. Elle se laisse prendre au piège des ressemblances.

La théorie des animaux-machines en donnera un exemple frappant. Nous attribuons une âme aux animaux car nous nous fondons sur des similitudes de comportement alors que tout, en eux, s'explique mécaniquement.

Cette thèse est importante car elle sous-entend que la pensée cartésienne de la vérité et de l'erreur nécessite la prise en compte d'une autre faculté, la raison ou l'entendement. La volonté décide mais à partir des idées que lui présente l'entendement. Il faut donc veiller à la qualité de nos représentations car elle conditionne celle du jugement. Descartes indique ainsi un défaut courant. Nous avons tendance à juger de façon hâtive.

3. La deuxième résolution du problème

A. Le désir de vérité

L'explication de l'erreur s'enrichit en introduisant un autre élément à première vue surprenant : « le désir de connaître la vérité ». La notion de désir montre que la recherche de la vérité n'est pas le seul fait d'une intelligence purement rationnelle. Il faut être attiré par la connaissance, estimer que la possession du vrai nous sera bénéfique. Nous retrouvons ici l'origine même du mot philosophie. Le savoir est aimé, nous faisons effort pour l'acquérir car nous estimons que c'est un bien précieux, et Descartes n'hésitera pas à dire que celui qui vit sans philosopher est semblable à un homme qui garde les yeux fermés. Le désir de vérité est le moteur qui anime notre quête et nous pousse à surmonter les obstacles.

Descartes, tout en l'admettant, nous met cependant en garde. Il ne suffit pas d'avoir une intention droite pour qu'elle se réalise correctement. L'élan du désir peut même devenir une source d'erreur car il entraîne la volonté à des jugements précipités. Notre ardeur à vouloir posséder la vérité hâte notre jugement. Ce point est extrêmement important. Nous nous trompons parce que nous jugeons à partir d'idées qui sont claires, c'est-à-dire vives, sans être distinctes. La vivacité d'une représentation est dangereuse dans la mesure où elle nous fait croire que nous connaissons précisément toutes les propriétés de son objet.

Descartes a donc identifié les causes de l'erreur. Il va dans un dernier temps indiquer la façon d'y remédier.

Conseil
Ménagez des transitions, faites le point.

B. La méthode contre la précipitation

La précipitation est, avec la prévention due aux préjugés, la source de l'erreur dans nos jugements. Descartes leur oppose la nécessité de procéder avec méthode. La recherche de la vérité n'aboutira jamais si elle ne se fait pas suivant l'ordre qui convient au sujet. Manquer d'ordre est dommageable à plusieurs titres. Nous dilapidons nos capacités et nous confondons le faux et le vrai. Ce point est si important pour Descartes que deux de ses ouvrages, *Les Règles pour la direction de l'esprit* et le *Discours de la méthode*, y sont consacrés. Celui qui recherche sans règles est comparable à un homme qui pense trouver un trésor en courant par les rues avec l'espoir que le hasard le favorise. Cette métaphore nous fait comprendre qu'il ne faut pas juger à l'aveuglette en s'en remettant à la chance. Quant à la méthode, il s'agit, au sens étymologique, d'un chemin qui nous guide tel un fil d'Ariane, à travers la diversité des choses à connaître. Elle nous enseigne à faire le meilleur usage possible de notre volonté et de notre entendement.

Conclusion

Ce texte nous montre la clarté et la complexité de la thèse cartésienne touchant les causes de l'erreur. Celle-ci est toujours le fait de la volonté. Nous sommes alors responsables de nos jugements mais la qualité de nos décisions est conditionnée par les analyses de notre raison. Nos idées doivent être aussi claires et distinctes que possible afin que nous puissions séparer correctement le vrai du faux. C'est également à cette condition que le désir de vérité, qui est bon en soi, pourra être le moteur de jugements exacts et non précipités. La connaissance de la vérité demande donc une collaboration intelligente entre nos facultés.

France métropolitaine • Juin 2016
DISSERTATION • Série S

Travailler moins, est-ce vivre mieux ?

LES CLÉS DU SUJET

■ Définir les termes du sujet

Travailler moins

• Du latin *tripalium*, qui désigne un instrument de torture, le travail définit toute **activité de transformation** de la nature dans un sens utile à l'homme, c'est-à-dire ayant pour but la satisfaction de ses **besoins**, et par laquelle l'homme modifie sa propre nature. Ce qu'indique l'étymologie, c'est **l'effort**, la pénibilité voire la souffrance qui se trouve associée à cette activité.

• Cette définition générale se distingue de la **définition sociale** très restrictive du travail selon laquelle il est l'emploi, ou le **métier,** qui se définit par la rémunération.

• Travailler moins, ce serait travailler moins longtemps, et envisager le travail sous un angle **quantitatif**.

Vivre mieux

• La vie se distingue de la simple **survie**, c'est-à-dire de la vie biologique. Vivre, ce n'est pas seulement conserver sa vie et la faire durer, mais envisager cette vie selon une perspective **qualitative**.

• « Vivre mieux » implique une comparaison : il s'agit de savoir en quoi notre vie peut être **améliorée** si nous travaillons moins, l'horizon étant celui de la bonne vie.

■ Dégager la problématique et construire un plan

La problématique

• Le problème posé par le sujet réside dans le rapport envisagé entre la quantité de **travail** et la qualité de la **vie**.

• La problématique découle de ce problème central, puisqu'il s'agit de savoir si le travail et la vie s'excluent, ou s'ils s'impliquent mutuellement. Mon temps de travail n'est-il que le temps que je sacrifie aux nécessités de ma **vie biologique**, et dois-je le réduire au maximum pour **bien vivre** ? Mais pourquoi le temps du travail serait-il celui de la **non-vie**, ou de la mauvaise vie ? Ne vit-on qu'en dehors du travail ? Celui-ci ne m'aide-t-il pas à me réaliser ? Et si ce n'est pas le cas, alors, en quoi le fait de réduire la part du travail dans ma vie me rendrait-il plus **heureux** ou plus **libre** ?

Le plan

• Dans un premier temps, nous verrons qu'il faut travailler pour vivre mieux : le travail n'est-il pas l'essence de l'homme ?

• Dans un deuxième temps, nous verrons pourquoi vivre une vie humaine suppose de réduire la part du travail dans nos vies.

• Enfin, nous verrons pourquoi le souci de la bonne vie doit nous conduire à refuser cette dissociation du travail et de la vie.

■ Éviter les erreurs

• Attention à ne pas restreindre le travail à sa seule définition sociale : le sujet vous porte à interroger ce qu'est le travail en général.

CORRIGÉ 5

Les titres en couleur servent à guider la lecture et ne doivent en aucun cas figurer sur la copie.

Introduction

Il s'agit ici de s'interroger sur le rapport entre la quantité de travail et la qualité de notre vie. À l'entrée du camp d'Auschwitz était écrit : « Le travail libère ». Est-il donc si sûr que le travail participe de la bonne vie ? Le travail désigne une activité par laquelle je transforme une donnée extérieure à moi, par un effort qui en retour me développe. Sous sa forme moderne, le travail dit productif est organisé par une division visant à l'accroissement de la productivité. Vivre, ce n'est pas seulement survivre : c'est avoir une bonne vie, et l'envisager, donc, sous l'angle de la qualité. Mais en quoi la durée de notre travail nous empêcherait-elle de bien vivre ? Le temps du travail est-il un temps de non-vie, de mauvaise vie ? La question est de savoir si c'est en diminuant le temps du travail que notre vie s'améliore, ou s'il s'agit de changer la qualité du travail et notre degré d'exigence vis-à-vis de lui.

Dans un premier temps, nous verrons qu'il faut travailler pour vivre mieux : le travail n'est-il pas l'essence de l'homme ? Dans un deuxième temps, nous verrons pourquoi vivre une vie humaine suppose de réduire la part du travail dans nos vies. Enfin, nous verrons pourquoi le souci de la bonne vie doit nous conduire à refuser cette dissociation du travail et de la vie.

1. Travailler, c'est vivre mieux

A. Car il faut travailler pour vivre

Dans un premier temps, on pourrait penser que pour vivre mieux, il serait nécessaire de travailler plus, dès lors que la qualité de notre vie se définirait par la capacité et la facilité que nous avons à satisfaire nos besoins, sociaux comme vitaux. Lorsque l'on envisage notre qualité de vie en termes de confort, il est possible de penser que plus on travaille, plus on gagne d'argent, plus on accède à cette vie confortable en dehors du travail. Pourtant, force est de constater que l'argent gagné en travaillant n'a aucun rapport avec notre temps de travail. Par ailleurs, celui qui travaille plus et réduit ainsi sa part de temps libre vit-il vraiment mieux que celui qui dispose de plus de temps libre ? La qualité de vie doit-elle être confondue avec un confort qui justifierait que je lui sacrifie mon temps libre ?

B. Car le travail est l'essence de l'homme

Le problème réside en réalité dans la définition de la bonne vie : car qu'est-ce qu'une vie dont on ne jouit qu'en dehors du temps de travail ? En effet, si le travail peut être pensé comme une condition de la bonne vie, c'est avant tout dans la mesure où la bonne vie serait une vie non pas luxueuse, mais humaine : c'est précisément ce que dit Marx dans *Le Capital*, en faisant du travail l'essence de l'homme. Si le travail mérite que je lui consacre ma vie, c'est dans la mesure où il est ce par quoi je m'humanise en sortant du pur accomplissement de ma vie biologique. C'est par lui, par l'effort et l'inventivité qu'il suppose que j'affronte à la fois la nature extérieure et la mienne, en développant mes facultés proprement humaines. Autrement dit, plus je travaille, plus je sors d'une vie animale : le travail est ce en quoi je satisfais un besoin de travailler correspondant au besoin de réaliser mon essence d'homme.

[Transition] Mais si le travail, c'est la vie bonne, ou humaine, alors comment expliquer, comme l'observe Marx dans les *Manuscrits de 1844*, que « dès qu'il n'existe pas de contrainte, physique ou autre, le travail est fui comme la peste » ?

2. Il faut travailler moins pour vivre comme un homme

A. Car le travail nous aliène

Dans un second temps, il est nécessaire d'envisager la question à partir du travail tel qu'il existe dans nos sociétés contemporaines. Ce travail organisé par la division du travail, qui scinde le processus du travail en tâches sur lesquelles nous nous spécialisons et nous coupe du produit du travail comme de l'effort créatif, peut-il encore être conçu comme ce par quoi nous trouvons à conquérir notre forme humaine ? L'analyse de Marx met en évidence ce renversement par lequel le travail devient paradoxalement ce qui s'exerce contre nous : l'aliénation du travail désigne ce phénomène par lequel le travailleur moderne, vendant sa force de travail et son temps en échange d'un salaire devenu sa seule motivation, est rendu étranger à lui-même et n'éprouve plus sa liberté, paradoxalement, qu'en dehors du temps de travail. Le temps libre se dissocie du temps de travail, pour n'être plus un temps de libération mais un temps consacré à nos fonctions vitales : le temps libre devient le temps libéré du travail, sous la forme de la consommation, du loisir et du repos nécessaire à la reprise du travail.

B. Car il faut limiter le temps de la non-vie

Un tel travail peut-il être conçu comme la manifestation de la vie du travailleur ? « Bien au contraire, dit Marx, la vie commence pour lui où cesse cette activité, à table, à l'auberge, au lit. [...] Si le ver à soie tissait pour subvenir à son existence de chenille, il serait un salarié achevé. » Le souci de la bonne vie impliquerait-il alors la réduction de ce temps de travail dans lequel je sacrifie ma vie ? Dès lors que le travail se dissocie de la vie, il pourrait en effet apparaître que vivre mieux implique de réduire le volume et l'importance du travail dans nos vies. Le travailleur revendique ainsi une limite du temps du travail associé à celui d'une perte de temps de vie. À ce temps de travail défini par l'horizon de la productivité, il s'agirait d'imposer une limite. Mais si l'on peut ainsi espérer vivre mieux, ou plus longtemps, est-ce pour autant cela, une bonne vie ?

[Transition] La question est alors de savoir s'il suffit de diminuer la part de ce travail aliénant dans nos vies pour vivre mieux, ou bien s'il faut reconsidérer cette dissociation du travail et de la vie.

Conseil
Le sujet vous demande s'il faut « travailler moins » : il s'agit ici de radicaliser en troisième partie la thèse de la deuxième, en passant de la question de la quantité de travail à celle de la qualité.

3. Vivre mieux, c'est refuser le travail productif

A. Car le travail est une activité servile, ordonnée à la seule survie

En réalité, limiter la durée du travail n'est pas changer sa nature ni sa qualité. Faut-il accepter de sacrifier même une journée à une activité servile en ce qu'elle nous consacre aux nécessités de la survie ? Que le travail soit nécessairement une activité visant à la seule survie, c'est ce que met en évidence Arendt à partir de ses analyses du monde grec : « Le travail est l'activité qui correspond au processus biologique

Info
Dans *La Condition de l'homme moderne*, Arendt analyse ainsi la justification antique de l'esclavage : celui-ci ne fut pas, dit-elle, « un instrument d'exploitation en vue de faire des bénéfices ; ce fut plutôt une tentative pour éliminer des conditions de la vie le travail ».

du corps humain, dont la croissance spontanée, le métabolisme et éventuellement la corruption sont liés aux productions élémentaires dont le travail nourrit ce processus vital ». Si le monde antique, souligne Arendt, méprise le travail, c'est bien en ce qu'il nous rive à la nature et à ses cycles : bien vivre suppose d'abord de se libérer de la nature, et, donc, du travail qui nous attache à elle.

B. Car bien vivre, c'est refuser de séparer le travail de la vie

Mais alors, comment croire qu'il suffirait de travailler moins pour mieux vivre ? C'est précisément la question que soulève Nietzsche, en nous appelant, dans *Le Gai Savoir*, à renouveler en profondeur notre rapport au travail. Bien vivre, dit-il, implique le refus de la séparation du travail et de la vie, posture de résistance que seuls incarnent certains hommes, comme les artistes, les contemplatifs, « mais aussi ces oisifs qui passent leur existence à chasser ou à voyager, à s'occuper de galants commerces ou à courir les aventures ». Soustraites au travail productif par lequel j'absorbe ma vie dans une chose extérieure à elle, il s'agit là des figures du vrai travailleur : à savoir l'homme du temps libre, qui refuse de céder une part de sa vie au travail productif, même minime. Le vrai travailleur, c'est celui pour qui le travail et l'effort sont la vie en soi, une *praxis*, pour reprendre le terme aristotélicien, c'est-à-dire une activité qui est à elle-même sa propre fin, et non cette *poiésis* qui n'a de but qu'extérieur à elle-même et qui fait du travailleur moderne le mercenaire de sa propre vie.

Conclusion

En définitive, si notre horizon est la bonne vie, il est impossible de penser qu'on puisse mieux vivre en réduisant l'importance du travail productif dans nos vies. À ce travail régi par des impératifs vitaux et sociaux, il s'agit d'opposer le refus d'un travail séparé de nos vies : bien vivre exigerait ainsi de renouveler notre exigence vis-à-vis du travail et de la vie, en refusant tout travail dans lequel notre vie se trouverait niée.

SUJET

6

France métropolitaine • Juin 2014

DISSERTATION • Série ES

Pourquoi chercher à se connaître soi-même ?

LES CLÉS DU SUJET

■ Définir les termes du sujet

Pourquoi

« Pourquoi » peut questionner sur l'utilité d'une chose, présupposant que cette chose est un moyen en vue d'une fin qui lui est extérieure. On attend alors une réponse sous la forme « afin de… » ou « parce que… ». « Pourquoi » peut indiquer également que l'on cherche le sens de quelque chose.

Chercher à

L'expression désigne soit l'action de désirer quelque chose que l'on n'a pas, soit l'exercice de la volonté, faculté rationnelle dont la finalité est de comprendre.

Se connaître soi-même

L'expression renvoie à un savoir objectif, nécessaire et universel sur soi-même, au fait d'avoir une représentation claire et juste de ce qu'on est.

■ Dégager la problématique et construire un plan

La problématique

A priori personne d'autre que soi-même n'est le mieux placé pour se connaître, puisqu'il n'y a que soi pour accéder à sa propre pensée. Pourtant, on est toujours curieux de savoir ce que les autres pensent de soi, et on est souvent surpris du jugement d'autrui. Mais pourquoi vouloir se connaître ? Ou bien, on est ce que l'on décide d'être et l'on se connaît déjà, ou bien il y a quelque chose qui échappe à la conscience et à la connaissance de soi, mais alors comment y accéder ? **Faire du sujet un objet de connaissance**, n'est-il pas contradictoire ? Le sujet lui-même en devenir, n'est-il pas par définition insaisissable ? Le problème portera donc sur la **possibilité** même de se connaître mais aussi sur ce **désir de comprendre** qui peut se heurter, au sein même du sujet, à une résistance.

Le plan

• Il s'agit dans un premier temps d'analyser dans quelle mesure la connaissance de soi est **constitutive du sujet**, pour ensuite voir que le sujet lui-même **résiste** à toute forme d'objectivation.

• Enfin, dans une troisième partie, on analysera alors la possibilité d'une connaissance de soi non pas sous forme d'explication, mais d'une recherche de sens, d'une **interprétation** infinie.

■ Éviter les erreurs

• Ce sujet a des enjeux **psychologiques** évidents, mais il ne faut pas perdre de vue que c'est une question **anthropologique** qui peut ramener à la dimension morale de l'homme.

• Ce sujet exige aussi que l'on ait analysé ce qu'est une connaissance, et a donc également des enjeux **épistémologiques**.

CORRIGÉ 6

Les titres en couleurs servent à guider la lecture et ne doivent en aucun cas figurer sur la copie.

Introduction

Personne ne semble mieux placé que soi-même pour se connaître, pourtant que ce soit par des expériences, par le regard d'autrui ou par le récit de ses origines, on cherche toujours à saisir une partie de soi qui pourrait échapper. Dans le film *Baisers volés* de Truffaut, le patron d'un magasin va jusqu'à embaucher un détective pour savoir ce que son personnel et sa famille pensent de lui.

Mais peut-on établir un savoir sur quelqu'un ? L'être humain soumis au devenir n'est-il pas en perpétuel changement ? Pourquoi chercher alors à se connaître soi-même ? Est-ce une tentative vaine ou est-il possible de saisir sa personne dans son unité, sur ce qui fonde son identité ?

Une connaissance doit répondre à des exigences d'objectivité, c'est-à-dire de nécessité et d'universalité, or le propre d'un sujet n'est-il pas d'échapper par sa liberté à toute objectivation ? Et si la connaissance de soi est possible ne serait-ce que partiellement, vouloir se connaître n'est-ce pas se condamner à faire l'épreuve de sa misère et de sa faiblesse ? Veut-on vraiment toujours se connaître ?

Il s'agit de comprendre d'abord en quoi la connaissance de soi est constitutive du sujet, puis de montrer que cette entreprise se heurte à une impossibilité du sujet à se laisser objectiver. Il faudra alors redéfinir, dans une troisième partie, l'entreprise non pas de connaissance mais d'interprétation infinie du sujet qui est à la base de son évolution.

Info
L'introduction donne immédiatement les enjeux psychologiques et épistémologiques du sujet. Les enjeux moraux viendront avec le développement.

1. La connaissance de soi est constitutive du sujet

A. L'idéal socratique du « connais-toi toi-même »

L'inauguration de la philosophie par Socrate est marquée par une rupture avec l'explication mythologique du réel et par une volonté de comprendre le monde rationnellement. Or, pour chercher à connaître quelque chose, il faut d'abord avoir conscience de son ignorance, donc savoir quelque chose de soi. Ainsi Socrate aurait fait sa maxime de l'injonction située sur le fronton du temple de Delphes : « Connais-toi toi-même ».

Cette maxime désigne en réalité la mise en demeure de rester à sa place par rapport aux dieux grecs. Il s'agissait pour les hommes de ne pas vouloir dépasser leurs limites d'humains. La connaissance de soi ici est une condition de la sagesse. Or la sagesse désigne à la fois une connaissance, un savoir théorique dans le sens où l'âme de l'homme se serait tournée vers des réalités intelligibles le faisant accéder à la vérité des essences, et une pratique juste et morale qui s'appuie sur cette connaissance même de ce qu'est le Bien.

Ainsi, pour Socrate, l'homme doit prendre soin de son âme, pour connaître l'idée du Bien et donc de la Justice. À la connaissance théorique de soi est subordonnée la sagesse théorique et pratique.

Info
La devise de Socrate n'a donc pas qu'une valeur anecdotique et illustrative. Elle situe la question sur un plan épistémologique et la rattache au problème de la connaissance en général.

B. La connaissance de soi à travers l'engagement dans le monde

Pourtant il ne suffit pas de se tourner vers sa propre âme pour se connaître. Savoir que l'on est d'abord une substance pensante, tel que le découvre Descartes au terme de ses *Méditations métaphysiques,* renseigne sur ce « que » l'on est, mais non pas encore sur « qui » l'on est. Le moi empirique semble constitué par son histoire, son inscription dans le temps et donc sa manière d'exister, son rapport au monde. En ce sens il y a, dit Hegel dans *Esthétique,* deux manières de prendre conscience de soi. La première, théorique, consiste à faire son introspection, l'analyse solitaire de ses états d'âme.

La seconde manière est pratique. L'homme, nécessairement engagé dans le monde, éprouve dès l'enfance le besoin de le transformer, pour y laisser une marque qu'il peut contempler et prendre ainsi conscience de lui-même. L'homme ne veut pas rester tel que la nature l'a fait et ce besoin de s'éprouver à travers son œuvre trouve sa réalisation la plus aboutie dans le travail artistique.

Ainsi la connaissance de soi est d'abord constitutive de l'identité humaine dans la mesure où l'homme se distingue des dieux mais aussi des animaux, car en tant qu'être de culture, il a ce pouvoir de transformer le monde par la conscience qu'il a de lui-même.

Attention
Il faut être vigilant à la dimension pratique du sujet.

Celle-ci est donc constitutive du sujet en tant que pouvoir de déterminer (sujet de la connaissance) et pouvoir de s'autodéterminer (sujet moral).

[Transition] Mais comment comprendre alors qu'il y ait des travaux aliénants, qui nous font demeurer étrangers à nous-mêmes, au lieu de nous permettre de mieux nous connaître ?

2. Le sujet ne se laisse pas objectiver comme n'importe quel objet de connaissance

A. Le moi est insaisissable

Se connaître, c'est connaître son identité. Celle-ci désigne ce qui marque le caractère unique et distinct des autres êtres, mais aussi ce qui reste identique en l'homme malgré les changements du temps, ou encore ce qui fait l'unité des différentes caractéristiques de l'homme malgré ses contradictions.

Or, pour ces raisons, le moi est insaisissable selon Pascal. Il argumente sa thèse dans les *Pensées* en prenant l'exemple de l'expérience amoureuse. En effet, si l'on aime quelqu'un c'est uniquement pour ses qualités, physiques ou morales, car le jour où ses qualités disparaissent, l'amour s'étiole également. L'autre n'est jamais saisi dans sa totalité mais seulement à travers certaines de ses caractéristiques. Il n'y aurait pas d'identité fixe saisissable par une conscience. Mais même si l'on n'accède qu'à une connaissance partielle de soi, est-elle toujours souhaitable ?

B. La possibilité de se mentir à soi-même

La tragédie d'Œdipe qui épouse sa mère et tue son père sans savoir à qui il a affaire, culmine dans la prise de conscience de ce qu'il vient de faire, lui révélant qui il est à travers la conscience de ses origines.

Attention
La question de l'identité reste en filigrane tout au long du devoir.

La vérité sur ses parents est si insupportable qu'il s'en crève les yeux. Toute vérité n'est pas bonne à dire, mais une fois qu'on la connaît, on ne peut revenir à un état d'ignorance.

On peut préférer ne pas se connaître, car se connaître c'est aussi reconnaître sa misère et ses faiblesses et donc s'exposer à une humiliation. Par exemple, pour Kant, en morale, on peut se masquer à soi-même la volonté de se donner bonne conscience ou une peur peu flatteuse d'une sanction.

Pour Sartre, la « mauvaise foi » désigne une attitude où le sujet préfère se cacher ses motifs d'actions, se tromper en voilant ainsi ses responsabilités, plutôt que d'affronter l'angoisse qu'elles peuvent susciter. En ce sens, vouloir se connaître serait faire preuve d'une lucidité violente et inconfortable qui ne semble pas se justifier auprès de celui qui est dénué de morale.

Ainsi, on peut se demander pourquoi chercher à se connaître soi-même, dans la mesure où une connaissance exacte de soi semble vaine voire destructrice.

> **Conseil**
> Il est judicieux de contrebalancer la première partie par une thèse qui s'y oppose. Ici, la possibilité de ne pas vouloir se connaître soi-même.

[Transition] Mais préférer s'ignorer, n'est-ce pas simplement accepter sa misère et même l'encourager ? Vouloir se connaître, même si ce n'est qu'un idéal, ne répond-il pas à une exigence d'évolution personnelle ?

3. La connaissance de soi est un idéal de recherche pour un sujet en construction

A. Il n'y a pas de nature humaine

Si la connaissance de soi semble vaine, c'est que l'homme est en perpétuelle évolution. Selon Sartre « en l'homme, l'existence précède l'essence », ce qui signifie que le sujet, à la différence d'un objet, a toujours la possibilité de devenir autre. À chaque instant, l'homme existe et a la possibilité de rester tel qu'il est ou de changer. Il est libre, il est même paradoxalement « condamné à être libre », dans la mesure où cette liberté le renvoie à ses responsabilités angoissantes.

Saisir ce qu'est notre moi avec toutes ses particularités individuelles implique de cerner le moi empirique comme un objet identifiable. Or, le propre d'un sujet n'est-ce pas précisément d'être libre de s'autodéterminer, et donc d'échapper à une définition et à toutes chosifications ? L'homme n'est pas un objet, il n'y a pas de nature humaine. La seule définition que l'on pourrait lui attribuer, c'est éventuellement d'être celui qui, à chaque instant, se redéfinit. Condamné à une infinie redéfinition, que peut bien vouloir signifier pour un homme « se connaître » ?

B. Vouloir se connaître c'est donner un sens à sa vie

Dès lors « se connaître » se présente davantage comme un idéal que comme une réalité. Le sujet ne se laissant pas objectiver, la connaissance de soi ne peut être du même ordre qu'une connaissance scientifique, expliquant un objet extérieur, ou distinct du scientifique. Dans la connaissance de soi, sujet et objet de la connaissance se confondent, et vouloir donner une explication de soi par soi comme dans une science de la nature c'est prendre le risque de manquer son but en étant subjectif. La méthode ne peut donc être explicative, mais seulement interprétative. La connaissance de soi se fait alors de manière rétrospective. Elle constitue une entreprise qui cherche, non pas à expliquer en donnant une signification, une définition unilatérale du sujet sur lui-même, mais à interpréter, à comprendre ou à donner du sens au sujet.

Pour ce faire, il faut d'abord reconnaître qu'il existe une part d'inconnu dans le sujet. Ainsi Freud affirme l'existence d'un inconscient psychique qui échappe à l'analyse volontaire d'une conscience déchiffreuse. Seule l'intervention d'une autre conscience (celle du psychanalyste) peut permettre à l'analysé, par une libre association d'idées, de retrouver des pulsions refoulées conditionnant son identité.

Attention
Il faut bien maîtriser le repère « expliquer/ comprendre ».

Pour Ricœur, dans la *Philosophie de la volonté*, la psychanalyse est une guérison par l'esprit dans la mesure où, en plus d'anticiper une maladie à venir par la connaissance de soi, elle permet de restaurer la liberté du sujet qui se trouve alors réconcilié avec son corps, lorsque celui-ci n'impose plus de puissances involontaires au psychisme. Le patient peut alors se retrouver dans des conditions « normales » où sa liberté peut s'exprimer sans contradiction avec le réel, ce qui constitue le présupposé de toute conduite éthique.

Conclusion

Avec la question « pourquoi chercher à se connaître soi-même ? », on pose d'abord la connaissance de soi comme condition pour exister en tant qu'individu. Mais, paradoxalement, cette connaissance se heurte à l'impossibilité métaphysique et morale pour un sujet d'être l'objet d'une explication. Le sujet peut même ne pas vouloir se connaître dans la mesure où l'angoisse peut le conduire à un lâche aveuglement. Dès lors la connaissance de soi ne peut se présenter que sous la forme d'idéal régulateur dans la vie d'un homme à la recherche de son humanité, c'est-à-dire de sa liberté donnant sens à son existence. Vouloir se connaître est une fin en soi, au même titre que le bonheur et la liberté.

SUJET 7

Nouvelle-Calédonie • Novembre 2012

DISSERTATION • Série L

Percevoir, est-ce déjà connaître ?

LES CLÉS DU SUJET

Définir les termes du sujet

Percevoir

Ce verbe désigne un acte par lequel un sujet organise une **multiplicité de sensations** présentes afin d'**appréhender un objet de la réalité**. Le problème soulevé est de savoir comme s'organisent ces sensations : est-ce de manière spontanée par les sens eux-mêmes, ou par l'intermédiaire d'un acte de l'entendement ?

Connaître

Ce verbe permet d'avoir présent à l'esprit un objet dont on se fait une représentation fidèle. La connaissance désigne un **savoir** et à ce titre peut être l'**analyse juste** des données de l'expérience. En ce sens, la perception pourrait être une connaissance.

Déjà

Le fait d'indiquer que percevoir serait déjà connaître semble présupposer que **la perception conduit à la connaissance**, la question étant alors de savoir si elle se confond avec elle, ou si elle n'en est qu'une étape.

Dégager la problématique et construire un plan

La problématique

On serait tenté de répondre par l'affirmative à la question dans la mesure où la perception constitue la condition de toute connaissance qui s'appuie sur l'**expérience**, c'est-à-dire sur la rencontre d'un sujet et d'un objet extérieur à lui. Mais en un autre sens, on peut en douter dans la mesure où, d'une part, les sens peuvent être **trompeurs** et, d'autre part, une connaissance prétend rendre compte d'une **vérité universelle**, dépassant en cela la subjectivité relative d'un individu qui ne peut saisir par ses sens qu'un **objet particulier**.

Le plan

- La perception s'appuyant sur des sensations relatives à des objets particuliers est d'abord l'expression d'un **ressenti subjectif**, et non pas un savoir (1re partie).
- Mais ce serait alors réduire la perception à une accumulation de sensations, or en réalité dans la perception il y a un **acte de l'entendement** qui garantit l'accès à la connaissance (2e partie).
- Cependant, il ne faudrait pas non plus confondre à l'inverse **perception et conception** : la perception donne de la matière à l'intellection mais ne se confond pas avec elle (3e partie).

■ Éviter les erreurs

Ce sujet exige de questionner les fondements mêmes de la connaissance et les capacités humaines à accéder objectivement au réel par le biais de son corps.

CORRIGÉ 7

Le corrigé qui suit se présente sous la forme d'un plan très détaillé. Il faudrait, dans votre devoir, développer certaines des idées et ajouter des exemples. Les titres en couleurs ne doivent en aucun cas figurer sur la copie.

Introduction

Percevoir le monde, c'est d'abord entrer en contact avec lui par l'intermédiaire de ses sens. Percevoir offre la garantie de ne pas s'enfermer dans ses pensées. Mais la perception, en assurant la rencontre avec un objet, permet-elle d'en rendre compte fidèlement ? Percevoir est-ce déjà connaître ?

Il semblerait cependant que les sens soient parfois source d'illusions. La perception en s'appuyant sur eux ne risque-t-elle pas plutôt de s'opposer à la connaissance ? Mais la perception consiste aussi en une organisation significative de ces sensations. Ne serait-elle pas alors ce qui permet de connaître l'objet d'une réalité offerte à nos sens ?

Il s'agit d'abord de voir en quoi une perception, qui s'appuie sur les sens, risque d'être un facteur d'illusion et d'erreur. Il faudra alors repréciser dans un second temps la définition de la perception, qui ne se limite pas à une somme de sensations, pour montrer qu'au contraire elle peut être un tremplin vers la connaissance. On verra enfin que si la perception peut être une condition de la connaissance, elle ne se confond pas pour autant avec elle.

1. La perception permet l'adaptation au monde, non sa connaissance

A. La perception est ce qui permet au vivant d'assurer sa survie

Le fait de percevoir le monde environnant est ce qui permet, avec le mouvement, d'assurer sa survie. C'est ce qui permet, selon Aristote dans son traité *De l'âme, I, 2*, de marquer la différence entre les vivants (plantes, animaux) et les objets inertes (minéraux). Pour autant, être capable de s'adapter à son milieu est-ce déjà le connaître ?

B. Mais percevoir n'est pas encore fournir un savoir scientifique

Pour qu'il y ait connaissance, il faut qu'il y ait saisie d'une essence stable et immuable. Elle doit produire une vérité qui par définition est universelle. Or les sens ne donnent accès qu'à un objet particulier, soumis au devenir en raison de sa nature matérielle et, de ce fait, qui ne peut constituer un véritable objet de science. En ce sens Platon explique dans le *Théétète* que la sensation ne permet pas d'accéder à la vérité.

[Transition] Pourtant la perception, par le biais des sens, est bien ce qui met en relation un sujet de la connaissance avec un objet extérieur à ses pensées.

2. Pourtant la perception, en tant qu'organisation des sensations, permet de connaître

A. La perception peut être redéfinie comme inspection de l'esprit

Si l'on ne peut se fier à nos sens instables pour avoir une véritable connaissance, la perception qui en est pourtant distincte mais associée, donne accès à l'essence des choses. Descartes dans ses *Méditations métaphysiques*, analyse ce qui nous fait connaître un morceau de cire qui fond : on le reconnaît non pas grâce aux sens, qui donnent des informations toujours changeantes, mais grâce à une « inspection de l'esprit », au travail que l'entendement opère sur ces données. En ce sens la perception est déjà la connaissance.

B. La perception comme saisie par le corps du monde peut aussi permettre de le découvrir

La perception nous apporte aussi un savoir si on la définit comme la capacité qu'a la conscience plongée, grâce à son incarnation, dans un corps lui-même inscrit dans un champ perceptif (selon Merleau-Ponty). La perception ne permettrait-elle pas alors de revenir au monde des choses elles-mêmes avant toute connaissance ?

[Transition] Mais la perception ne se confond ni avec la conception intellectuelle, ni à l'inverse avec la simple position du corps dans le monde.

3. La perception peut être un élément de la connaissance mais ne se confond pas avec elle

A. Une perception peut être confuse

Si la perception nous rapproche de la réalité sensible, elle ne nous en donne pas nécessairement une idée claire et distincte. Leibniz dans sa préface des *Nouveaux essais sur l'entendement humain*, montre que l'on peut très bien percevoir le bruit d'une vague comme un ensemble de petits bruits confus de ses éléments. Chaque petite goutte ne pouvant être perçue distinctement pour elle-même mais par rapport à un tout, fait l'objet d'une « petite perception », autrement dit d'une perception inconsciente. Percevoir ici ne peut être assimilé à une connaissance.

B. La perception est au-delà du jugement de connaissance

N'étant ni une simple vision, ni une simple conception de l'esprit, la perception peut être envisagée comme un élément certes essentiel à la connaissance, dans la mesure où il donne de la matière au jugement qui établit une vérité en l'associant à un concept de l'entendement, mais qui en lui-même n'est ni vrai ni faux.

En effet, d'après Kant selon la *Critique de la raison pure*, « si l'on peut dire que les sens ne trompent pas, ce n'est point parce qu'ils jugent toujours juste mais parce qu'ils ne jugent pas du tout ». La perception n'a pas valeur d'objectivité comme la connaissance. Seul le jugement peut être qualifié de juste ou d'apparence lorsqu'il fait passer à tort la représentation subjective (la perception) pour une représentation objective.

Conclusion

Si l'on identifie la perception à la sensation, alors elle est immédiate, instable et singulière. La perception a une valeur vitale, elle peut être aussi source d'illusions et d'erreurs. Cependant si la perception n'est pas que vision mais inspection de l'esprit, alors l'entendement, qui organise les différentes sensations, pourrait fournir une connaissance. Or ce serait confondre conception et perception, alors que cette dernière peut être inconsciente.

La perception semble donc se situer au-delà de la connaissance même si elle lui est intimement liée : nécessaire pour assurer la présence d'un objet extérieur aux pensées du sujet de la connaissance, elle en fournit la matière sans en garantir l'objectivité. Ce ne serait que son union à un entendement qui lui donne une forme identifiable sous un concept qui serait à même de produire une connaissance.

SUJET

8

Polynésie française • Septembre 2011

DISSERTATION • Série ES

L'hypothèse de l'inconscient psychique revient-elle à admettre un autre moi en moi ?

LES CLÉS DU SUJET

■ Définir les termes du sujet

L'inconscient

• **L'inconscient** désigne, au sens freudien, une entité psychique autonome et dynamique dont la fonction est de refouler. Il est à distinguer du sens antérieur à Freud de l'inconscient, qui se définit comme degré moindre de la conscience et que nous appellerons « inconscience ».

L'inconscient psychique

• Il est considéré comme une **hypothèse** dans la mesure où c'est un choix métaphysique d'affirmer que l'inconnu en l'homme ne renvoie pas à des déterminations physiologiques mais à un ordre immatériel d'essence psychologique. Il ne s'agit pas de discuter de la vérité ou de la fausseté de cette hypothèse mais de ce qu'elle implique, de savoir quels en sont les enjeux dans la mesure où l'on s'interroge sur ce qu'elle **revient à admettre**.

Un autre moi en moi

• Il s'agit de voir si admettre une hypothèse implique d'en admettre une autre : celle d'**un autre moi en moi**. Or, si le moi est le principe d'unité et d'identité de l'homme, l'idée d'un autre moi en moi introduit de l'étrangeté à soi-même, voire de l'aveuglement ou de l'aliénation. Il y aurait alors deux sens du **moi** : le premier sens, plus général, renvoie à la personne qui maintient son identité à travers le temps. Le second sens, plus technique et psychanalytique (celui qui serait à l'intérieur du précédent), désigne une des instances du psychisme qui joue le rôle de médiateur entre l'inconscient et le monde extérieur.

Dégager la problématique et construire un plan

La problématique

L'hypothèse d'un inconscient psychique soutient la possibilité qu'une partie de notre psychisme ou de notre esprit agisse sans que l'on en ait conscience. La conscience, ou le moi, aurait donc en lui une part active qui lui échappe, comme un autre moi malgré moi. Dans quelle mesure alors l'hypothèse d'un inconscient psychique ne vient-elle pas introduire une rupture dans l'identité de la personne ? N'engage-t-elle pas la possibilité d'échapper au contrôle de soi et donc à ses responsabilités ? Il s'agira de montrer qu'au contraire la psychanalyse entend réconcilier le sujet avec lui-même.

Le plan

• Il s'agit d'analyser, dans un premier temps, dans quelle mesure l'hypothèse d'un inconscient psychique introduit ou non une rupture dans l'identité du moi.

• Les conséquences et les enjeux d'un moi divisé seront analysés ensuite dans une seconde partie : l'idée d'un autre moi en moi n'est-elle pas une excuse pour échapper à ses responsabilités ?

• Pourtant, et c'est ce qu'avance la troisième partie, la psychanalyse, qui s'appuie sur l'hypothèse d'un inconscient psychique, ne cherche pas à échapper à la morale mais au contraire à réconcilier le sujet brisé avec lui-même.

Éviter les erreurs

• Ce sujet, qui porte précisément sur une notion du programme, ne doit pas se limiter à la seule analyse de l'inconscient freudien. L'hypothèse d'un inconscient psychique se trouve d'abord chez des auteurs comme Leibniz, avec l'idée d'une conscience de moindre degré.

• Il ne s'agit pas de savoir si l'hypothèse de l'inconscient psychique est vraie ou fausse mais de déterminer ses enjeux, ce qu'elle implique.

Attention le sujet est long, il convient de n'oublier aucun terme à analyser.

CORRIGÉ 8

Les titres en couleurs servent à guider la lecture et ne doivent en aucun cas figurer sur la copie.

Introduction

Les lapsus, les actes manqués, les rêves témoignent de l'existence en nous d'une activité psychique inconsciente. Pourtant ce qui fait qu'à travers le temps je continue de me reconnaître, c'est justement l'unité de mes pensées en une seule et même conscience, un même moi. Introduire l'idée qu'il y ait des pensées non conscientes dans mon esprit n'est-ce pas menacer l'unité du sujet ? L'hypothèse d'un inconscient psychique revient-elle à admettre un autre moi en moi ?

Ou bien l'hypothèse d'un inconscient psychique revient à admettre un autre moi en moi, mais alors le sujet risque de se voir amputé de son pouvoir d'agir consciemment sur lui, de se contrôler, de s'autodéterminer et donc d'être pleinement responsable de ses actes. Ou bien l'hypothèse d'un inconscient psychique introduit non pas un autre moi mais la reconnaissance de multiples fonctions psychiques. Et c'est alors la reconnaissance de contradictions internes qui peut permettre de les surmonter.

Dans quelle mesure l'hypothèse d'un inconscient psychique menace-t-elle l'unité du moi ? Encourage-t-elle la possibilité d'échapper à ses responsabilités ? Ou, au contraire, permet-elle à l'homme, conscient de ses contradictions, de se réconcilier avec lui-même ?

1. Dans quelle mesure l'hypothèse d'un inconscient psychique introduit-elle l'idée d'un autre moi en moi ?

A. Le moi est constitutif de l'identité humaine

Une personne peut changer à travers le temps (vieillissement), son histoire, et peut même apparaître sous différents aspects selon les contextes (professionnel, familial, amical…). Cependant elle reste toujours la même : c'est la condition pour être à la fois un sujet moral responsable, qui répond de ses actes, et juridique, que l'on peut juger après des faits même lointains. L'unité du moi est donc la condition de l'identité humaine.

Pour Kant, dans l'*Anthropologie du point de vue pragmatique*, le pouvoir de dire « je » est constitutif de la dignité humaine. Par cette faculté, l'homme a le pouvoir de se « penser » et pas uniquement de « se sentir » comme chez les animaux. Cette conscience de soi constitutive du sujet est acquise dès que l'enfant dit « je », et c'est cette faculté qui donne ensuite aux différentes représentations une unité, une cohérence. Cette nécessaire unité du moi est-elle alors compatible avec l'idée d'un inconscient psychique, d'une instance qui viendrait troubler la transparence du sujet à lui-même ?

B. Si l'inconscient est un degré moindre de la conscience, l'unité du moi est maintenue

Si l'on considère que l'inconscient est un degré moindre de la conscience alors l'unité du moi est maintenue. En effet, Leibniz, dans les *Nouveaux Essais sur l'entendement humain*, appelle ces phénomènes inconscients des « petites perceptions ». Elles désignent ce que la conscience perçoit, mais de manière encore confuse, comme lorsqu'on entend le bruit de la mer : on peut avoir conscience des différentes vagues ou d'une multitude de gouttes d'eau mais de manière très confuse car étant de trop petite taille. C'est en ce sens qu'il est question de « petites perceptions ». Il s'agit ici d'une conscience de degré moindre. Grâce à une attention plus soutenue, le passage de l'inconscience à la conscience se fait passage d'une conscience obscure à une conscience qui s'éclaire, comme si on isolait une goutte par rapport au reste du bruit.

La notion d'inconscient psychique, appelée ici l'inconscience, n'introduit pas un nouveau moi en moi, mais établit une distinction entre un moi qui s'ignore et un moi qui accède à lui-même. Comment rendre compte alors des actes involontaires qui nous déterminent et qui échappent pourtant à toute attention soutenue de la conscience ?

C. Si l'inconscient est une entité autonome, le moi ne peut plus être le maître absolu

Chez l'homme sain comme chez l'homme malade, certains actes psychiques échappent complètement à la conscience, comme lorsqu'on rêve ou lorsqu'on dit le contraire de ce qu'on voulait dire, et cela malgré une attention plus soutenue de la conscience. De manière encore plus immédiate, une conscience peut avoir des idées dont elle ne comprend pas l'origine. Toutes ces manifestations conduisent Freud à postuler l'hypothèse d'un inconscient psychique de nature radicalement différente de la conscience et qui ne peut se confondre avec une conscience obscurcie.

Il décrit, dans sa seconde topique, la manière dont le psychisme se trouve divisé. Le « moi » a le sens de la conscience, du sujet tel qu'il s'apparaît à lui-même. Face à lui se trouve le « surmoi », l'instance qui incarne la loi et interdit de la transgresser. Il représente un idéal que le sujet a intégré par son éducation et qui peut l'empêcher de réaliser ses désirs ou même d'en prendre conscience. Enfin, le « ça » désigne pour Freud une sorte de réservoir de tendances pulsionnelles contradictoires inconscientes de diverses origines, innées ou acquises. Le psychisme se présente donc comme un état du moi (au sens général) qui serait traversé par des tendances plus profondes, pas nécessairement conscientes, qui peuvent être contradictoires (le « moi » au sens spécifiquement freudien, le « ça » et le « surmoi »).

Ainsi, l'hypothèse d'un inconscient psychique, considéré comme une entité autonome, revient à admettre un autre moi en moi. Dès lors, on peut se demander si un autre moi agit en moi malgré moi, comment répondre de ses actes, comment assurer ses responsabilités.

2. L'hypothèse d'un inconscient psychique déresponsabilise-t-elle alors l'individu ?

A. Admettre qu'il y ait plusieurs « moi », c'est faire de l'homme un être aliéné

Poser ainsi l'hypothèse d'un inconscient psychique, c'est admettre que le sujet n'est pas transparent à lui-même, qu'il y a une part du psychisme auquel la conscience n'a pas accès. De ce fait, le sujet ne peut avoir la maîtrise absolue de lui-même. Le « moi » n'a plus qu'une perception incomplète de lui-même, le « moi », écrit Freud dans les *Essais de psychanalyse appliquée*, « n'est pas maître dans sa propre maison », il devient en ce sens étranger (hors de chez lui) à soi. Perdre la possibilité de contrôler ses pensées et ses actes parce qu'un autre moi agirait en moi, n'est-ce pas alors reconnaître que l'hypothèse d'un inconscient peut faire de l'homme un être qui n'a plus toute sa raison, un être aliéné dans lequel un moi ne reconnaîtrait plus l'autre ?

B. L'homme est alors soumis au déterminisme psychique

Si l'hypothèse d'un inconscient psychique conduit à l'hypothèse d'un autre moi en moi, alors elle fait de l'homme un être aliéné. L'aliénation se définit comme une forme d'esclavage psychologique, une absence de liberté. Or, la liberté est ce qui permet de répondre de ses actes, de les assumer parce qu'on en serait l'auteur. En ce sens, l'idée d'un autre moi en moi est bien celle d'une identité brisée. Pour que le sujet puisse assumer toute sa responsabilité morale et juridique, il faut nécessairement que ce soit la même personne qui ait agi et se repend, qui s'excuse, que l'on pardonne ou condamne.

Dès lors, faire appel au poids des événements passés, qui seraient inscrits dans notre inconscient et qui nous pousseraient à agir à l'encontre de notre volonté, serait affirmer que nous sommes déterminés dans nos actions par une force psychique qui échappe à notre contrôle. Ce déterminisme psychique ferait de l'homme une sorte de marionnette portée par les événements sans maîtrise de soi. En ce sens, l'homme se présente plus comme un irresponsable. Mais en affirmant, avec l'hypothèse d'un inconscient psychique, qu'il y a un autre moi en moi, en évoquant ainsi la possibilité d'agir sans être l'auteur véritable de son action mais un simple acteur, n'est-on pas en train de nier une qualité essentielle de l'homme : sa liberté ?

C. L'inconscient sert de prétexte à la mauvaise foi

En ce sens, Sartre présente l'hypothèse d'un inconscient psychique comme une fausse excuse. Un homme peut se sentir sincèrement en décalage avec ce qu'il a fait, ce qui est généralement source d'angoisse, mais il ne peut nier que c'était « lui ». Se servir de l'idée de déterminations psychiques inconscientes comme acte déterminant, c'est selon Sartre un acte de mauvaise foi, car il consiste à nier la liberté qui est en soi pour se trouver des « excuses ».

Or, selon l'existentialisme, en l'homme « l'existence précède l'essence », cela signifie que l'homme n'est déterminé que par ses actions qui le redéfinissent constamment. Il n'y a donc pas de nature humaine définitive. L'homme est toujours libre, sa responsabilité est absolue. Poser l'hypothèse d'un inconscient psychique serait alors introduire l'idée d'un autre moi en moi pour justifier la mauvaise foi. Mais n'est-on pas justement à l'opposé de ce pour quoi cette hypothèse a été postulée, à savoir soigner les gens en psychiatrie, les aliénés, et les aider à trouver leur identité ?

3. La reconnaissance de la complexité du sujet permet d'en surmonter les contradictions

A. L'hypothèse de l'inconscient psychique vise la guérison de maladies psychiques

Pour Freud, l'hypothèse d'un inconscient psychique ne se révèle légitime et nécessaire qu'à partir du moment où, dans sa pratique de médecin thérapeute, il réussit à soigner les patients atteints de maladies d'origine psychique.

En effet, l'hypothèse d'un inconscient ne consiste pas seulement à affirmer l'existence d'un « état » psychique non encore conscient, mais à affirmer l'existence d'une véritable « activité » psychique sur le corps, qui peut se traduire sous forme de maladie symptomatique. Le symptôme résulte d'un compromis entre des désirs contradictoires, compromis réalisé par l'activité spécifique de l'inconscient : le refoulement.

L'hypothèse d'un inconscient de nature psychique est nécessaire, d'une part parce qu'elle apporte un gain de cohérence dans la compréhension de ce qu'est l'âme humaine (justification théorique). D'autre part, elle est légitime parce que la pratique psychanalytique permet, lorsque certains éléments refoulés viennent à la conscience, la guérison et la disparition du symptôme, ou du moins de la souffrance qui l'accompagnait (justification pratique).

B. La prétention d'un sujet transparent à lui-même est source d'illusions

Croire à la transparence du sujet à lui-même est dès lors considéré, par Freud dans *Métapsychologie*, comme une « prétention intenable ». La connaissance de l'homme ne se fait plus seulement selon une explication qui procéderait de manière discursive, en remontant d'un effet à une cause de proche en proche, mais par un travail d'interprétation, où l'on ne cherche pas la cause mais la raison, où l'on cherche non pas à expliquer mais à comprendre. Refuser l'hypothèse d'un inconscient psychique serait alors s'illusionner sur son propre moi et même s'interdire la compréhension de ses contradictions.

C. La psychanalyse est une maïeutique de la liberté, une réconciliation du sujet brisé

L'objectif d'une psychanalyse n'est pas de mettre au grand jour des désirs « honteux » pour les réaliser, mais de mieux se comprendre pour pouvoir concilier le principe de plaisir avec le principe de réalité. Aussi, le fait de prendre conscience de l'action de l'inconscient permet de se libérer de certains désirs contradictoires. Paul Ricœur décrit en ce sens l'action de la psychanalyse comme une maïeutique de la liberté. Or, retrouver sa liberté est la condition même pour pouvoir agir moralement.

Dire que l'on a agi inconsciemment signifie qu'un travail psychanalytique s'est fait et que les choses ont été analysées comme étant névrotiques. Admettre l'hypothèse de l'inconscient devient alors la possibilité de réconcilier les différentes instances psychiques, le moi avec l'inconscient.

Conclusion

Ainsi, l'hypothèse d'un inconscient psychique, différent en nature et non en degré de la conscience, implique la reconnaissance de différentes instances dans le sujet comme si plusieurs moi agissaient malgré moi.

Dès lors, on peut se demander si cette hypothèse n'amène pas à trouver des excuses à l'homme qui agirait selon un déterminisme psychique dicté par un autre moi en moi. Or, reconnaître que le sujet n'est pas transparent à lui-même, c'est lui permettre d'échapper à l'aliénation en lui donnant la possibilité de surmonter ces déterminations.

Reconnaître cette hypothèse serait donc reconnaître la complexité psychique, non pas pour déresponsabiliser l'homme, mais pour lui redonner sa liberté.

Antilles, Guyane • Septembre 2011

DISSERTATION • Série ES

Le désir suppose-t-il autrui ?

LES CLÉS DU SUJET

Définir les termes du sujet

Désir

• Le désir est la quête d'un objet que l'on se représente comme étant la source d'un **plaisir**. À une conception **négative** du désir, qui voit en celui-ci le mouvement qui va d'un manque vers une satisfaction – le désir est alors conditionné par le **manque**, la privation –, on peut opposer la représentation purement **positive** d'un désir qui serait avant tout **créateur.**

• Le désir est donc marqué par une ambivalence : s'il cherche le **plaisir**, il semble pourtant s'abolir en lui, et devoir se relancer alors vers un autre objet. Définir le désir comme la quête d'un plaisir, c'est donc le définir comme un mouvement infini et **tourmenté**, qui à la fois cherche et refuse sa satisfaction.

Supposer

• Se demander si le désir suppose autrui, c'est se demander si autrui est la **condition de possibilité** du désir. Autrement dit, supposer, c'est **être rendu possible** par quelque chose.

• Étymologiquement, supposer signifie « placer dessous » : on nous demande ici si le désir **a besoin d'autrui pour exister**, c'est-à-dire si autrui est **ce qui précède et ce sur quoi repose** mon désir.

Autrui

Autrui, c'est celui qui me **ressemble** et **diffère** de moi : c'est mon *alter ego*, à la fois un **autre moi** et un **autre que moi**. Ainsi, il est celui que j'envisage à partir de moi, et en me comparant à lui, mais il est aussi celui dont une distance radicale me sépare (je n'ai de ce fait qu'un accès médiat à son intériorité).

Dégager la problématique et construire un plan

La problématique

• Le problème posé par le sujet réside dans la **dissociation** envisagée entre le **désir** et **autrui**. *A priori*, il semble qu'il n'y ait pas de désir sans objet. Autrement dit, il semble qu'aucun désir ne puisse exister sans autrui.

• La problématique découle de ce problème central, puisqu'il s'agira de se demander en quoi l'existence de mon désir pourrait être conditionnée par celle d'autrui. Est-ce l'autre qui **fait naître** mon désir, et qui en est donc la **cause** ? Inversement, est-il possible que mon désir **préexiste** à l'autre, et ne trouve en lui qu'une **occasion** de se déployer ? Au fond, il s'agit de se demander si le désir peut être considéré indépendamment des objets qu'il se donne. Désire-t-on **pour obtenir nos objets de désir** – et dans ce cas, le désir supposerait autrui comme sa condition de possibilité –, ou désire-ton pour **désirer** – mais alors, le désir ne supposerait pas autrui ?

Le plan

Dans un premier temps, nous verrons que le désir suppose autrui, dans la mesure où c'est l'autre qui **fait naître** en moi le désir – en ce sens, il **précède** mon désir. Mais autrui est-il la **cause profonde** ou seulement **occasionnelle** du désir ? Nous verrons alors qu'autrui n'est que **l'occasion**, pour mon désir, de se déployer, avant d'envisager la possibilité d'un désir qui n'aurait pas autrui pour cause ni pour condition de possibilité.

■ Éviter les erreurs

Il est essentiel, pour traiter ce sujet, de ne pas oublier de **définir le terme** « **supposer** ». Ce terme peut signifier : « reposer sur », « ne pas être possible sans », « précéder », et la question prendra une tournure différente en fonction du sens que vous attribuerez au terme.

CORRIGÉ 9

Les titres en couleurs servent à guider la lecture et ne doivent en aucun cas figurer sur la copie.

Introduction

Se demander si le désir suppose autrui, c'est se demander si autrui est la condition de possibilité de mon désir.

A priori, il semble qu'il n'y ait pas de désir sans objet. Autrement dit, il semble qu'aucun désir ne puisse exister sans autrui, sauf à penser un désir vide, qui tourne indéfiniment sur lui-même, un désir sans but. Mais que le désir n'ait pas de fin, n'est-ce pas là en réalité ce qui le définit ?

Car si le désir est la quête d'un objet que l'on se représente comme étant la source d'un plaisir, il est pourtant marqué par une ambivalence : s'il cherche le plaisir, il semble pourtant s'abolir en lui, et devoir se relancer, une fois le plaisir atteint, vers un autre objet. Définir le désir comme la quête d'un plaisir, c'est donc le définir comme un mouvement infini et souffrant, qui à la fois cherche et refuse sa satisfaction. Mais alors, qu'est-ce qui provoque le désir ? Étymologiquement, supposer signifie « placer dessous » : on nous demande donc ici si le désir a besoin d'autrui pour exister, c'est-à-dire si autrui est la cause nécessaire ou seulement occasionnelle du désir. Autrui, c'est celui qui me ressemble et diffère de moi : c'est mon *alter ego*, à la fois un autre moi et un autre que moi. Il est celui que j'envisage à partir de moi, et en me comparant à lui, mais il est aussi celui dont une distance radicale me sépare (je n'ai de ce fait qu'un accès médiat à son intériorité).

Le problème posé par le sujet réside donc dans la dissociation envisagée entre le désir et autrui. La problématique découle de ce problème central, puisqu'il s'agira de se demander en quoi l'existence de mon désir pourrait être conditionnée par celle d'autrui. Est-ce l'autre qui fait naître mon désir, et qui en est donc la cause nécessaire ? Inversement, est-il possible que mon désir préexiste à l'autre, et ne trouve en lui qu'une occasion de se déployer ? Au fond, il s'agit de se demander si le désir peut être considéré indépendamment des objets qu'il se donne. Désire-t-on pour obtenir nos objets de désir – et dans ce cas, le désir supposerait autrui comme sa condition de possibilité –, ou désire-t-on pour désirer – mais alors, le désir ne supposerait pas autrui ?

Dans un premier temps, nous verrons que le désir suppose autrui, dans la mesure où c'est l'autre qui fait naître en moi le désir. Mais autrui est-il la cause profonde ou seulement occasionnelle du désir ? Nous verrons alors qu'autrui n'est que l'occasion, pour mon désir, de se déployer, avant d'envisager la possibilité d'un désir qui n'aurait pas autrui pour cause, ni pour condition de possibilité.

1. Le désir suppose autrui

A. Car c'est autrui qui provoque en moi le désir

Dans un premier temps, il est possible d'affirmer que le désir suppose autrui, dans la mesure où ce serait l'ensemble des particularités de l'autre qui déterminerait mon désir. Autrement dit, c'est sur l'existence d'un autre en particulier que repose la possibilité même de mon désir, ce qu'expose Platon dans *Le Banquet*, à travers le mythe des androgynes tel qu'il y est évoqué par Aristophane. Les hommes, dit-il, ont un jour connu la complétude, puisqu'ils étaient autrefois composés de deux êtres, et si forts qu'ils décidèrent de déclarer la guerre aux Dieux. Ceux-ci, pour les punir, les séparèrent en deux, ce qui explique que chacun d'entre nous souffre de la perte de sa moitié perdue. Le désir serait à la fois la marque de ce châtiment divin, et ce que produit ma rencontre de l'autre, cet autre auquel je fus un jour uni. Ainsi, il n'y a pas de désir sans autrui et, plus précisément, sans cet autre précis auquel nous étions unis autrefois.

B. Car le désir n'existe que par la médiation du désir d'autrui

Mais si autrui provoque mon désir, s'il en est ainsi la cause nécessaire – c'est-à-dire qu'autrui est ce sans quoi mon désir ne pourrait exister –, c'est peut-être aussi dans la mesure où mon désir naît par la médiation du désir de l'autre. C'est ce que souligne Roland Barthes dans les *Fragments d'un discours amoureux :* le désir pur, dont l'autre serait la cause, est illusoire en ce que mon désir tend à se porter sur les objets désirés par autrui. Autrement dit, si le désir suppose autrui, il suppose plus précisément le désir d'autrui : c'est par la médiation du désir de l'autre que mon désir se déploie vers tel ou tel objet que j'estime désirable parce que l'autre le désire.

[Transition] Mais si le désir est produit en moi par l'autre, un autre unique et particulier, ou par le désir de l'autre qui, pour reprendre l'expression de Barthes, « me montre qui désirer », alors comment se fait-il que la possession de mon objet de désir me relance aussitôt vers un nouvel objet ?

2. Autrui n'est que la cause occasionnelle de mon désir

A. Car le désir s'investit indéfiniment dans de nouveaux objets

En réalité, il semble bien que l'autre soit moins la cause nécessaire que la cause occasionnelle de mon désir : en d'autres termes, il semble qu'autrui ne soit que l'occasion, pour mon désir, de se déployer. Le désir, alors, précéderait mon objet de désir et le dépasserait toujours. C'est finalement ce qu'illustre Platon en comparant, dans le *Gorgias*, le désir au tonneau des Danaïdes, ce tonneau percé qui se vide à mesure qu'on le remplit. C'est que le désir est par nature insatiable : plus je le satisfais, plus il me réclame de nouveaux objets. L'autre n'est que l'occasion, pour lui, de se déployer, et une fois l'objet possédé, mon désir s'investit vers un nouvel objet.

B. Car le désir n'est en dernier ressort que celui de l'espèce

Mais si l'on peut dire que l'autre n'est que l'occasion, pour mon désir, de se déployer – c'est-à-dire que mon désir se nourrit de lui, mais qu'il n'en est pas la cause profonde –, c'est peut-être aussi parce que le désir, comme l'explique Schopenhauer dans la *Métaphysique de l'amour sexuel*, n'est jamais vraiment personnel. Derrière le désir amoureux qui porte une personne vers une autre, ce qui se cache n'est autre que la puissante volonté de l'espèce, qui cherche, à travers eux et comme malgré eux, à se reproduire. En ce sens, le désir ne suppose pas un autre déterminé, précis, qui en serait la cause :

mon désir, c'est finalement celui de l'espèce, qui se sert de mon sentiment amoureux pour se reproduire au mieux. L'autre n'est finalement que l'instrument de l'espèce.

[Transition] Mais si autrui n'est pas la cause nécessaire de mon désir et seulement sa cause occasionnelle, qu'est-ce qui me pousse finalement à désirer ? Le but du désir est-il vraiment la reproduction de l'espèce, ou faut-il supposer que le désir soit à lui-même sa propre fin ?

3. Le désir est indépendant d'autrui

A. Car le désir est avant tout mon essence

Au fond, si ce n'est pas l'autre qui produit mon désir puisque mon désir le précède toujours, si mon désir ne rencontre l'autre que comme une occasion de se déployer ou comme un objet dont, une fois possédé, il se détourne, on peut dire que le désir ne suppose pas autrui comme une personne déterminée, mais qu'il se saisit d'autrui pour s'incarner. En définissant le désir comme mon essence, Spinoza, dans l'*Éthique*, affranchit en somme le désir de son objet : si je suis un *conatus*, c'est-à-dire un effort pour persévérer dans mon être, alors je suis identifiable à mon désir. L'autre n'est finalement que ce que mon désir me réclame et me désigne comme étant bon pour moi.

B. Car le désir ne vise pas la possession d'autrui, mais sa propre permanence

De là, on peut déduire, comme le font Gilles Deleuze et Claire Parnet dans les *Dialogues*, que le désir n'est pas ce mouvement qui s'abolit dans le plaisir, mais un plaisir en soi. Ainsi, le but du désir n'est pas la possession de l'autre – possession vaine qui, à supposer qu'elle soit possible, me reconduirait dans un désir souffrant. Le désir est ce que nous sommes, notre effort pour nous déployer : aussi autrui n'est-il pas tant celui que suppose mon désir, que celui qui peut le partager.

Conclusion

En définitive, dire que le désir suppose autrui, ce serait admettre que le désir est tendu entre moi et l'autre, c'est-à-dire admettre que le désir m'est finalement extérieur. Mais autrui n'est pas plus la cause nécessaire que la cause occasionnelle du désir, dès lors que celui-ci se trouve défini comme étant mon essence. Dans cette mesure, on peut dire que le désir n'est jamais vraiment provoqué par autrui, et qu'autrui ne le précède pas : le désir ne suppose pas autrui mais le construit avec moi.

SUJET 10

Antilles, Guyane • Septembre 2014

DISSERTATION • Série L

Un homme se définit-il par sa culture ?

LES CLÉS DU SUJET

■ Définir les termes du sujet

Définir

La définition énonce l'essence ou **la nature d'une chose** en laissant de côté ses accidents, c'est-à-dire ses propriétés secondaires ou contingentes. On distingue la **définition nominale**, purement conventionnelle, de la **définition réelle**, qui fait voir la possibilité de ce dont elle parle et la dévoile dans sa vérité. C'est cette dernière qui est ici en jeu. La culture d'un homme constitue-t-elle son être ?

Culture

Ce terme a deux significations. Il est d'abord synonyme de **tradition.**

• Nous naissons dans un contexte dont nous intériorisons les normes et nous acquérons ainsi une identité sociale. Chaque individu devient le membre d'un ensemble qui lui donne un statut.

• En un autre sens, la culture est ce que l'individu acquiert par ses propres forces dans le but d'étendre ses connaissances et d'améliorer son jugement. Cette démarche suppose une **éducation** dont le but est de faire de l'éduqué une personne accomplie.

Homme

Le sens de ce mot est plus difficile qu'il n'y paraît. S'agit-il du membre d'une société particulière ou de l'individu considéré comme faisant partie du genre humain ?

■ Dégager la problématique et construire un plan

La problématique

• Elle apparaît à partir du moment où on sait que le mot **culture** renvoie à **deux sens opposés.** La culture est l'ensemble des pensées et des conduites particulières que nos proches nous ont légué. C'est un héritage. Mais se cultiver, c'est s'ouvrir à des pensées différentes de celles que nous formions habituellement, c'est sortir du cercle de nos représentations traditionnelles et aller vers des déterminations universelles. Dès lors, que signifie l'adjectif possessif « **sa** » quand on l'accole au mot culture ?

• De même, quelle est l'extension à donner au mot « homme » ? Parle-t-on du membre d'un corps politique ou social ou de ce qui fait notre humanité ? Ces questions permettent de définir la problématique. L'étude des deux sens du mot culture conduira à réfléchir à leurs relations. Comment articuler deux dimensions qui s'opposent ? Faut-il en choisir une contre l'autre ? Peut-on les unifier ?

Le plan

Dans un premier temps, on montre que la culture est ce qui nous socialise et donc nous enracine dans une particularité nationale. Dans un second temps, on souligne l'existence d'une opposition entre l'enfermement et l'ouverture. La dernière partie expose comment l'humanité de chaque homme se joue dans cette relation dont il faut conserver les deux pôles.

■ Éviter les erreurs

Il ne faut pas ignorer les deux sens du mot culture, sans quoi il n'est pas possible de poser un problème. Le propos devient unilatéral.

CORRIGÉ 10

Les titres en couleur servent à guider la lecture et ne doivent en aucun cas figurer sur la copie.

Introduction

Aucune société humaine n'est naturelle. La culture organise notre existence en la structurant par des coutumes et des lois qui n'ont pas d'équivalent dans le monde animal. Nous naissons tous dans un contexte particulier qui nous socialise en nous inculquant sa langue et ses codes de conduite. C'est ainsi que nous nous formons. Il semble donc qu'un homme se définisse nécessairement par sa culture. Ce terme a cependant un autre sens, lié au fait de se cultiver. On désigne par là un processus par lequel nous acquérons des connaissances sur des sujets variés et formons ainsi notre jugement. Celui qui voyage s'ouvre aussi à la diversité et réalise ce qu'il y a d'universel entre les hommes.

> **Conseil**
> Montrez la complexité des termes pour problématiser le sujet.

Dès lors, que signifient les termes du sujet ? S'il n'est pas possible qu'un homme se définisse par la culture d'un autre, devons-nous penser que « sa culture » soit forcément son héritage ? « Homme » est-il un statut social ou une valeur morale ?

1. La culture comme socialisation

A. Intégrer le nouveau-né

Dans la *Chronique des Indiens Guayaki*, Pierre Clastres décrit un accouchement dans la jungle. Le soin qui entoure le nouveau-né, les gestes pratiqués, les paroles prononcées, montrent clairement que les Indiens perçoivent la portée spirituelle de cet événement. Il faut accueillir le nourrisson dans le monde humain. Plus tard, le même individu doit franchir des épreuves et son corps porte les marques de cette initiation. Ces traces manifestent la puissance du groupe et ont pour fonction de rappeler à la personne qu'elle tient son statut de l'appartenance à une collectivité. Les sociétés contemporaines ne marquent pas leurs membres mais chacun reçoit les manières de faire et de penser de son entourage immédiat. Nous apprenons une langue particulière et notre milieu nous inculque sa façon de voir le monde. La culture est en ce sens un ensemble de « faits sociaux », comme le dit Durkheim. Ce sont des représentations collectives, à mi-chemin entre les phénomènes physiologiques et psychiques. Elles prennent aux premiers leur caractère nécessaire et aux seconds leur dimension spirituelle. L'individu les assimile inconsciemment dès son plus jeune âge.

Conseil
L'usage des références doit être précis.

B. Transmettre pour conserver

Ainsi s'acquiert notre premier sentiment d'identité. Ce n'est pas un hasard. Cultiver vient du verbe latin *colere* qui signifie « prendre soin de ». Il est normal que les plus anciens intègrent les plus jeunes en les dirigeant. Ils les forment afin qu'ils reproduisent le lien social. La culture implique ainsi les notions de conservation et de transmission. Cela dit, une difficulté se pose.

La socialisation implique que nous recevions les pensées des plus âgés comme autant d'évidences. Nous les imitons pour appartenir à un groupe hors duquel nous n'avons pas de repères, mais les idées que nous reprenons sont finalement des préjugés car, même si elles sont justes, nous ne les avons pas pensées par nous-mêmes. Il y a de plus le risque que la vision du monde diffusée par notre culture d'origine nous ferme aux autres approches. Il faut donc être conscient que cette première étape ne suffit pas à définir une existence humaine accomplie.

Info
La fin du paragraphe justifie le passage à une autre partie.

2. Enfermement et ouverture

A. L'enfermement dans sa particularité culturelle

L'appartenance culturelle est indispensable au développement de soi mais notre culture devient un facteur d'enfermement. Les différences entre les coutumes conduisent parfois les hommes à se mépriser, à s'affronter. Les ethnologues ont relevé que ce trait est présent dès l'origine. Dans *Race et Histoire,* Lévi-Strauss note que les tribus indiennes se traitent mutuellement de « singes de terre » ou « d'œufs de pou », ce qui revient à dénier le statut d'être humain et à se projeter dans la nature. Ce réflexe s'est retrouvé à une autre échelle, lorsque les Européens hiérarchisèrent les groupes humains en « sauvages », « barbares » et « civilisés ». Il y a donc une façon violente de définir son identité culturelle. Le préjugé ethnocentrique est solidement enraciné dans tous les groupes humains. Il doit être combattu par une éducation qui fasse reconnaître à l'esprit la nécessité d'admettre la diversité du phénomène humain au lieu de la considérer comme un accident malheureux.

B. L'ouverture aux autres

> **Conseil**
> Articulez les deux notions qui s'opposent.

C'est en ce point que l'acte de se cultiver peut consister à s'affranchir de sa culture d'origine. Une personne fournit un effort pour acquérir des savoirs variés qui produisent une ouverture de son esprit. Montaigne, dans ses *Essais,* montre un goût très vif pour les récits des voyageurs et des historiens. La lecture des textes anciens ou contemporains permet de se libérer du préjugé qui nous pousse à croire que notre culture est la seule valable et qu'elle doit être la norme pour juger les autres. Nous prenons spontanément pour naturel ce à quoi nous sommes accoutumés. Se cultiver consiste alors à dépasser l'étroitesse de ce point de vue et à se rendre capable de comprendre que chaque société a élaboré des règles de fonctionnement. Les connaissances contribuent ainsi à une formation du jugement et à un examen de nos préjugés. L'esprit cultivé est apte à saisir le sens des différences et des ressemblances entre les sociétés. Son ouverture lui permet de découvrir l'unité de l'humaine condition.

Cette démarche a donc une portée universelle et une valeur humaniste. Il ne s'agit pas de tous se ressembler, car aucune culture n'a le droit d'imposer ses traits spécifiques, mais de communiquer, d'échanger. Se cultiver, c'est simultanément défendre sa particularité et l'ouvrir sur celle des autres dont elle a aussi à apprendre.

3. La culture entre enracinement et ouverture à l'universel

A. L'humanité de l'homme

Le désir de connaître par nous-mêmes, en nous instruisant, permet de développer nos qualités d'esprit et de nous modifier. La sensibilité éduquée sera plus apte à percevoir les finesses d'une œuvre quand la personne fruste en restera à une approche sans nuance. Sur des sujets moraux ou de société, une approche réfléchie, sensible à la diversité des opinions et des principes, évitera des jugements hâtifs. La définition classique de la culture la justifie en disant qu'elle contribue à former l'humanité présente en chaque homme. La notion de culture est liée à l'idéal d'un homme éclairé, sociable, affable et honnête. Nous retrouvons ainsi l'autre dimension du verbe « cultiver ». Il s'agit d'éduquer en prenant soin des potentialités de chacun pour qu'il développe des qualités morales et intellectuelles et s'affirme comme une personne. Nous prenons du recul par rapport à nos particularités culturelles pour favoriser le dialogue entre les hommes.

B. Une tension entre le particulier et l'universel

> **Info**
> On donne maintenant la position que l'on juge la plus précise.

Se cultiver signifie donc sortir de soi pour revenir à soi en se considérant différemment. Dès lors qu'est-ce que la culture d'un homme ? On ne doit pas sacrifier une des dimensions à l'autre. Nous sommes, quoi que nous pensions, marqués par notre appartenance d'origine. Mais si rejeter sa culture d'origine est un geste abstrait, la vénérer en méprisant celle des autres est barbare. Se cultiver est justement un processus qui doit nous empêcher d'éviter ces écueils et cette ouverture définit aussi notre culture. Ce que nous avons acquis par notre effort est bien nôtre. Nous voyons ainsi que la situation est complexe. Il est envisageable qu'un individu puisse être traversé par un conflit entre sa tradition et ce qu'il découvre au contact d'autres pensées, tout comme l'appartenance à une double culture peut être d'emblée vécue comme une chance. Le sujet est délicat car il concerne la définition de notre humanité.

Conclusion

Ce sujet montre l'existence de deux sens du mot culture et la possibilité d'une opposition entre eux. Un homme se définit partiellement par sa culture, si on conçoit celle-ci comme une réalité qui le limite à n'être que le membre d'une histoire nationale ou d'une tradition. La définition achevée de notre humanité implique le désir de se cultiver pour nouer des liens avec d'autres sociétés.

En ce sens, un homme se définit par sa culture, c'est-à-dire sa curiosité d'esprit, l'étendue de ses connaissances et la force de son jugement.

Amérique du Sud • Novembre 2015
DISSERTATION • Série S

Faut-il craindre la puissance de nos désirs ?

LES CLÉS DU SUJET

■ Définir les termes du sujet

Faut-il

La question qui se pose est celle d'un choix à faire : est-il **bon** pour nous, ou est-il **fondé,** de craindre la puissance de nos désirs ?

Craindre la puissance

• La crainte est un sentiment produit par mon **imagination**, qui me projette dans un avenir nécessairement incertain. Je peux me rapporter à cette **incertitude** de façon positive (j'envisage que l'issue m'est favorable quand j'espère) ou **négative** (j'envisage que l'issue m'est défavorable quand j'ai peur). Craindre une chose, c'est donc **imaginer qu'elle pourrait me nuire,** me faire souffrir ou me détruire.

• En ce sens, on craint toujours la **puissance** d'une chose, et la crainte exprime notre sentiment d'**impuissance**, de fragilité ou de vulnérabilité face à cette chose qui nous semble plus forte que nous.

Désir

Le désir est le sentiment qui, né de la **représentation d'un manque**, me porte à vouloir combler ce manque. Il va donc de la **souffrance** du manque vers le **plaisir** éventuel d'une **satisfaction**.

■ Dégager la problématique et construire un plan

La problématique

• Le problème posé par le sujet réside dans la disjonction envisagée entre nos désirs et nous-mêmes : sommes-nous fondés à nous méfier de nos désirs ? Ceux-ci peuvent-ils nous nuire ?

• La problématique découle de ce problème central, puisqu'il s'agit de savoir si nous sommes **maîtres** de nos désirs, ou si au contraire ils peuvent à la fois nous échapper et nous faire souffrir. Mais comment pourrions-nous être **victimes** de nos désirs ? Quels seraient ces désirs qui nous

dépasseraient et nous **menaceraient** ? Et finalement, la puissance de nos désirs n'est-elle pas la nôtre ?

Le plan

- Dans un premier temps, nous verrons que nous sommes fondés à craindre nos désirs en ce qu'ils produisent en nous de la **souffrance.**
- Dans un deuxième temps, nous verrons que tous nos désirs ne sont pas à craindre et que cette crainte n'est produite que par une **ignorance.**
- Enfin, nous verrons que nos désirs sont bien au contraire une **source de puissance.**

■ Éviter les erreurs

L'expression « **nos désirs** » invite à prendre en compte la diversité du désir. Il ne s'agit pas de faire un catalogue d'exemples de désirs mais d'examiner une possibilité de distinction parmi les désirs.

CORRIGÉ 11

Les titres en couleurs et les indications entre crochets servent à guider la lecture et ne doivent en aucun cas figurer sur la copie.

Introduction

Il s'agit ici de savoir s'il est judicieux ou justifié de craindre la puissance de nos désirs. *A priori*, on aurait tendance à envisager le désir comme un sentiment joyeux, dont il n'y aurait aucune raison de se méfier. Dès lors, en quoi les désirs seraient-ils dangereux pour nous ? La crainte – sentiment produit par notre propre imagination – nous projette dans un avenir incertain. Le désir, quant à lui, est le sentiment qui, né de la représentation d'un manque, nous porte à vouloir combler ce manque. Parler de la puissance de nos désirs, c'est évoquer l'intensité ou la force de ces désirs face auxquels je m'éprouverais comme étant vulnérable. Mais puis-je faire face à mes propres désirs comme à des choses extérieures à moi ? Et comment pourrions-nous être victimes de nos désirs ? Quels seraient ces désirs qui nous dépasseraient et nous menaceraient ? Tout d'abord, nous verrons qu'il faut craindre nos désirs dans la mesure où ils sont liés à la souffrance. Puis nous verrons que tous nos désirs ne sont pas forcément à craindre et que cette peur est causée par une forme d'ignorance. Enfin, nous verrons que nos désirs sont au contraire une source de puissance.

1. Il faut craindre la puissance de nos désirs

A. Car le désir est source de souffrance

Dans un premier temps, on pourrait penser que la puissance de nos désirs est à craindre dans la mesure où tout désir est lié à la souffrance. En effet, il a pour origine un manque : tendu entre la souffrance du manque et sa satisfaction, le désir est cette énergie par laquelle je m'efforce de m'arracher à la privation. Dans *Le Banquet* de Platon, Socrate rend compte de l'ambivalence du désir en s'appuyant sur le discours de Diotime : pour savoir ce qu'est le désir, dit-elle, il faut se reporter à la figure mythologique d'Éros. Né de l'union de Pénia (le dénuement) et de Poros (l'abondance), Éros est cette figure du désir dont le courage est produit par la souffrance du manque, qu'il ne se résigne pas à subir. Ainsi, ce qu'il faut craindre dans le désir n'est pas tant le fait d'être victimes de sa force ou de son ardeur que cette souffrance dont rien ne nous garantit qu'il nous délivrera.

Attention
Veillez à ne pas caricaturer la conception platonicienne du désir : le désir témoigne bien d'une souffrance, mais il est indissociablement souffrance et ardeur visant à la fuir.

B. Car ce qu'il faut craindre, c'est le caractère déraisonnable du désir

Mais c'est alors notre rapport au désir qu'il s'agit d'examiner : le désir n'est à craindre qu'en tant que puissance déraisonnable qui nous porte à l'excès. En somme, c'est la puissance de nos désirs qui est à craindre, plus que le désir. À l'« homme déréglé » qui s'abandonne à son désir déraisonnable et à la souffrance de l'excès, à cet homme incapable de jouir de l'objet de son désir et qui, une fois celui-ci atteint, se relance dans de nouveaux désirs, Platon oppose, dans le *Gorgias*, l'« homme tempérant », à savoir l'homme qui sait jouir de ce que son désir conquiert, et ne se laisse pas torturer par un désir qui le dépasse.

Info
À ces désirs « vains », ou « vides », Épicure oppose les « désirs naturels et nécessaires » et « seulement naturels », qu'il s'agit de cultiver en nous au nom du principe d'une fidélité à la nature qui serait le moyen d'accéder au bonheur en se débarrassant des troubles.

[Transition] Mais comment maîtriser notre rapport à nos désirs ? Et faut-il vraiment les craindre tous, ou peut-on identifier en eux ceux que l'on pourrait dompter ?

2. On ne doit pas craindre nos désirs

A. Car la peur du désir se fonde seulement sur l'ignorance

En réalité, craindre nos désirs serait faire l'aveu que nous ne pouvons pas les examiner ni les connaître. La peur est en effet une passion triste, liée à une incertitude pesant sur l'avenir : et si nos désirs tendent vers l'avenir, en maîtriser la force passerait par une sélection de ceux qui, parmi eux, nous permettront d'être certains de pouvoir les combler. C'est à cet examen des désirs que nous invite Épicure dans la *Lettre à Ménécée* : si nous craignons nos désirs, dit-il, ce n'est qu'en vertu de l'ignorance qui nous rend victimes de nos désirs. Or, qu'est-ce qu'un désir ? Un désir est la tendance qui va d'un besoin vers un plaisir. À partir de là, il s'agit de déterminer ceux qui, parmi nos désirs, sont source de plaisir, et ceux qui sont source de souffrance, afin de pouvoir les éliminer en nous en reconnaissant qu'ils sont vains. Le « désir vain » se caractérise par le fait qu'il n'est ni naturel (la nature ne nous a pas donné les moyens de le satisfaire et n'a pas fixé la limite correspondant au plaisir lié à la satisfaction) ni nécessaire (nous pouvons nous passer de ce vers quoi ils tendent).

B. Car nous pouvons combattre nos désirs

Ainsi, il ne faut pas avoir peur de nos désirs dans la mesure où la peur est mauvaise pour nous et nous empêche de bien vivre, et dans la mesure où cette crainte n'est pas fondée en raison. Ce dont il s'agit de s'écarter, c'est de la puissance des désirs illimités, à savoir des désirs impossibles à satisfaire. Si nous pouvons ne pas subir la puissance de nos désirs, c'est donc dans la mesure où nous pouvons apprendre à les connaître, ou, comme le dit Descartes, à les changer. Il faut plutôt « changer mes désirs que l'ordre du monde », dit-il, puisque si tel objet est au-dessus de mes forces, je peux soit devenir victime de mon désir, soit considérer son objet comme définitivement hors de portée. Or, si je maîtrise une chose, c'est bien ma pensée : si je suis puissant, c'est bien dans l'ordre de cette pensée qui va me permettre de me détourner de mes désirs souffrants.

[Transition] Pourtant, la puissance des désirs qui me livrent à une quête infinie est-elle vraiment à fuir ? En quoi, après tout, nos désirs insatiables seraient-ils mauvais pour nous ?

3. On ne doit pas craindre la puissance de nos désirs

A. Car c'est leur caractère insatiable qui en fait le prix

Enfin, la question est de savoir s'il faut condamner la puissance du désir : s'il nous déborde, s'il nous appelle sans cesse vers de nouveaux objets, faut-il concevoir cette puissance comme une chose dont nous serions les proies ? En réalité, cette représentation du désir se fonde sur l'idée selon laquelle nos bons désirs seraient les désirs possibles à satisfaire. Mais ce que nous devons viser, dans nos désirs,

Conseil
Après avoir établi que tous nos désirs ne nous menacent pas, il s'agit de démontrer que la puissance du désir n'est pas à craindre, ce qui remet en cause cette deuxième partie.

est-ce leur satisfaction et leur abolition, ou bien leur puissance même ? Dans *La Nouvelle Héloïse*, Rousseau souligne la fécondité du désir, dont la valeur tient précisément à ce qu'il repose sur une imagination qui nous porte à dépasser la réalité. De fait, la puissance du désir tient à ce qu'il se nourrit de notre propre pouvoir d'imaginer et de tendre vers de l'impossible. Au désir mesuré et raisonnable de Socrate, Calliclès opposait également, dans le *Gorgias*, la vertu du désir illimité : ce qu'il faut craindre n'est pas la puissance de nos désirs, mais la vie de l'homme tempérant, que ses désirs modérés rendent comparables, dit-il, à une pierre. De fait, la puissance de nos désirs est aussi la puissance de la vie qui s'exprime en nous.

B. Car nos désirs sont notre puissance

Au fond, ce que disent Rousseau et Calliclès, c'est que celui qui craint l'excès et la démesure de ses désirs se trompe sur son propre bonheur, et sur l'origine de cette puissance : c'est que la puissance de nos désirs est la nôtre. Il n'y a donc pas lieu de se méfier ni de se détourner de cette puissance. C'est ainsi que Spinoza définit le désir comme une puissance qui est notre essence : il n'est « rien d'autre que l'essence de l'homme », écrit-il. Autrement dit, nos désirs ne sont jamais condamnables dans la mesure où ils nous portent au-delà de ce que nous sommes ou avons. Or, ce mouvement correspond à celui de notre « conatus », cet effort qui tend à l'affirmation de soi. Le propre de l'homme, selon Spinoza, est précisément ce conatus par lequel je m'efforce de préserver et d'accroître ma puissance d'agir et de penser. Par conséquent, se méfier de nos désirs serait se méfier de nous-mêmes, et se livrer à une passion triste par ignorance de ce que nous sommes. La joie, le désir, qui sont pourtant des passions, sont ainsi toujours des sources d'enrichissement ; et quand l'homme s'en forme une connaissance claire et distincte, elles ne sont plus des passions (affects passifs, que l'on ne fait que subir) mais des affects actifs, qui témoignent de notre puissance.

Conclusion

En définitive, craindre la puissance de nos désirs reposerait en réalité sur une erreur qui consisterait à croire que nous pouvons faire face à nos désirs comme à des objets extérieurs à nous. Si nos désirs sont puissants, c'est parce qu'ils expriment notre puissance, comprise comme force de vie et d'affirmation. Dès lors, il n'est ni fondé ni bon pour nous de craindre la puissance de nos désirs puisque nous sommes cette puissance.

SUJET 12

France métropolitaine • Juin 2015

DISSERTATION • Série L

Suis-je ce que mon passé a fait de moi ?

LES CLÉS DU SUJET

■ Définir les termes du sujet

Suis-je... ?

La question interroge l'**identité** (savoir et être ce qu'on est) du sujet de la **connaissance** (pouvoir de déterminer) et sujet de l'**action** (pouvoir de s'autodéterminer).

Ce que mon passé a fait

Ici on touche à la dimension temporelle de l'homme, à son histoire qui le marque par le biais de sa mémoire qui a contribué à sa formation.

Moi

Le « moi » désigne ce que je suis et que j'ai conscience d'être de manière stable. On peut distinguer le moi empirique, celui dont je fais l'expérience, du moi transcendantal, représentation unique du sujet, condition de possibilité de toute connaissance.

■ Dégager la problématique du sujet et construire un plan

La problématique

• Qui suis-je ? Je suis un être qui évolue dans le temps de manière inexorable, de ma naissance à ma mort. Je porte en moi le poids du passé. Est-ce à dire qu'il conditionne nécessairement mon avenir ?

• Si je ne suis que le résultat de mon **passé**, il n'y a plus de place pour ma **liberté**, je suis entièrement déterminé. Mais si je ne suis pas le fruit de mon histoire, qui suis-je et surtout comment savoir que je ne suis pas dans l'illusion d'un libre arbitre qui ferait table rase du passé ?

Le plan

• Il faudra d'abord envisager en quoi **le passé** est **constitutif de l'identité humaine**, puis ensuite souligner le problème que cela pose : le passé m'empêche-t-il d'**être libre** ?

• Enfin dans une dernière partie, on tentera de **concilier** la dimension nécessairement temporelle de l'homme avec l'exigence de liberté qui fait de lui un sujet à part entière.

■ Éviter les erreurs

Le sujet semble se référer *a priori* aux chapitres « l'existence et le temps » et « l'histoire », mais il faut surtout prendre garde à son articulation avec la question de l'identité et son rapport à la liberté. Il s'agit donc d'**interroger en priorité le déterminisme**, faute de quoi on manque les enjeux du sujet.

CORRIGÉ 12

Les titres en couleur servent à guider la lecture et ne doivent en aucun cas figurer sur la copie.

Introduction

L'homme se définit comme un être en devenir, un être dont l'existence est marquée par la temporalité. Son identité se construit à partir de son histoire qu'il garde en mémoire. Peut-on dire pour autant que je suis ce que le passé a fait de moi ?

Conseil
L'introduction peut se faire en trois parties : accroche et énoncé du sujet, problématisation, plan.

Il est clair que je porte en moi une somme d'événements et de connaissances dont je suis le résultat. Est-ce à dire que ce passé, qui me détermine, a un poids si grand qu'il conditionne toute ma vie et m'empêche d'être libre ? Mais à l'opposé, si je ne suis pas ce que mon passé a fait de moi, comment rendre compte de ma responsabilité, c'est-à-dire comment expliquer que ce que j'étais hier et ce que je suis aujourd'hui forment une seule et même personne ?

On établira, dans un premier temps, en quoi je suis nécessairement un être historique et temporel. On se demandera alors dans quelle mesure ce poids est déterminant et constitue une menace à ma liberté, pour montrer enfin que c'est la compréhension et l'acceptation de ce passé qui pourraient m'en libérer.

1. Je suis nécessairement un être historique et temporel

A. La multiplicité des « mois » empiriques

Répondre à la question « qui suis-je ? » pose une véritable difficulté car je me perçois comme un être multiple. Mon « moi empirique », c'est-à-dire ce moi conscient dont je fais l'expérience, apparaît de différentes manières, parfois contradictoires.

D'abord est-ce que je me définis par mon corps, par mon esprit, par les deux ? Et de quelle nature est leur union ? Ensuite, je peux avoir différentes facettes de moi-même selon ma fonction sociale, mes activités personnelles, ma vie privée et familiale. Je suis moi-même traversé par des contradictions, entre des désirs différents, entre mes désirs et ma volonté raisonnable par exemple. Enfin même si j'ai changé et que je ne me reconnais plus dans mes actions passées, c'est bien toujours moi qui reste la même personne dans le passé, le présent et le futur.

B. Le principe d'identité

Il faut bien pourtant que ce « je », qui se dit de plusieurs manières, soit toujours le même. Je suis le sujet de ma connaissance, c'est-à-dire un être capable de faire le lien d'abord entre le début et la fin d'une phrase énoncée afin de la comprendre et ensuite plus généralement, de faire la synthèse entre mes représentations passées, présentes et futures. Je suis capable de penser, juger, grâce à la permanence de ma conscience.

Attention
On a posé, au terme de ces deux premiers paragraphes, la distinction problématique entre un « moi » empirique multiple et l'exigence d'unité du même sujet qui doit être la condition de toute connaissance possible, le « moi » transcendantal.

Cette conscience est constitutive du sujet selon Kant et elle apparaît avec la possibilité langagière de dire « je ». Ce « je », qui accompagne ensuite toutes mes représentations et qui est la condition, est le « moi transcendantal ». Le moment où l'enfant dit « je » pour la première fois marque l'affirmation de son identité. L'identité s'appuie sur trois principes : l'unité (je suis un seul et même être à l'origine de mes représentations), l'unicité (je suis différent des autres) et l'ipséité (je demeure le même à travers le temps).

C. L'histoire collective

Si je suis capable de produire un jugement, ma conscience peut également juger mes propres activités, je peux ainsi m'autodéterminer. Je suis aussi le sujet de mon action. Il en va de ma responsabilité morale et juridique. Si l'on peut me louer ou me blâmer, c'est parce que je suis la même personne qui a pu faire des actes dans le passé et que l'on juge dans le présent. Le passé se présente donc comme un poids que je ne peux nier. Mon être se confond avec mon histoire dont je suis le résultat, et cela sur le plan individuel mais aussi collectif dans la mesure où les peuples se caractérisent aussi par leur passé. Le devoir de mémoire, en ce sens, réactive cette conscience collective. Mais si je suis ce que le passé a fait de moi, si mon histoire détermine ce que je suis et donc ce que je fais, ai-je vraiment le choix de mes actions à venir ? Mon passé est-il un poids qui menace ma liberté ?

2. Mais suis-je entièrement déterminé par mon passé ?

A. Le déterminisme psychologique

L'homme se distingue de l'animal par son esprit. Si sa conscience marque sa possibilité de juger et de se juger et donc d'agir, il n'a cependant pas accès à une compréhension totale de lui-même. Il reste de l'inconnu en lui, une partie inconsciente et pourtant active dans son psychisme, comme en témoignent les rêves, les actes manqués, les névroses.

Pour Freud, l'homme est le résultat d'une histoire individuelle marquée dès la naissance par le type de relation qu'il entretient avec ses parents, formant ainsi le « complexe d'Œdipe ». Son passé est inscrit dans son inconscient qui agit en tant que faculté autonome, échappant ainsi à toute tentative consciente de le maîtriser. Ce déterminisme psychologique fait du passé un poids qui rend problématique la possibilité d'être libre, d'agir selon une volonté consciente et autonome.

B. Le déterminisme social

Non seulement dans sa dimension individuelle mais aussi sociale, l'homme est déterminé par le milieu duquel il est issu. Le sociologue Émile Durkheim établit la primauté de la société sur les comportements individuels. Ce qui semble être le fruit d'une décision personnelle serait en réalité le résultat d'une appartenance à telle ou telle classe sociale. Même le suicide, qui apparaît comme un acte individuel par excellence, peut être analysé selon l'origine familiale, professionnelle ou encore géographique.

C. L'oubli du passé

Serais-je alors prisonnier de mon passé ? N'y a-t-il pas de possibilité de changer ce que je suis ? Ma mémoire, qui cimente les différents éléments de mon histoire, n'est-elle pas un peu trop lourde à porter ? Nietzsche répond par la méfiance et la nécessité d'oublier certains souvenirs trop pesants afin de pouvoir avancer. Vivre avec la conscience d'un passé trop chargé peut se révéler mortifère.

Attention
Avec ce paragraphe, il ne s'agit pas d'apporter une troisième sorte de déterminisme, mais de montrer que ce déterminisme est un poids pour l'homme.

Mais comment se libérer de ce passé ? Est-ce même possible ?

3. Je suis ce que je fais de mon passé

A. La conscience comme durée

Affirmer que je suis ce que le passé a fait de moi, c'est me considérer comme une somme d'événements inscrits dans le temps conçu comme succession d'instants distincts. Or, les éléments de ma conscience s'interpénètrent les uns les autres. La vision scientifique qui spatialise le temps marque pour Bergson la vraie nature de la conscience : elle est durée. La conscience certes garde en mémoire les éléments du passé, mais en même temps elle me permet de me projeter dans l'avenir. Elle est comme « un pont jeté entre le passé et l'avenir », selon *L'Énergie spirituelle*. Je porte donc mon passé mais je m'en sers pour agir sur le futur, faire des choix et exercer ma liberté.

B. La liberté absolue

À chaque instant, j'existe et je peux me redéfinir. Mon essence n'est pas figée à tout jamais puisque je suis un être en devenir. Ainsi l'existentialisme de Sartre rend compte d'une liberté totale de l'homme en qui « l'existence précède l'essence ». Je peux à chaque instant me redéfinir, ou choisir de rester comme je suis. Il n'y a pas de nature humaine. Croire le contraire et se dire condamné à rester tel que le passé nous a fait est de la mauvaise foi, on a toujours le choix, même si bien sûr on se trouve déjà dans une certaine situation. On peut agir librement en se servant du déterminisme : on « fait », au lieu « d'être fait ».

C. La psychanalyse comme compréhension du passé

Même l'action déterminante d'un inconscient psychique ne m'enferme pas dans mon passé. En effet, la psychanalyse prétend redonner à l'homme les possibilités de se comprendre en acceptant d'abord le rôle déterminant de ce passé, de cette histoire constitutive pour mieux la transformer et rendre compatible mon principe de plaisir avec le principe de réalité. Pour Ricœur, la psychanalyse est la condition d'une liberté retrouvée. Il s'agit de comprendre le passé pour s'en libérer.

Attention
Avec une même référence à l'inconscient freudien, on peut poser le problème (du déterminisme psychologique en 2. A.) et le résoudre (avec l'exercice de la psychanalyse en 3. C.)

Conclusion

Je suis un être temporel et à ce titre je suis, sur le plan individuel et collectif, ce que le passé a fait de moi. Mais une telle affirmation pose le problème de ma détermination exclusive par ce passé qui m'empêcherait d'agir librement. Si le passé peut être un poids, il peut aussi constituer un tremplin à partir du moment où on s'en libère. Je deviens alors ce que je fais de mon passé.

SUJET 13

France métropolitaine • Septembre 2015
DISSERTATION • Série L

L'homme peut-il échapper au temps ?

LES CLÉS DU SUJET

Définir les termes du sujet

Peut-il

« Peut-on » signifie **a-t-on le droit** ou **est-il possible**. Ici, le terme exprime la possibilité et non l'autorisation, dans la mesure où personne ne pourrait nous interdire d'échapper au temps.

Le temps

Le temps désigne l'ensemble des dimensions temporelles : le **passé**, le **présent** et **l'avenir**. Pourtant, si cette définition semble simple, elle n'en est pas vraiment une : le passé n'existe que par notre **mémoire**, le présent par notre **attention** et l'avenir par notre **imagination**. Le temps n'est donc que ce produit de notre activité intellectuelle, qui peut ainsi percevoir le changement, preuve manifeste du passage du temps.

Échapper au temps

• Échapper au temps peut signifier **se soustraire au passage du temps**, donc être immortel.

• Échapper au temps pourrait également signifier **lutter contre le passage du temps** en essayant de se soustraire à ses effets ou en créant des choses qui résistent à son passage.

• Échapper au temps pourrait être aussi **échapper à l'idée que nous allons mourir** ou fuir la tristesse de l'idée de la mort.

Dégager la problématique et construire un plan

La problématique

• Le problème posé par le sujet réside dans le rapport envisagé entre **l'homme** et le **temps** : si **l'existence humaine** se déploie dans le temps, l'homme a-t-il les moyens d'échapper à ce temps dans lequel il s'inscrit ?

• La problématique découle de ce problème central, puisqu'il s'agit de savoir si nous pouvons résister au **passage du temps** qui nous conduit vers la **mort**. Mais si nous sommes vivants, et donc mortels, sommes-nous pour autant **soumis** au temps, et victimes de lui ? N'avons-nous pas les moyens de **défaire l'emprise du temps** ? On cherche à échapper à ce qui nous nuit : mais en quoi le temps serait-il mauvais pour nous, et que faudrait-il fuir en lui ?

Le plan

• Nous verrons tout d'abord qu'il nous est impossible d'échapper au temps dans la mesure où il **définit notre existence.**

• Puis nous verrons comment il est possible de penser une **fuite hors du temps** sous la forme d'une résistance à ce passage.

• Enfin, échapper au temps, n'est-ce pas avant tout échapper à ce par quoi il nous fait souffrir, c'est-à-dire **échapper à l'idée qu'il nous condamne à la mort** ?

■ Éviter les erreurs

Pour envisager toutes les dimensions du sujet, n'oubliez pas d'interroger la signification de l'expression « échapper au temps », qui ne veut pas nécessairement dire « être immortel ».

CORRIGÉ 13

Les titres en couleurs et les indications entre crochets servent à guider la lecture et ne doivent en aucun cas figurer sur la copie.

Introduction

Se demander si l'on peut échapper au temps, c'est se demander si nous lui sommes nécessairement soumis. *A priori*, on pourrait penser que nous ne pouvons pas nous soustraire à ce qui définit notre existence. Le temps désigne à la fois le passé, le présent et l'avenir, auxquels nous nous rapportons par notre mémoire, notre attention, notre imagination. En ce sens on peut dire que nous sommes doublement temporels : si nous sommes, en tant que mortels, définis par le temps, il est aussi le produit de notre activité intellectuelle. Mais alors, que signifierait échapper au temps ? Se soustraire au passage du temps serait d'abord être immortel ou résister à son passage, en créant des choses qui lui résistent. Mais si nous sommes victimes du temps, n'est-ce pas dans la mesure où, quoi que nous fassions, il s'inscrit en nous par l'idée que nous allons mourir ? Tout le problème est de savoir si l'homme a les moyens d'échapper à ce qu'il est. Nous cherchons à échapper à ce qui nous nuit : mais en quoi le temps serait-il mauvais pour nous ?

Nous verrons tout d'abord qu'il nous est impossible d'échapper au temps dans la mesure où il définit notre existence. Mais n'avons-nous pas le pouvoir de résister à ce temps qui semble s'écouler indépendamment de nous ? Enfin, nous examinerons dans quelle mesure nous pouvons échapper au temps ou plutôt à ce par quoi il nous fait souffrir, c'est-à-dire à l'idée qu'il nous condamne à la mort.

1. On ne peut pas échapper au temps

A. Car nous sommes mortels

Dans un premier temps, on pourrait penser que nous sommes les proies du temps en ce qu'il donne sa forme et sa limite à notre existence. Le temps s'imprime en nous sous la forme de la croissance et du vieillissement qui nous indique que nous allons mourir : et la mortalité est bien ce qui définit toute existence. Le temps fait donc partie de nous, et il serait en ce sens absurde de croire que nous pouvons sortir de lui et fuir ses effets destructeurs. Cette croyance peut tout au plus prendre la forme du fantasme de l'immortalité : on peut rêver prendre le contrôle du temps, se promener en lui, inverser son cours, il n'en reste pas moins qu'il s'agit d'un rêve. Dans la *Lettre à Ménécée*, Épicure fait ainsi du désir d'immortalité le pire des désirs vides, à savoir ces désirs qu'il est impossible de satisfaire et qui en cela nous vouent au malheur et à l'excès. Effacer les signes du vieillissement, par exemple, n'est pas échapper au temps mais se livrer à lui par la souffrance d'un combat perdu d'avance.

Attention
Veillez à ne pas multiplier les exemples de lutte contre le vieillissement. La chirurgie esthétique, les progrès de la médecine, etc., ne valent que s'ils sont interrogés et problématisés.

B. Car nous sommes des êtres temporels qui faisons exister le temps

C'est que le temps s'imprime en nous doublement : si nous ne pouvons pas échapper à ce que nous sommes, c'est-à-dire des vivants promis à la mort, nous ne pouvons pas non plus échapper à la tristesse liée à l'idée du temps qui passe. Mortels, nous sommes également liés au temps par notre mémoire, notre attention et notre imagination, qui font que nous avons l'idée du temps, et que cette idée est celle d'une chose dont, comme le souligne saint Augustin, tout l'être est de passer.

Face à cet adversaire insaisissable, nous ne pouvons qu'envier l'insouciance de la vie animale qui se trouve allégée du poids du temps inscrit en l'homme par le développement même de ses facultés intellectuelles. C'est le sens de l'analyse

Info
Ce caractère insaisissable du temps est ainsi formulé par Augustin : « le passé n'est plus », « l'avenir n'est pas encore » et le présent est ce qui s'écoule.

nietzschéenne de l'oubli : si la mémoire qui nous rapporte au passé est ce qui rend possible la connaissance, elle est aussi ce qui nous fait souffrir en ce qu'elle nous rapporte à tout ce que nous avons perdu. Or, l'homme est défini par sa mémoire et son imagination : échapper au temps, ce serait « apprendre l'oubli » pour se défaire du fardeau du passé qui nous empêche de vivre.

[Transition] Pourtant, s'il est impossible de se soustraire au passage du temps ou de nous défaire de ces qualités intellectuelles qui nous le rendent sensible, toute lutte contre le temps est-elle vaine ? Si on ne peut sortir du temps, ne peut-on du moins lui résister ?

Conseil
Votre copie sera d'autant plus riche que vous aurez su interpréter diversement l'expression « échapper au temps ».

2. On peut résister au passage du temps

A. Car il est possible de lutter contre le temps

Dans un second temps, on peut penser qu'échapper au temps serait en réalité créer dans le temps des points de résistance. Le « désir d'immortalité » condamné par Épicure n'est-il qu'un désir vide, source de souffrance, ou n'y a-t-il pas une positivité de ce désir en ce qu'il nous porte à dépasser les limites de notre existence humaine ? Lutter contre le temps serait dès lors la seule façon de lui échapper, et s'il n'est pas possible de sortir du temps, il est pourtant possible de s'opposer à son passage. Si nous ne pouvons pas empêcher le temps de passer, nous pouvons pourtant créer des choses sur lequel le temps n'aura pas de prise.

B. Car il est possible de créer de l'immortalité

C'est en particulier le sens de l'analyse par Hannah Arendt de l'œuvre d'art : la spécificité de cette œuvre, parmi tous les objets du monde, réside précisément dans son rapport au temps. Ni « produits de consommation » ou « produits de l'action » inscrits de façon précaire dans le temps, ni « objets d'usage » usés par le temps, les œuvres d'art, dit-elle, sont les seules créations humaines qui accèdent à une « immortalité potentielle ». Défis humains adressés au passage du temps, les œuvres d'art « ne sont pas fabriquées pour les hommes, écrit la philosophe, mais pour le monde, qui est destiné à survivre à la vie limitée des mortels, au va-et-vient des générations ». Autrement dit, l'œuvre d'art est bien un point fixe par lequel l'homme s'échappe du temps qui s'inscrit en lui par sa vie biologique.

[Transition] Pourtant, créer des points de résistance au passage du temps est-il notre seule façon d'échapper au temps ? Ce qui nous pèse, n'est-ce pas avant tout l'idée que nous allons mourir, et nos œuvres d'art nous en empêchent-elles ?

Info
Le temps dont il s'agit ici est celui de la vie biologique, et l'enjeu est de savoir comment « survivre à la vie limitée des mortels ».

3. On peut échapper à l'idée que le temps nous condamne

A. Car on peut fuir l'idée de notre propre mort

En réalité, nous sommes d'abord victimes du temps dans la mesure où penser le temps, c'est avoir l'idée de sa propre mort. Mais si nous sommes impuissants à échapper à la mort, n'avons-nous pas le pouvoir d'échapper à la souffrance liée à l'idée que nous allons mourir ? C'est le sens de l'analyse de Pascal, qui dans les *Pensées* évoque le divertissement comme le pis-aller trouvé par l'homme pour fuir l'idée qu'il va mourir. Se divertir serait ainsi passer le temps pour oublier que nous allons mourir, et s'il n'y a que l'idée de Dieu pour donner un sens à notre existence de mortels, nous avons toujours la possibilité, dit-il, de nous absorber dans cette fuite du temps et de nous-mêmes qui n'est que la marque de notre misère humaine.

B. Car on peut renverser l'idée triste de la mort en une idée qui nous rappelle au souci de vivre

Mais le temps nous condamne-t-il vraiment ? En réalité, on pourrait en conclure qu'échapper au temps serait échapper à la tristesse produite par l'idée que nous allons mourir. Mais comment échapper à cette tristesse ? Dans la *Lettre à Ménécée*, Épicure nous explique comment se délivrer de la crainte de la mort qui nous empêche de vivre. La mort, dit-il, est un phénomène physique et une réalité que nous ne rencontrerons jamais, puisque nous sommes, en tant que vivants, le contraire d'elle. En ce sens, l'idée de la mort n'est pas à fuir : ce qu'il faut combattre, c'est la tristesse qui lui est liée, et nous ne pouvons la combattre qu'en nous appuyant sur l'idée vraie de la mort, qui nous rappelle à l'urgence de bien vivre.

Conclusion

En définitive, s'il est impossible de ne pas mourir, il est bien en notre pouvoir d'échapper au temps en nous délivrant de la souffrance et de l'impuissance produites par l'idée que le temps nous condamne à la mort. Échapper au temps serait alors se libérer de la tristesse et regarder en face l'idée de notre propre mort pour profiter de ce temps qui nous est compté.

SUJET

14

Polynésie française • Septembre 2015

EXPLICATION DE TEXTE • **Série ES**

Hobbes

▸ Expliquer le texte suivant :

Le langage, ou parole, est l'enchaînement des mots que les hommes ont établis arbitrairement, enchaînement destiné à signifier la succession des concepts de ce que nous pensons. Ainsi, ce que le mot est à l'idée, ou concept d'une seule chose, la parole l'est à la démarche de l'esprit. Et elle semble être propre à l'homme. Car, encore qu'il y ait des bêtes qui conçoivent (instruites par l'usage) ce que nous voulons et ordonnons suivant des mots, ce n'est pas en suivant des mots en tant que mots qu'elles le font, mais en tant que signes ; car elles ignorent quelle signification l'arbitraire humain leur a donné.

Quant à la communication vocale à l'intérieur d'une même espèce animale, ce n'est pas un langage, car ce n'est pas par leur libre arbitre, mais par le cours inéluctable de leur nature que les cris animaux signifiant l'espoir, la crainte, la joie, et les autres passions, servent d'organe à ces mêmes passions. Ainsi, chez les animaux dont les voix comportent très peu de variétés, il arrive que, par la diversité de leurs cris, ils s'avertissent les uns les autres de fuir dans le danger, s'engagent à manger, s'excitent à chanter, s'engagent à aimer ; ces cris ne sont pourtant pas un langage, car ils ne dépendent pas de la volonté, mais jaillissent, par le pouvoir de la nature, à partir du sentiment particulier à chacun : la crainte, la joie, le désir, et les autres passions ; voilà qui n'est pas parler.

Thomas Hobbes, *De l'Homme* (1658).

La connaissance de la doctrine de l'auteur n'est pas requise. Il faut et il suffit que l'explication rende compte, par la compréhension du précise du texte, du problème dont il est question.

LES CLÉS DU SUJET

Dégager la problématique du texte

• Hobbes s'interroge ici sur le **langage** : est-il propre à l'homme ?

• *A priori*, on pourrait penser que le langage est commun aux hommes et aux animaux car les animaux disposent bien du pouvoir de **communiquer**. Mais communiquer, est-ce **parler** ?

• C'est cette question qu'examine Hobbes dans ce texte, en expliquant que ce qui émancipe la constitution mentale de l'homme, ce qui fait sa spécificité, c'est une puissance originelle, à savoir la **capacité d'arbitraire** d'où naît le langage.

• Mais comment définir le langage ? Quel rapport y a-t-il entre un **mot** et une **idée** ? Et l'animal est-il incapable de voir ce rapport ? La question est alors de savoir ce qui distingue la **communication animale** du **langage humain** : que communiquent les animaux, et comment ?

Repérer la structure du texte et les procédés d'argumentation

• Dans un premier temps, Hobbes pose une **définition du langage** comme pouvoir d'**arbitraire** qui implique qu'il soit proprement humain : le langage est fait de **signes.** Mais les animaux sont-ils incapables de comprendre ces signes ? Hobbes répond à cette objection en envisageant ici le rapport de l'animal à notre langage.

• Pourtant, les animaux ne **communiquent**-ils pas, eux aussi ? Ne disposent-ils pas d'un langage qui leur est propre ? Dans un second temps, Hobbes examine la communication animale, et la distingue du langage en mettant en évidence son caractère **naturel**, et, par conséquent, nécessaire et **non libre.**

Éviter les erreurs

• Pour expliquer ce texte, vous devrez d'abord relever les **distinctions** suivantes : « enchaînement des mots » / « succession des concepts » ; « ce que le mot est à l'idée » / « la parole l'est à la démarche de l'esprit » ; « homme » / « bêtes » ; « conçoivent (instruites par l'usage) ce que nous voulons » / « ignorent quelle signification l'arbitraire humain leur a donné » ; « en suivant des mots en tant que mots » / « en tant que signes » ; « communication vocale à l'intérieur d'une même espèce animale » / « langage » ; « par leur libre arbitre » / « par le cours inéluctable de leur nature » ; « cris » / « langage » ; « ne dépendent pas de la volonté » / « jaillissent, par le pouvoir de la nature, à partir du sentiment particulier à chacun ».

CORRIGÉ 14

Les titres en couleurs et les indications entre crochets servent à guider la lecture et ne doivent en aucun cas figurer sur la copie.

Introduction

Dans ce texte, Hobbes s'interroge sur le langage : est-il propre à l'homme ? *A priori*, on pourrait penser que les animaux aussi ont un langage, puisqu'ils disposent du pouvoir de communiquer. Mais la communication est-elle un langage ? C'est précisément le problème que pose Hobbes dans ce texte, en démontrant que le langage est propre à l'homme : celui-ci le fait naître grâce à sa capacité d'arbitraire – puissance originelle qui émancipe la constitution mentale de l'homme et en fait sa spécificité. Mais comment définir le langage ? Quel rapport existe-t-il entre le mot et l'idée ? D'où vient le fait que l'animal serait incapable de voir ce rapport ? Et s'il communique, que communique-t-il, et de quelle manière ?

Dans un premier temps, Hobbes pose une définition du langage comme pouvoir d'arbitraire proprement humain, et répond à l'objection selon laquelle les animaux nous comprendraient. Dans un second temps de sa démonstration, Hobbes analyse la communication animale, en mettant l'accent sur son caractère naturel, et, partant, nécessaire et non libre.

1. Le langage est le propre de l'homme

A. Le langage est un pouvoir d'arbitraire

Dans un premier temps, Hobbes établit que le langage est propre à l'homme, en s'appuyant sur une définition du langage et expliquant que le rapport de l'animal au langage humain n'est que très superficiel. La définition du langage qui est le point de départ de sa démonstration place en son centre le rapport arbitraire, c'est-à-dire purement conventionnel, entre le mot et l'idée. En effet, l'« enchaînement des mots » est là pour « signifier » la « succession des concepts » : en d'autres termes, le rapport du mot à l'idée est de l'ordre de l'artifice, de la convention. Le mot ne reflète pas une réalité ou une idée mais est seulement le signe qui renvoie à elle. Par conséquent, de la même façon que le mot est le signe de l'idée, la parole est le signe de la pensée : elle renvoie à la pensée sous la forme d'un agencement de signes arbitraires.

> **Info**
> La thèse conventionnaliste de Hobbes se distingue des thèses naturalistes soutenant que les noms des choses sont inscrits dans leur nature ; l'auteur y oppose l'objection de la diversité des langues.

B. Les animaux n'accèdent pas à nos pensées

Mais si le propre du langage humain est d'être fait de signes, pourtant, les animaux ne comprennent-ils pas ces signes ? Si je donne un ordre à mon chien, en effet, il semble qu'il me comprenne. En ce sens, il semble que mon chien sache à quelles idées renvoient ces signes. Mais alors, le langage ne serait-il pas « propre à l'homme » ? C'est à cette objection que répond Hobbes, en établissant une distinction : les bêtes, dit-il, « conçoivent (instruites par l'usage) ce que nous voulons » mais « ignorent quelle signification l'arbitraire humain leur a donné ». Autrement dit, c'est l'habitude qui a permis à mon chien de savoir ce que j'attends de lui quand je lui dis de s'asseoir. La répétition du terme associée à mon attente lui a en somme permis d'associer mes mots à un acte attendu. En revanche, ce que mon chien ignore, c'est la signification de mes mots. C'est là le sens de la distinction faite par Hobbes : le chien n'a pas compris ce que je disais « en suivant des mots en tant que mots », mais « en tant que signes ». Autrement dit, il n'a pas interprété mes mots, il ne leur a pas prêté une signification, il n'est pas remonté par eux à l'idée qu'ils expriment. En réalité, le chien a pris mon mot pour le signe correspondant au fait de s'asseoir.

[Transition] Pourtant, si l'animal échoue à comprendre mon langage autrement que de cette façon très superficielle, ne peut-on pas dire qu'il dispose de son propre langage ?

2. La communication animale n'est pas un langage

A. Car il s'agit d'une communication naturelle

Dans un second temps, Hobbes envisage précisément cette objection. Après tout, les animaux communiquent entre eux, émettent des sons et semblent se comprendre. À cela, Hobbes répond en établissant une distinction entre la « communication vocale » et le « langage ». Autrement dit, les animaux ont une voix, et par cette voix émettent des sons qu'ils ont en commun. Mais la grande différence entre le langage des hommes et cette communication, c'est que les sons (« cris ») émis par les animaux leur sont dictés par « le cours inéluctable de la nature ». En effet, il n'y a pas d'accord préalable, de convention, s'agissant du rapport du son à l'émotion qu'il exprime : le cri de colère ressemble à la colère. En somme, dit Hobbes, l'animal n'a pas le choix de son cri : contrairement à l'homme qui, par convention, et donc « par son libre arbitre », a choisi de signifier une émotion ou une idée par un enchaînement de sons sans rapport immédiat avec cette émotion ou cette idée, l'animal est poussé, lui, à former le son qui exprime immédiatement son émotion.

LA CULTURE

Ainsi, contrairement à l'homme dont le langage est fait de signes, c'est-à-dire de médiations entre lui et la réalité, l'animal dispose d'une communication immédiate.

> **Info**
> Ce qui est médiat, c'est ce qui est en relation avec un élément par l'intermédiaire d'un troisième élément. Ce qui est immédiat, c'est ce qui met en présence deux éléments sans intervention d'un élément tiers.

B. L'animal communique des passions

Hobbes examine alors de plus près cette communication animale en nous en livrant une description. Si les animaux communiquent, que communiquent-ils ? « Par la diversité de leurs cris, ils s'avertissent les uns les autres de fuir dans le danger, s'engagent à manger, s'excitent à chanter, s'engagent à aimer [...] ». Ainsi, il y a, en dépit du « peu de variétés de leurs voix », une certaine richesse de cette communication animale. Et cette richesse n'en fait-elle pas un langage ?

En réalité, selon Hobbes, la différence entre le langage des hommes et la communication animale n'est pas quantitative, mais qualitative. Autrement dit, cette communication n'est pas plus pauvre que la nôtre : simplement, elle n'est pas un langage car ses sons ne résultent pas de la « volonté » de l'animal, mais du « sentiment » et des « passions ». La différence est donc essentielle : ce que communique l'animal, ce sont ses passions, et il n'est pas libre de les exprimer ou de les taire par exemple. Il n'est pas libre non plus de les exprimer d'une façon plutôt que d'une autre. Il n'est pas libre, enfin, d'exprimer autre chose que ce que la nature le pousse à exprimer.

> **Info**
> À la différence de l'animal, qui ne peut, en vertu de la nature immédiate de son langage, ni mentir ni tromper, l'homme, en vertu de son langage fait de signes, de médiations entre lui et la réalité, peut tromper, ou se tromper, sur ce qu'il pense ou ressent.

Conclusion

En définitive, s'il est possible de parler de communication animale, s'il est possible de reconnaître une diversité d'émotions dans les voix animales, on ne peut pas dire que les animaux parlent ou disposent d'un langage, dans la mesure où ce qui est la marque du langage humain, c'est qu'il nous inscrit dans la représentation. Autrement dit, à la communication immédiate des besoins et passions s'oppose le langage de l'homme, langage fondé sur une dissociation entre le son et ce qu'il signifie, et sur la liberté qui en découle.

France métropolitaine • Juin 2014
DISSERTATION • Série L

Les œuvres d'art éduquent-elles notre perception ?

LES CLÉS DU SUJET

■ Définir les termes du sujet

La perception

Il s'agit d'une opération de l'esprit qui consiste à saisir une multiplicité d'éléments dans une unité. C'est un acte plus élaboré qu'une sensation car il se définit par l'**organisation** d'un champ structuré. Même quand on ne perçoit qu'un objet, c'est toujours sur fond d'un ensemble. Son aspect sensible distingue également la perception d'une idée abstraite comme « l'homme » ou le « cheval ». Nous percevons toujours des réalités **particulières.**

Éduquer

Éduquer signifie étymologiquement « mener hors de ». L'éducation est donc un processus consistant à faire **passer d'un état à un autre** selon des règles et d'après un objectif défini à l'avance. En effet, la conduite implique un but à atteindre.

L'œuvre d'art

L'œuvre d'art est une **réalité singulière** qui présente des idées sous une forme sensible. Elle s'adresse à notre perception. Le sens d'une œuvre n'est pas séparable de son apparition. Ce n'est pas un concept qui ne concerne que la raison ou une sensation naturelle comme le froid ou le chaud.

■ Dégager la problématique et construire un plan

La problématique

La perception apparaît d'emblée comme un **pouvoir inné.** Personne ne nous l'enseigne à la différence de l'histoire ou les mathématiques. Ajoutons que les animaux en sont également dotés. Cependant, la perception d'un phénomène est **susceptible d'être modifiée.** Nous pouvons devenir sensibles à des nuances qui nous étaient inconnues. Les œuvres d'art ont-elles un rôle à jouer dans ce contexte ? Peuvent-elles nous apprendre à percevoir ?

Le plan

La première partie définit la perception en la situant vis-à-vis de la sensation et de la raison. La deuxième définit la notion d'éducation et montre l'existence d'un lien problématique avec la perception. Ce rapport motive l'introduction de l'œuvre d'art dont on montre la nature et le rôle.

■ Éviter les erreurs

Il faut bien définir la spécificité de la perception par rapport à d'autres actes de l'esprit ainsi que la spécificité de l'œuvre d'art.

CORRIGÉ 15

Les titres en couleurs servent à guider la lecture et ne doivent en aucun cas figurer sur la copie.

Introduction

La perception se présente comme une activité naturelle, liée à l'usage de nos sens. S'il est vrai que le nourrisson a une perception visuelle très réduite aux premiers temps de son existence, il développe progressivement ses capacités sensorielles au contact du monde extérieur. Nous savons qu'il faut apprendre à parler alors que la perception paraît être une faculté innée, que l'homme partage d'ailleurs avec les animaux.

Cependant, nous disons aussi qu'il est nécessaire d'apprendre à voir ou à entendre et, plus généralement, que les sens s'éduquent. L'expérience montre d'ailleurs que nous pouvons mieux percevoir en devenant plus sensibles à des différences. Les œuvres d'art peuvent-elles éduquer notre perception ? Leur contemplation, leur écoute ont certainement des effets sur notre sensibilité mais est-ce de l'ordre de l'éducation ? Il faudrait pouvoir dire comment elles procèdent et dans quel but elles agissent. Un éducateur a pour charge de guider afin de rendre meilleur. Peut-on donner cette fonction aux œuvres d'art ?

1. Que signifie percevoir ?

Conseil
Définissez les termes pour construire votre réponse.

A. Percevoir et parler

La définition de la perception peut être éclairée par une comparaison avec la parole. L'enfant doit apprendre à composer des discours, c'est-à-dire à acquérir la maîtrise des signes linguistiques au moyen desquels il pourra signifier des idées. Ceci requiert du temps afin que la pensée puisse quitter le stade sensible où elle désigne les objets en leur présence.

Le signe représente la chose en la transformant puisque ce n'est plus sa réalité matérielle qui compte mais son idée générale. Ainsi le mot « voiture » est employable alors que la chose n'est pas actuellement visible. Dire : « j'aimerais manger du fromage », c'est former et transmettre une signification qui provient de ma raison et qui s'adresse à celle de mon interlocuteur. Le sens n'est pas sensible mais intelligible. Le linguiste Roman Jakobson l'indique en disant que « le sens du mot fromage ne se hume pas ».

Comme l'idée générale du fromage s'exprime par un autre mot lorsque je quitte le français, il est bien nécessaire d'apprendre des termes conventionnels pour pouvoir faire usage d'une langue. Le vocabulaire d'ailleurs ne suffit pas, il faut aussi assimiler les règles d'une syntaxe.

Conseil
Un exemple permet d'illustrer une idée.

B. Percevoir et sentir

La perception ne requiert pas cet usage de l'abstraction. Ce qui est perçu est présent ou donné alors que le mot peut signifier en l'absence de ce qu'il désigne. La perception requiert nos sens. Est-elle pour autant une sensation ? Sa réalité est en fait plus complexe. Une sensation est une donnée ponctuelle et l'image du point vient spontanément l'illustrer. C'est une impression localisée qui indique que quelque chose nous affecte. Une sensation seule peut être vive mais elle ne suffit pas à organiser un ensemble à l'intérieur duquel des objets apparaissent, ce qui est justement le propre de la perception. Lorsque nous ouvrons les yeux nous voyons des scènes dans lesquels divers objets se présentent dans une perspective. C'est une expérience qui engage les sens, mais en les unifiant sous une règle qui organise leurs informations et permet un jugement. Ainsi, en regardant une rue, nous dirons que telle voiture est plus loin que telle autre.

La perception implique donc la dualité d'un sujet percevant et d'une chose perçue selon des relations plus élaborées que la seule sensation.

[Transition] Cette première analyse permet de situer la perception entre la sensation et l'idée abstraite. Ceci a-t-il un rapport avec la notion d'éducation ?

Info
La transition vous permet de faire un premier point.

2. Éducation et perception

A. La notion d'éducation

Éduquer signifie « conduire hors de ». On éduque un enfant en lui faisant quitter progressivement sa situation première. L'éducation implique donc des règles et des étapes. L'enfant est pris en charge de diverses façons. Kant parle ainsi des soins par lesquels les parents le protègent des dangers dont il n'a pas conscience, de la discipline qui sert à corriger ses penchants brutaux et de l'instruction que des maîtres lui dispensent.

Ce processus complexe a pour but d'amener l'éduqué vers un état d'autonomie. L'éducation est donc la mise en œuvre dirigée des capacités de quelqu'un afin de lui faire actualiser ses potentialités. Elle s'enracine dans la conviction que ce qui est doit être amélioré, et qu'il peut l'être si on le guide. Cette logique convient-elle à la perception ?

B. L'ambiguïté de la perception

À première vue, il ne le semble pas. La philosophie de Merleau-Ponty voit dans la perception l'acte qui atteste de notre « lien natal » avec le monde. Les idées abstraites et générales sont des élaborations utiles mais qui ne rendent pas compte de notre situation originaire. Avant d'être un être de raison et de réflexion, l'homme est une conscience percevante, c'est-à-dire incarnée. Merleau-Ponty insiste sur ce point. L'accès à la réalité demande que l'on inclue le fait d'avoir un corps. Nous ne sommes pas de purs esprits.

Or la perception est justement l'acte qui unit indissociablement les dimensions sensible – puisqu'elle est toujours celle d'au moins un de nos sens – et intelligible, car elle confère une signification à ce qui est perçu. Comprendre la nature de la perception, c'est découvrir que nous sommes « jetés » dans le monde et, en même temps, que nous « projetons » ce monde à partir de notre présence dans l'espace. Les œuvres d'art, qui sont des créations de l'esprit et non des données de la nature, semblent n'avoir aucun impact sur la perception.

> **Attention**
> L'analyse va se modifier pour amener au rôle de l'art.

Cette analyse nous incite donc à croire que la perception n'est pas à éduquer mais bien plutôt à retrouver en deçà de nos habitudes. Pourtant, toute idée d'éducation n'est pas exclue. Bergson montre, dans *La Pensée et le Mouvant*, que la perception est souvent une opération utilitaire : « auxiliaire de l'action, elle isole dans l'ensemble de la réalité, ce qui nous intéresse ; elle nous montre moins les choses que le parti que nous pouvons en tirer ». Cette démarche n'est pas accidentelle. Les exigences de la vie nous déterminent à agir sur le monde avant de songer à le contempler et à dégager le sens de notre présence.

Dès lors, la perception est insensiblement conduite à généraliser. Nous ne nous intéressons plus à la particularité de ce que nous voyons, nous ne retenons que les ressemblances entre les situations. Ce n'est pas cette voiture que nous percevons mais un danger à éviter si, par exemple, nous devons traverser. Les objets ne sont plus vus pour eux-mêmes mais en fonction de nos besoins du moment, qu'il s'agisse d'en faire usage ou de les éviter. Peut-on lutter contre cette tendance ? Ceci donnerait un sens à l'idée d'éducation.

[Transition] La complexité de la perception rend envisageable l'intervention des œuvres d'art. Mais que signifie cette notion ?

3. L'éducation de la perception par l'art

A. La nature de l'œuvre d'art

Une œuvre d'art est une réalité complexe. Hegel la définit comme une unité concrète de sensible et d'intelligible. Un tableau, une musique, s'adressent à nos sens et en même temps à notre intelligence qui y découvre de multiples significations. L'œuvre joue ainsi sur deux plans. Elle touche notre sensibilité et provoque des émotions tout en nous donnant à penser. Le statut du jugement esthétique le montre bien. Nous évaluons ce que nous ressentons, nous le catégorisons au moyen de notions comme « le beau », « le laid », « le sublime », mais ces appréciations ne sont pas purement intellectuelles. Elles renvoient à des émotions que nous disons parfois indicibles. Le XVIIe siècle parlait du « Je ne sais quoi » pour désigner les nuances subtiles qui nous touchent profondément mais que nous sommes incapables de définir avec des mots. La force d'une œuvre est précisément d'associer ces deux dimensions de façon indissoluble. Une œuvre d'art est singulière, les idées sont générales.

C'est cette mélodie particulière qui nous touche, la façon dont elle parle d'amour, de révolte, dont elle module à sa façon des sentiments communs. Si une œuvre est l'illustration d'une idée, elle manque son but. Proust la compare à un objet sur lequel on aurait laissé le prix. Inversement, si elle ne nous présente qu'un chaos de sensations d'où aucune signification n'émerge, nous ne sommes pas intéressés.

B. Le rôle de l'art

L'idée d'éducation par l'art reçoit un sens légitime en tant qu'elle permet un « élargissement de la perception ». Bergson estime que les artistes ont cette chance de percevoir le réel sans les limitations imposées par le point de vue utilitaire. Leur approche est donc plus vaste et plus riche, ils sont sensibles aux beautés, aux nuances, aux différences qui constituent la trame du réel ou de la vie psychologique, et sont capables de les présenter dans leurs productions. Un poète, un cinéaste, un musicien font voir ou entendre ce que nous ressentons sans être capable de le manifester d'emblée par nous-mêmes. Ce sont des révélateurs.

Info
On effectue maintenant la synthèse des deux derniers paragraphes.

LA CULTURE

Percevoir un chef-d'œuvre permet de vivifier notre propre perception, de la ranimer en nous faisant ressentir ce que nous savions mais n'avions pas l'habitude de considérer. Des peintres comme Turner ou Corot nous montrent ce que nous avions sous les yeux sans y prêter garde. Ils parlent à notre émotion et à notre jugement. L'œuvre d'art est un moyen d'éducation. C'est une médiation créée par l'esprit grâce à laquelle la sensibilité s'affine et la pensée s'éclaire. Cet élargissement ne vaut pas seulement à titre individuel. Il rend possible des échanges et la création de relations intersubjectives plus riches. Les œuvres ont la capacité d'éveiller notre curiosité, de susciter des débats, de nous faire quitter l'étroitesse de notre point de vue. Elles ont ainsi une valeur culturelle très grande et constituent un patrimoine commun qui dépasse les frontières. Le but de cette éducation est de contribuer à développer notre esprit en nous poussant à déchiffrer le sens de la condition humaine.

Conclusion

La perception apparaît d'abord comme une opération naturelle qui n'exige aucun apprentissage. Son approfondissement philosophique nous a conduits à dire qu'elle dévoilait notre relation première au monde et qu'il s'agit de la décrire sans chercher à la transformer.

Cependant, cette relation est d'entrée de jeu investie par des habitudes utilitaires. Dès lors, nous soutenons que la perception peut être éduquée par la médiation d'œuvres comme celles de l'art. L'enjeu est important car il s'agit pour chacun de ne pas être entièrement conditionné par les nécessités liées aux besoins et de pouvoir modifier son rapport à soi et au monde.

SUJET 16

Nouvelle-Calédonie • Novembre 2014

DISSERTATION • Série S

En quel sens peut-on parler d'un travail de l'artiste ?

LES CLÉS DU SUJET

Définir les termes du sujet

En quel sens peut-on parler

Se demander « en quel sens » on peut parler d'une chose c'est se demander dans quelle mesure il est possible d'en parler. Autrement dit, il s'agit de savoir si le travail de l'artiste présente une spécificité par rapport à d'autres travaux, et laquelle.

Travail

• Travail vient du latin *tripalium*, qui désigne un instrument de torture à trois pals. Ce qu'indique ainsi l'étymologie, c'est l'**effort**, voire la souffrance inhérente à tout travail.

• De façon générale, le travail désigne l'**activité humaine** de transformation de la nature, par laquelle l'homme, appliquant son effort à un matériau brut, lui imprime sa **marque** et le convertit en un objet propre à **satisfaire ses besoins** ou ses désirs.

Artiste

• Étymologiquement, « art » vient du latin *ars*, qui désigne la **technique**. L'artiste se distingue de l'artisan en ce que, si tous deux disposent d'un savoir-faire et appliquent une technique, l'artiste seul viserait la **beauté**.

• L'artiste se singularise donc par la nature de sa quête : affranchi de la recherche de l'utile, et de toute fin déterminée par avance, il crée des œuvres procurant un **plaisir esthétique**.

Dégager la problématique et construire un plan

La problématique

• Le problème posé par le sujet réside dans l'association envisagée entre l'art et le travail. *A priori*, on aurait tendance à penser que l'artiste se livre à une **activité libre** plutôt qu'à un travail marqué par la souffrance et la contrainte. Pourtant, peut-on faire de l'artiste une sorte de démiurge créant sans effort, comme par nature ?

• La problématique découle de ce problème central, puisqu'il s'agira de se demander ce qui fait de l'activité de l'artiste une certaine forme de travail. En quoi l'artiste peut-il être conçu comme un travailleur ? S'il se distingue au contraire par un don ou un talent particulier déposé par la nature, qu'est-ce qui peut attester de l'existence de ce don ? Et s'il n'est pas investi d'un don, si l'artiste n'est pas un génie, en quoi son activité est-elle foncièrement différente de celle de l'artisan ? Qu'est-ce qui fait le grand artiste : **talent inné,** ou **maîtrise des règles** et **grand travail** ?

Le plan

• Dans un premier temps, nous verrons que si l'on peut parler d'un travail de l'artiste, c'est dans la mesure où il est impossible de faire de son activité une activité découlant de sa nature mystérieusement investie d'un don.

• Dans une deuxième partie, nous verrons qu'il est possible d'envisager l'activité de l'artiste comme un travail, à condition de **distinguer son travail de toute activité productrice.**

• Enfin, nous verrons qu'on peut parler du travail de l'artiste à condition de définir le vrai travail comme une **activité de formation de soi.**

■ Éviter les erreurs

Pour traiter ce sujet, il est nécessaire d'en identifier le présupposé : on ne vous demande pas s'il est possible de parler d'un travail de l'artiste, mais « en quel sens » on peut en parler, c'est-à-dire qu'on présuppose que l'artiste fournit un travail.

CORRIGÉ 16

Les titres en couleur servent à guider la lecture et ne doivent en aucun cas figurer sur la copie.

Introduction

Se demander « en quel sens » on peut parler d'un travail de l'artiste, c'est se demander dans quelle mesure il est possible d'en parler. Autrement dit, il s'agit de savoir si le travail de l'artiste présente une spécificité par rapport à d'autres travaux, et laquelle. *A priori*, on aurait tendance à penser que l'artiste se livre à une activité libre plutôt qu'à un travail marqué par la souffrance et la contrainte. Pourtant, peut-on faire de l'artiste une sorte de démiurge créant sans effort et comme par nature ?

Travail vient du latin *tripalium*, qui désigne un instrument de torture. Ce qu'indique ainsi l'étymologie, c'est l'effort, voire la souffrance inhérente à tout travail. De façon générale, le travail désigne l'activité humaine de transformation de la nature, par laquelle l'homme, appliquant son effort à un matériau brut, lui imprime sa marque et le convertit en un objet propre à satisfaire ses besoins ou désirs.

Info
Cette idée d'une souffrance propre au travail est également présente dans le récit biblique, qui fait du travail l'effet d'une malédiction divine.

Étymologiquement, art vient du latin *ars*, qui désigne la technique. L'artiste se distingue de l'artisan en ce que si tous deux disposent d'un savoir-faire et appliquent une technique, l'artiste seul viserait la beauté. L'artiste se singularise donc par la nature de sa quête : affranchi de la recherche de l'utile, et de toute fin déterminée par avance, il crée des œuvres procurant un plaisir esthétique. Il s'agira donc de se demander ce qui fait de l'activité de l'artiste une certaine forme de travail.

En premier lieu, nous verrons que si l'on peut parler d'un travail de l'artiste, c'est dans la mesure où il est impossible de faire de son activité une activité découlant de sa nature mystérieusement investie d'un don. Puis, nous verrons qu'il est possible d'envisager l'activité de l'artiste comme un travail, à condition de distinguer son travail de toute activité productrice. Enfin, nous verrons qu'on peut parler du travail de l'artiste à condition de définir le vrai travail comme une activité de formation de soi.

1. Un travail de l'artiste au sens où son activité ne s'explique que par la technique et l'effort

A. Parler de génie suppose une croyance

A priori, on aurait tendance à envisager le grand artiste comme un être inexplicablement doué : ses œuvres couleraient pour ainsi dire de lui sans donner lieu à un quelconque effort. Pourtant, qu'est-ce qui pourrait expliquer un tel don ? Selon Kant, le grand artiste se définit comme un génie, c'est-à-dire un être naturellement investi d'un talent particulier qui excède la maîtrise de la technique : « Le génie, dit-il, est la disposition innée de l'esprit par laquelle la nature donne ses règles à l'art ».

Autrement dit, le caractère exceptionnel et exemplaire de l'œuvre du grand artiste sépare clairement son activité du travail, dans la mesure où le travail, comme simple application et maîtrise de technique, ne peut rendre compte de la singularité de la création artistique. Mais comment expliquer ce don ?

C'est précisément ce problème que soulève la critique nietzschéenne de la notion de génie : cette notion, dit-il, ne peut faire l'objet que d'une croyance. Ainsi, l'existence du génie est indémontrable, et le grand artiste ne peut s'expliquer que par son grand travail.

Info
Comme le souligne Kant, dans la *Critique de la faculté de juger*, « génie » est dérivé du latin *genius*, qui désigne une divinité attachée à un lieu.

B. Le grand artiste est un grand travailleur

Ce que Nietzsche met ainsi en évidence, c'est le fond psychologique sur lequel se développe une telle croyance – elle nous rassure, dit-il, en nous faisant croire à des natures supérieures avec lesquelles nous n'aurions pas les moyens de rivaliser. Si nous n'avions pas besoin de nous rassurer, explique Nietzsche, nous devrions admettre que rien ne peut soutenir l'hypothèse de natures supérieures créant par facilité. Au contraire, tout tend à prouver que le grand artiste est un « grand travailleur » : « Le génie, dit-il, ne fait rien que d'apprendre d'abord à poser des pierres, ensuite à bâtir, que de chercher toujours des matériaux et de travailler toujours à y mettre la forme ».

Marquée par l'effort, l'échec, le labeur, l'activité artistique n'est conçue comme une activité facile que sous l'effet d'un fantasme enfantin qui consiste à ne pas vouloir voir, dit Nietzsche, la « genèse » de l'œuvre, et à préférer l'envisager comme un miracle.

[Transition] Pourtant, si l'on peut parler d'un travail de l'artiste au sens où l'œuvre résulte d'un processus laborieux, il reste que son travail apparaît bien différent d'un travail moderne conçu comme fondamentalement extérieur à lui-même.

Conseil
Dans un sujet de ce type, c'est-à-dire non dialectique, vous pouvez opposer dans une même partie la conception kantienne du génie à la critique qu'en fait Nietzsche : la dynamique du devoir peut se nourrir d'oppositions.

2. Un travail de l'artiste au sens où ce travail n'est pas production mais création

A. Le travail artistique n'est pas de l'ordre du travail productif

Dans un second temps, on peut ainsi se demander si l'activité de l'artiste peut encore s'identifier à du travail dès lors que l'on entend par travail une activité productrice au sens où l'entend Marx : produire, c'est produire un objet extérieur à soi, un objet dans lequel je ne me reflète pas, je ne me reconnais pas, et qui ne vise pas la satisfaction de mes besoins propres. Le travail moderne, dit productif, que Marx distingue du « vrai travail », ne peut correspondre à l'activité artistique, dans la mesure où il est précisément marqué par le désinvestissement personnel et la perte de l'effort : facilité par l'automatisation, il transforme la nature extérieure à soi sans que cette transformation n'implique en retour transformation et dépassement de soi. Or, il semble bien que l'activité artistique se caractérise au contraire par le travail sur soi effectué par l'artiste.

B. L'artiste crée

Si l'artiste est un travailleur, c'est donc dans la mesure où il reste lié à l'essence du travail, conçu par Marx comme activité de réalisation de soi.

Au « travail réel » lié au développement de l'industrialisation et à la division du travail, Marx oppose ainsi le « vrai travail », conçu comme activité proprement humaine de réalisation et de dépassement de soi, activité qui peut être celle de l'artisan comme de l'artiste. En effet, la singularité de l'artisan se reflète dans le résultat de son travail comme la singularité de l'artiste se reflète dans ses œuvres : s'ils peuvent se reconnaître dans le résultat de leur travail, c'est que leur activité coïncide avec l'essence du travail défini comme activité humanisante.

[Transition] Mais alors, si l'activité de l'artiste est comme celle de l'artisan, à la fois faite d'effort et de dépassement de soi, qu'est-ce qui fait la spécificité du travail de l'artiste par rapport au travail artisanal ?

3. Un travail de l'artiste au sens où son activité est sans finalité

A. Le travail de l'artiste est sans finalité extérieure à lui

Enfin, il semble qu'il y ait bien une spécificité du travail de l'artiste par rapport à l'ensemble des autres travaux : c'est que l'artiste, comme le souligne Nietzsche, se livre à une activité non finalisée. Autrement dit, l'artiste crée pour créer, comme le séducteur séduit pour séduire, ou le voyageur pour voyager. La finalité de son travail est donc interne : son travail n'est pas contraint par la fin qu'il se fixe et qui l'épuise. Au travail mercenaire de l'artisan, Nietzsche oppose cet ensemble d'activités libres car non finalisées qu'il appelle « travail », et auxquelles seuls les artistes, les voyageurs, les séducteurs, les chasseurs, savent se livrer.

B. Le travail de l'artiste est formation de soi

C'est que le travail, le vrai travail, et non ce travail où nos individualités s'épuisent, est avant tout, selon Nietzsche, formation de soi, retour à soi. Ainsi, l'œuvre de l'artiste n'est pas son produit, son résultat, mais le simple résidu de sa force créatrice, ce par quoi passe son art pour se déployer. Les artistes, les séducteurs, les contemplatifs, dit-il, « tous cherchent le travail et la peine lorsqu'ils sont mêlés de plaisir, et le travail le plus difficile et le plus dur, s'il le faut. Sinon, ils sont décidés à paresser, quand bien même cette paresse signifierait misère, déshonneur, péril pour la santé et pour la vie. Ils ne craignent pas tant l'ennui que le travail sans plaisir (...) ». Autrement dit, l'activité de l'artiste n'est pas l'activité facile et libre qui s'opposerait au travail, mais la vraie nature du travail, qui est à la fois effort et plaisir de la formation de soi.

Conclusion

En définitive, on peut dire que non seulement l'artiste se livre à un travail, mais que le travail artistique correspond en somme à l'essence du travail. Laborieuse et non portée par un inexplicable don, non productrice mais créatrice, l'activité de l'artiste correspond à un travail qui forme et réalise l'homme, plutôt qu'elle ne forme un objet extérieur à lui.

On peut ainsi parler de travail de l'artiste au sens le plus fort du terme « travail » : activité humanisante de formation de l'homme, le travail est alors ce par quoi l'homme réalise sa singularité.

SUJET 17

France métropolitaine • Septembre 2011

DISSERTATION • Série L

La science peut-elle faire disparaître la religion ?

LES CLÉS DU SUJET

Définir les termes du sujet

La science

Au sens large, le mot désigne un savoir. De façon plus précise, c'est un savoir fondé, **démontré**, qui ne varie donc pas avec les circonstances. Science s'oppose ainsi à opinion. La connaissance scientifique moderne implique l'idée d'**expérimentation**.

La religion

C'est une **pratique collective** structurée par des rites, des cultes, par lesquels une communauté de croyants affirme être liée à un ou plusieurs dieux garants de l'ordre et de la justice. Sur le plan subjectif, chaque membre du groupe est animé par une **foi** dans l'existence et la bienfaisance de ces divinités.

Faire disparaître

Cette expression sous-entend la **présence d'un processus**. La science est-elle une démarche conquérante qui, dans son parcours, chasse la religion des domaines qu'elle occupait ?

Le verbe pouvoir

Il a ici d'abord le sens de la **possibilité** : la science a-t-elle les moyens de provoquer la disparition de la religion ? Un deuxième sens, celui de la **légitimité**, apparaîtra aussi.

Dégager la problématique et construire un plan

La problématique

Science et religion ont eu, et ont encore parfois, des **relations conflictuelles** comme si toute avancée de la première signifiait un recul de la seconde. Il faut donc qu'elles aient une **prétention commune**. Quelle est-elle et devons-nous penser que leurs relations soient telles que les avancées de l'une chassent l'autre ?

Le plan

Dans un premier temps, nous verrons les présupposés expliquant l'existence d'un conflit. Puis, nous aborderons les grands thèmes de la **critique de la religion**. Enfin, nous nous demanderons si la prétention scientifique à faire disparaître la religion ne révèle pas une méconnaissance par la science des limites de son domaine.

■ Éviter les erreurs

Faire une copie simplificatrice en faveur d'une des deux notions.

CORRIGÉ 17

Les titres en couleurs servent à guider la lecture et ne doivent en aucun cas figurer sur la copie.

Introduction

Il est courant d'entendre opposer la science et la religion. Nous avons le sentiment que chaque avancée de l'explication scientifique se traduit par un recul des croyances religieuses. Des raisons existent à cela. L'Europe a été marquée par des conflits retentissants entre ces deux modes de pensée, comme en témoigne la condamnation de Galilée, et l'époque des Lumières a estimé que la religion était une superstition qui disparaîtrait avec les progrès des sciences de la nature.

Cependant, il est clair qu'aujourd'hui, le développement de la connaissance scientifique n'a pas supprimé la pensée religieuse. N'est-ce qu'une question de temps ou doit-on penser que la religion est un phénomène plus complexe ou plus étendu que la représentation que les Lumières s'en faisaient ?

1. Présupposés du sujet

A. Démarche scientifique et attitude religieuse

Les Grecs entendent par science un exercice du raisonnement dont la démonstration est la plus haute manifestation. La raison procède en suivant des règles de logique dont la fixité et l'impersonnalité tranchent avec l'inconstance des opinions courantes. Le géomètre, le mathématicien découvrent les propriétés immuables des figures et des nombres. Ils cherchent la connaissance des choses, alors que les opinions sont des jugements partiels et intéressés. La science est de l'ordre de la théorie, alors que la religion possède dès l'origine une dimension pratique que Durkheim a fortement soulignée. La religion est un « système solidaire de croyances et de pratiques », distinguant le sacré du profane et capable d'unir des individus dans une communauté dont ils se sentent les membres. Cette dimension sociale est importante au point que Bergson a pu écrire qu'il n'y a jamais eu de société sans religion alors que la science et la philosophie n'ont pas toujours existé. Les liens unissant des fidèles entre eux, par la médiation d'un lien commun à une autorité sacrée, ont un pouvoir de structuration, ils sont une sorte de ciment social. La religion apparaît donc comme une pensée globalisante.

B. Une question de domaine

La différence entre théorie et pratique ne suffit cependant pas à dire pourquoi la science pourrait faire disparaître la religion. Envisager ce phénomène implique que la première intervienne de façon offensive sur le terrain où la seconde la précédait. Deux questions se posent alors. Quel est ce domaine ? Quelles sont les caractéristiques de ces deux modes de pensée ? La réponse à la première question nous est donnée par l'Histoire. Il est indéniable que la science est entrée en concurrence avec les récits religieux touchant la nature, son ordre et ses lois, et qu'elle a pris parfois position dans les débats touchant la formation ou l'origine du monde. Dès lors, elle prenait une dimension métaphysique et elle mettait en cause les représentations religieuses, selon lesquelles l'ordre de l'univers ne pourrait venir que de l'action de puissances divines dont l'intelligence est à reconnaître dans les phénomènes qui nous entourent et dont la sagesse est à honorer dans des cultes.

[Transition] Ce point permet de saisir la racine du conflit dont le sujet fait état.

2. Les raisons du conflit

A. La séparation du mythe et de la raison

Il est frappant d'apprendre qu'Anaxagore, un grand astronome grec, fut accusé d'athéisme et emprisonné pour avoir dit que le soleil était une pierre brûlante. Cette affirmation ôtait à cet astre son caractère sacré et l'intégrait dans l'univers matériel où les hommes vivent quotidiennement. L'attitude scientifique se marque par la volonté de découvrir la vraie nature et les vraies causes des phénomènes. Le développement du discours rationnel s'est fait en critiquant les récits religieux, c'est-à-dire les mythes. Le mythe est une narration touchant la naissance et le développement de l'ordre qui gouverne l'univers. Ses histoires mettent en jeu des divinités qui s'affrontent et accomplissent des exploits dans une dramaturgie dont le but est de célébrer la victoire de l'ordre sur les puissances de confusion. Or, les premiers physiciens présentent une pensée du cosmos en rupture avec cette façon de procéder. La science raisonne à partir de qualités abstraites comme « le froid », « le chaud », « le sec », « l'humide », et remplace les péripéties guerrières par des rapports mathématiques de proportionnalité. L'ordre est le résultat de relations équilibrées entre des couples d'opposés. Dès lors, le mythe devient synonyme de fable, donc de récit mensonger et absurde.

B. La dénonciation de la superstition religieuse

Ce premier coup porté aux prétentions explicatives de la religion ouvre la voie à sa définition comme une superstition. Spinoza considère que les cultes sont l'aboutissement de deux illusions qui s'enchaînent. L'ignorance native des hommes les pousse à imaginer être le centre de référence de la nature. La conscience de poursuivre des buts nous fait croire que tout ce qui nous entoure fait de même et, comme nous savons que nous ne sommes pas les auteurs des choses naturelles, nous croyons qu'elles ont été créées par des « directeurs de la nature » et nous leur rendons des hommages afin qu'ils nous soient favorables. À l'anthropocentrisme s'ajoute l'anthropomorphisme qui projette la forme et les passions humaines sur l'ensemble des phénomènes. Cette illusion s'explique par l'ignorance et par le désir de pouvoir agir sur notre milieu. La personnification des éléments naturels rend possible l'établissement d'une relation entre eux et nous. Spinoza trace ainsi le portrait de l'homme superstitieux, ignorant et angoissé, qui croit aux présages et honore des puissances supérieures pour satisfaire ses intérêts.

La science, en revanche, écarte l'idée des causes finales. Elle cherche à répondre à la question du « comment » et considère la nature comme un objet à étudier par le calcul et l'expérimentation. Max Weber parle de « désenchantement du monde » pour qualifier l'action de la raison scientifique à travers le temps. Les phénomènes s'expliquent par des lois et sans référence à nos désirs. À l'image d'un monde centré sur l'homme, « image de Dieu », la science physique substitue le concept d'un univers indifférent à nos souhaits et à nos craintes. Quant aux sciences naturelles, elles étudient l'histoire de notre espèce et la structure de son organisme sans y voir l'intention d'une intelligence supérieure.
[Transition] L'idée du désenchantement exprime bien le fait que les sciences ont fait reculer la religion, mais cela suffit-il à penser que leur progrès conduirait à la faire disparaître ?

3. Les limites de la science

A. La tentation scientiste

La connaissance de la nature est devenue le domaine des sciences expérimentales, qui ne se bornent pas à décrire le réel mais l'interrogent en construisant des expérimentations de plus en plus précises, contrôlées et rendues possibles par un appareillage technique dont la sophistication ne cesse de croître. Le quantifiable, le reproductible sont les valeurs maîtresses de ces démarches. Aux récits généraux et symboliques, la science substitue la recherche de laboratoire où la théorie rend possible le développement de mesures pointues et leur expression dans une forme symbolique abstraite comme une équation. Une expérimentation n'est pas une simple observation de faits mais présuppose l'admission de plusieurs théories et la maîtrise d'un appareillage complexe.

Ces avancées ont pu faire croire que la science gouvernerait la totalité des affaires humaines. Le positivisme d'Auguste Comte en donne une expression très nette. Comte élabore la loi des trois états qui définit la période scientifique comme l'achèvement de deux âges antérieurs et imparfaits. Ainsi, l'humanité a commencé par une période théologique, dans laquelle l'ignorance des hommes les conduisit à croire en l'action de causes surnaturelles et cachées. Puis vint l'époque métaphysique, qui rationalisa ces fictions en parlant de causes premières et finales mais resta dans les erreurs de l'abstraction. Enfin, l'âge scientifique ou « positif » se libère de ces illusions pour n'étudier que les lois gouvernant les phénomènes, avec un esprit animé par le souci de la certitude et de la précision. Comte parle d'un progrès qui élimine les croyances dans une ou plusieurs divinités. La science dégage les lois de tous les phénomènes pour être la pensée universelle. On nomme cette prétention le scientisme.

B. Les deux ordres

On note toutefois que si la religion a quitté le terrain de la connaissance de la nature elle n'a pas disparu. Notre époque est même marquée par un retour du religieux. N'est-ce pas en raison de sa capacité à prendre en charge des angoisses auxquelles les sciences n'ont rien à dire ? Freud considère la religion comme une illusion, mais il reconnaît qu'elle réalise les « désirs les plus anciens, les plus forts, les plus pressants de l'humanité. » La détresse infantile suscite le désir de protection, la crainte de la mort et l'expérience des souffrances de la vie sont la cause d'un désir puissant de justice et de sens. L'absence de preuves ne nuit pas à la religion, elle prend sa source dans des sentiments liés à notre condition, non dans des démonstrations ou des expérimentations élaborées. Freud soutient que cette illusion ne peut décliner que si « notre dieu le logos » arrive à montrer à l'humanité qu'elle doit s'organiser par elle-même. Il nomme cela « l'éducation en vue de la réalité » et fait valoir l'extrême jeunesse de la pensée scientifique pour fonder sa croyance dans une disparition possible du phénomène religieux.

On peut toutefois se demander si Freud ne confond pas deux registres. La foi est une certitude subjective, issue d'une adhésion à un appel intérieurement ressenti. C'est une donation de sens qui se reçoit avant toute critique, quand la science cherche l'objectivité à travers la mise en place de procédures contrôlées. Il y a, comme le dit Pascal, deux ordres : « c'est le cœur qui sent Dieu et non la raison. Voilà ce qu'est la foi : Dieu sensible au cœur, non à la raison. » Les valeurs morales, l'interrogation sur la condition temporelle de l'homme, ne sont pas du ressort scientifique. La mort est pour le naturaliste un phénomène naturel et nécessaire, mais elle est pour chacun de nous une douleur quand nous perdons un proche. Dès lors comment la penser ? Est-ce un terme, un passage ? La liberté de la conscience est ici en jeu et elle est porteuse d'un droit qui n'est pas justiciable d'une approche scientifique.

Conclusion

Il est incontestable que les avancées multiples de la science dans le domaine de la connaissance de la nature ont fait reculer les récits religieux en les rabaissant au rang de mythes. Aujourd'hui, la religion ne cherche plus guère à rivaliser sur ce terrain, même si certains croyants rejettent encore Darwin. Elle reste toutefois présente sur les questions de choix moraux et constitue pour certains une réponse face à leur demande de sens. La spécificité de l'expérience de la foi la situe sur un autre plan que celui des expérimentations scientifiques, ce qui devrait empêcher les empiétements réciproques.

Liban • Mai 2014
DISSERTATION • Série ES

L'histoire est-elle une science impossible ?

LES CLÉS DU SUJET

Définir les termes du sujet

Histoire

L'histoire désigne à la fois la **suite des événements relatifs aux sociétés passées** et l'**étude de ces faits** par les historiens : « *historia* », en grec, désigne l'étude, l'enquête portant sur des faits.

Science

• La science désigne un type de connaissance qui semble se caractériser par son **universalité** : elle doit être toujours vraie, et vraie pour tous. De cette caractéristique découle le caractère nécessairement **objectif** du discours scientifique. La science serait ainsi une connaissance reposant sur des critères précis de vérification de ses résultats.

• Au-delà de cette **unité** de méthode, on peut parler « des sciences », dans la mesure où la science est **multiple** par ses objets. On distingue en particulier les **sciences expérimentales**, qui se rapportent à des objets donnés dans l'expérience, des **sciences formelles** telles que la logique, qui procèdent par déduction, et des **sciences humaines**, dont l'objet est le milieu humain.

Impossible

Ce qui est impossible est ce qui ne peut pas être. Une « science impossible » pourrait être une science qui n'en est pas une (ses résultats seraient faux), une connaissance dont la scientificité est douteuse, ou une connaissance qui vise à la scientificité mais à laquelle manque un critère de scientificité.

Dégager la problématique et construire un plan

La problématique

• Le problème posé par le sujet réside dans le rapport envisagé entre **l'histoire** et la **science** : l'histoire peut-elle prétendre à la scientificité ?

• La problématique découle de ce problème central, puisqu'il s'agira de se demander s'il est possible que l'histoire soit une science, ou si elle est au contraire condamnée à ne jamais accéder à la scientificité. Nous devrons nous demander quels sont les critères de la scientificité, et en quoi l'histoire pourrait les satisfaire ou échouer à les satisfaire. Mais si l'histoire ne peut pas être une science, que pourrait-elle être ?

Le plan

Dans un premier temps, nous verrons pourquoi l'histoire est une science impossible dans la mesure où elle prétend à la scientificité sans jamais pouvoir, en raison de la nature de son objet, l'atteindre. Pourtant, la scientificité de l'histoire est-elle vraiment une prétention abusive ? Le discours historien n'a-t-il rien de scientifique ? Nous nous demanderons enfin de quel point de vue l'histoire peut répondre aux critères de la scientificité.

■ Éviter les erreurs

Pour bien comprendre la spécificité de la question, il ne faut pas oublier d'analyser le terme « impossible » : se demander si l'histoire est une science impossible, c'est à la fois se demander si l'histoire est une fausse science ou si elle vise une scientificité qu'elle ne peut atteindre.

CORRIGÉ 18

Les titres en couleurs servent à guider la lecture et ne doivent en aucun cas figurer sur la copie.

Introduction

Se demander si l'histoire est une science impossible, c'est se demander si la prétention scientifique de l'historien ne se heurte pas à la nature particulière de son objet. *A priori,* on aurait tendance à se dire que l'histoire est une discipline scientifique : classée parmi les sciences humaines, elle se distinguerait des autres types de sciences par son objet, à savoir le milieu humain. Mais l'histoire est-elle vraiment une science ? Peut-on parler d'une vérité historique dès lors que l'historien interprète nécessairement le passé ?

L'histoire se définit comme la discipline visant à la connaissance des faits relatifs au passé de l'homme : « *historia* », en grec, désigne l'étude, l'enquête portant sur ces faits. La science désigne un type de connaissance qui semble se caractériser par son universalité : elle doit être toujours vraie, et vraie pour tous. De cette caractéristique découle le caractère nécessairement objectif du discours scientifique. La science serait ainsi une connaissance reposant sur des critères précis de vérification de ses résultats. Une « science impossible » pourrait être une science qui ne peut pas en être une (ses résultats seraient faux), ou une connaissance qui vise à la scientificité mais à laquelle manque un critère de scientificité.

Le problème posé par le sujet réside donc dans le rapport envisagé entre l'histoire et la science : l'histoire peut-elle prétendre à la scientificité ? Qu'est-ce qui au contraire pourrait empêcher la connaissance historique d'accéder au statut de science ? Mais si l'histoire ne peut pas être une science, que pourrait-elle être ?

Tout d'abord, nous verrons que l'histoire est une science impossible dans la mesure où elle prétend à la scientificité sans jamais pouvoir, en raison de la nature de son objet, l'atteindre. Pourtant, la scientificité de l'histoire est-elle vraiment une prétention abusive ? Nous chercherons enfin de quel point de vue l'histoire peut répondre aux critères de la scientificité.

1. L'histoire est une science impossible

A. Si l'histoire était une science, elle serait une « science des individus »

Dans un premier temps, on peut penser que l'histoire est une science impossible dans la mesure où la nature de son objet lui interdit d'être une science. En effet, le discours de l'historien porte sur un milieu humain dont, au contraire d'un milieu naturel qui se caractérise par son immuabilité, il semble impossible de dégager des lois. Or, si la science se définit comme une connaissance identifiant des rapports de causalité entre des faits, il semble que l'histoire ne puisse être une science. C'est ce que souligne Schopenhauer : si l'histoire était une science, elle serait une « science des individus », c'est-à-dire des faits nouveaux, uniques, que l'on ne peut rapporter à aucun système. Or, une telle science n'est précisément pas une science, dès lors que la science se définit par sa capacité à subsumer des faits sous des lois.

Info
Pour Schopenhauer, l'histoire ne peut même pas être tenue pour une connaissance. « Condamnée à ramper sur le terrain de l'expérience », l'histoire n'est qu'un récit de faits individuels, une « demi-connaissance toujours imparfaite » qui « doit encore se résigner à ce que chaque jour nouveau, dans sa vulgaire monotonie, lui apprenne ce qu'elle ignorait auparavant ».

B. Le discours de l'historien ne peut prétendre à l'objectivité

Si Schopenhauer marque une première limite aux prétentions scientifiques de l'histoire, il est possible d'ajouter à cela que le discours de l'historien est nécessairement un discours subjectif. Le matériau de l'historien est en effet fragmentaire : à partir de traces, d'archives, de bribes du passé, il doit proposer une interprétation qui fait nécessairement intervenir sa subjectivité. Or, si le discours scientifique se caractérise par son objectivité, il semble bien que l'histoire ne puisse être identifiée à une science qui exige l'impartialité et l'objectivité de ses résultats.

[Transition] Pourtant, le discours de l'historien est-il condamné à ne recueillir qu'une succession de faits, interprétés et déformés par sa subjectivité ?

2. L'histoire n'est pas une science impossible

A. L'historien dégage des régularités

En réalité, dire qu'il est impossible pour l'histoire d'être une science au motif que le discours historien ne satisferait pas à ces deux critères de scientificité que sont l'établissement de lois nécessaires et l'objectivité, c'est présupposer qu'il n'existe qu'un seul type de lois et d'objectivité. Or, il faut distinguer, comme le souligne Max Weber, les « sciences de la nature » – qui mettent au jour des lois nécessaires, fixes et rigides – des « sciences du réel » comme l'histoire, qui tendent à identifier des régularités générales, des « tendances », souples, relatives et évolutives.

S'il est impossible de mettre au jour des lois nécessaires du milieu humain, dit Weber, c'est que le milieu humain ne peut se contenter de l'application de lois rigides de type physique mais exige une explication causale plus complexe que le milieu naturel. Ainsi, l'historien doit dégager des schémas d'interprétation, en s'appuyant sur un pluralisme causal seul à même de cerner la singularité d'un événement.

B. La science n'exclut pas le recours à la subjectivité

C'est ainsi que la subjectivité de l'historien se trouve nécessairement impliquée dans sa démarche scientifique : s'il est impossible à l'historien de se dépouiller de sa subjectivité, d'après Weber, il ne faut pas voir dans ce recours à la subjectivité ce qui empêche l'histoire d'être une science, mais au contraire ce qui lui permet d'en être une, car l'historien doit s'appuyer sur elle dans sa visée scientifique. L'historien est un interprète du passé : sa subjectivité intervient nécessairement, par exemple au moment de constituer l'objet historique. S'il lui est impossible de faire abstraction de son vécu, de ses valeurs, de sa singularité, il doit les mettre au service de l'histoire en les confrontant aux valeurs du passé.

[Transition] Mais s'il est possible à l'histoire d'être une science, ne revendique-t-elle pas pourtant une spécificité parmi les autres sciences ?

3. L'histoire est une science humaine

A. L'histoire est une science qui revendique un mode d'explication causale particulier

La spécificité de l'histoire en tant que science humaine tient au fait qu'il n'existe aucune vérité figée du passé : c'est précisément parce que l'intervention de l'historien fait partie de l'histoire, dit Weber, que l'histoire s'enrichit sans cesse de nouvelles interprétations.

Conseil
À une deuxième partie critique, vous pouvez ainsi faire succéder une troisième partie qui tire les conséquences de cette critique.

Qu'il s'agisse d'une interprétation ne remet pas en cause le caractère scientifique du discours historien : là encore, il faut définir une scientificité propre à l'histoire. La science historique, d'après Weber, revendique un certain type de scientificité lié à un mode d'explication causale étranger à la notion de loi, de même qu'elle revendique une objectivité spécifique.

B. L'histoire est une science qui invente un type d'objectivité

C'est précisément ce que souligne Paul Ricœur, en distinguant différents « niveaux d'objectivité », celle-ci étant définie comme « ce que la pensée méthodique a élaboré, mis en ordre, compris, et ce qu'elle peut ainsi faire comprendre ». De ce point de vue, l'histoire doit prétendre à un certain type d'objectivité, dans laquelle intervient nécessairement la subjectivité de l'historien. « Cela ne veut pas dire, précise-t-il, que cette objectivité soit celle de la physique ou de la biologie : il y a autant de niveaux d'objectivité qu'il y a de comportements méthodiques. Nous attendons donc que l'histoire ajoute une nouvelle province à l'empire varié de l'objectivité. »

Info
Ricœur distingue une « mauvaise subjectivité », qui consisterait par exemple, à partir d'un jugement de valeur pour interpréter un fait du passé, en une « bonne subjectivité » qui interviendrait dans la confrontation des valeurs de l'historien aux valeurs du passé.

Conclusion

En définitive, on peut dire que l'histoire, loin d'être une science impossible, est une science qui, inventant un nouveau type d'objectivité et revendiquant un mode d'explication causale étranger à la notion de loi, définit sa propre scientificité. Si elle est, en tant que science humaine, bien distincte des sciences expérimentales ou formelles, il n'en reste pas moins qu'elle est, du point de vue de sa méthode, une science.

SUJET

19

France métropolitaine • Septembre 2015

EXPLICATION DE TEXTE • Série ES

Rousseau

▸ Expliquer le texte suivant :

Il s'en faut bien que les faits décrits dans l'histoire soient la peinture exacte des mêmes faits tels qu'ils sont arrivés : ils changent de forme dans la tête de l'historien, ils se moulent sur ses intérêts, ils prennent la teinte de ses préjugés. Qui est-ce qui sait mettre exactement le lecteur au lieu de la scène pour voir un événement tel qu'il s'est passé ? L'ignorance ou la partialité déguise tout. Sans altérer même un trait historique, en étendant ou resserrant des circonstances qui s'y rapportent, que de faces différentes on peut lui donner ! Mettez un même objet à divers points de vue, à peine paraîtra-t-il le même, et pourtant rien n'aura changé que l'œil du spectateur. Suffit-il, pour l'honneur de la vérité, de me dire un fait véritable en me le faisant voir tout autrement qu'il n'est arrivé ? Combien de fois un arbre de plus ou de moins, un rocher à droite ou à gauche, un tourbillon de poussière élevé par le vent ont décidé de l'événement d'un combat sans que personne s'en soit aperçu ! Cela empêche-t-il que l'historien ne vous dise la cause de la défaite ou de la victoire avec autant d'assurance que s'il eût été partout ? Or que m'importent les faits en eux-mêmes, quand la raison m'en reste inconnue ? et quelles leçons puis-je tirer d'un événement dont j'ignore la vraie cause ? L'historien m'en donne une, mais il la controuve[1] ; et la critique elle-même, dont on fait tant de bruit, n'est qu'un art de conjecturer, l'art de choisir entre plusieurs mensonges celui qui ressemble le mieux à la vérité.

Jean-Jacques Rousseau, *Émile ou De l'éducation*, 1762.

1. Controuver : inventer faussement.

La connaissance de la doctrine de l'auteur n'est pas requise. Il faut et il suffit que l'explication rende compte, par la compréhension précise du texte, du problème dont il est question.

LES CLÉS DU SUJET

■ Dégager la problématique du texte

Rousseau pose le problème de la connaissance historique. Il s'agit de montrer comment elle se forme et d'en déduire qu'elle ne peut parvenir à la vérité qu'elle nous promet. L'historien qui prétend dire avec exactitude ce qui s'est passé est confronté à une double difficulté : avoir une connaissance **totale** de son sujet et le faire apparaître d'un point de vue rigoureusement **objectif**. Ces deux conditions peuvent-elles être remplies ?

■ Repérer la structure du texte et les procédés d'argumentation

• Le texte présente sa thèse puis donne deux arguments qui l'étayent et conclut en dévalorisant totalement le savoir historique. Du début jusqu'à « déguise tout », Rousseau met en cause **l'exactitude** du discours des historiens en le comparant à un tableau qui donne une vue tronquée de son modèle. Il insiste ici sur les défauts de l'historien, son ignorance ou sa partialité. Dans une deuxième partie (de « Sans altérer », jusqu'à « s'en soit aperçu »), Rousseau modifie sa critique et donne une raison encore plus importante. Tout discours est une **composition** et même si ce qui est dit est exact, la façon de le montrer est capitale. Or personne ne peut montrer ce qui s'est passé à partir d'un point de vue exhaustif. Dans un dernier temps, Rousseau en tire une double conclusion. Les historiens font croire qu'ils connaissent les **causes**. Aucune **leçon** ne peut être tirée de leurs propos.

• Rousseau argumente en mettant en évidence la situation de l'historien et en développant l'écart entre voir et dire ce que l'on a vu. Il s'intéresse beaucoup à la nature d'un discours dans ses rapports avec le réel. On note un procédé rhétorique. Rousseau cherche à nous persuader que des faits minuscules peuvent avoir des conséquences gigantesques mais il ne peut le prouver.

■ Éviter les erreurs

Il ne faut pas s'arrêter à la critique qui fait de l'historien un être partial. Rousseau est plus intéressé par le fait que l'histoire est un discours tenu sur des faits et qu'à ce titre elle implique une façon d'écrire et donc de présenter les faits. Ceci dépasse la question de l'honnêteté de l'historien.

CORRIGÉ 19

Les titres en couleurs et les indications entre crochets servent à guider la lecture et ne doivent en aucun cas figurer sur la copie.

Introduction

L'histoire est née en Grèce, avec Thucydide, d'une critique du mythe. L'étude des causes de la guerre du Péloponnèse s'oppose aux récits fabuleux et délivre un savoir qui doit être un trésor pour les générations à venir. Rousseau est en total désaccord avec cette idée. Il développe ici la thèse selon laquelle le savoir historique n'est qu'un mensonge car la vérité est totalement hors d'atteinte de nos facultés. Nous sommes toujours victimes de nos préjugés et de toute façon les raisons des événements nous échappent. Comment Rousseau justifie-t-il cette idée qui sape la confiance que nous mettons dans l'histoire ? Quelle conception a-t-il de la vérité pour déclarer qu'elle nous est à jamais inconnue ?

1. La position du problème

A. Les deux sens du mot « histoire »

Rousseau commence par mettre en relation le domaine des faits et celui des discours ce qui correspond aux deux sens du mot « histoire ». Il y a les choses accomplies et les propos qui sont tenus à leur sujet. Rousseau pose le problème de la connaissance historique à partir du modèle de la peinture. Le discours de l'historien est comparé à un tableau imitant la réalité. Il s'agirait en somme de faire voir par les mots. Or une telle entreprise est vouée à l'échec. Le mot « historien » signifie à l'origine celui qui sait car il a vu. Il doit donc être un témoin fidèle de l'événement mais cette fidélité est impossible car parler de ce que l'on a vu c'est le métamorphoser, le transformer en un discours qui ne pourra jamais être adéquat à son objet quelle que soit la bonne volonté de son auteur.

B. L'impossible neutralité

> **Conseil**
> Donnez des exemples qui rendent le propos plus accessible.

Tout d'abord, l'historien est un homme avec ses limites. Il a ses intérêts et ses préjugés. Nous sommes tous situés dans une époque donnée, nous en partageons les croyances, les idéologies. Que l'historien appartienne ou non à l'époque qu'il étudie, sa position est délicate. S'il est contemporain de l'événement, il manque de recul. Dans le cas contraire, il risque les anachronismes. La compréhension d'un événement n'est jamais simple. Les débats autour de la Révolution française en font foi. Certains louent Robespierre ou Napoléon que d'autres considèrent comme le précurseur des dictateurs du XXe siècle. À la partialité de l'approche s'ajoute l'ignorance. Un historien ne peut tout savoir. Dès lors, les discours qu'il tient sont des compositions forcément discutables. Personne ne peut mettre le lecteur dans une position d'où il pourrait « voir un événement tel qu'il s'est passé ». Il faudrait que l'historien ne soit d'aucun temps, d'aucun lieu, et qu'il aborde son sujet de façon totalement désintéressée. En bref, qu'il ne soit pas un homme.

[Transition] Rousseau poursuit sa charge en insistant sur l'impossibilité radicale de parvenir à l'exactitude.

2. L'impossible connaissance

A. Une affaire de point de vue

Supposons que tout ce qui est dit soit exact. Il reste que la façon de le présenter influera sur le jugement que nous porterons. Même le peintre le plus scrupuleux est obligé de composer son tableau et donc de faire des choix. Rousseau souligne l'importance du point de vue. Le même objet apparaîtra diversement selon la façon dont il est montré. L'historien met lui aussi ce qu'il rapporte dans une certaine perspective, il compose un discours en sélectionnant des éléments qu'il dispose dans un certain ordre et il établit des priorités. Ce jugement de valeur conditionne le nôtre. Donnerons-nous la préférence à des considérations sociales, économiques, politiques, religieuses, psychologiques ? Jacques Le Goff a consacré une étude monumentale à Saint Louis dans laquelle il essaye de cerner la personnalité de ce roi en faisant varier les approches, les témoignages. Rousseau fait valoir qu'il n'existe pas un point de vue permettant d'embrasser tous les autres. Toute connaissance est parcellaire et diversement accentuée.

Attention
La référence au travail d'un historien est nécessaire.

B. L'inatteignable vérité

Dès lors, il est impossible que « l'honneur de la vérité » soit respecté. Rousseau renforce son idée en soulignant que le réel est composé d'une multitude de petits faits ou d'accidents qui ridiculisent la prétention à avoir une connaissance totale de l'événement. L'emplacement d'un arbre, d'un rocher, un coup de vent qui soulève de la poussière auraient eu le pouvoir de décider de l'issue d'un combat. De grands effets peuvent donc avoir pour origine de petites causes imprévisibles. Rousseau veut nous persuader de la contingence de nos entreprises sans arriver à prouver ce qu'il dit. Leur dénouement serait souvent dû à un hasard fondamental car, lors d'une bataille, les actions s'entrecroisent en un lacis inextricable dont l'issue est très incertaine. Le romancier Stendhal en donne un tableau étonnant dans *La Chartreuse de Parme* en montrant son héros à Waterloo, ballotté par les déplacements de troupes auxquels il ne comprend rien.

[Transition] Rousseau va tirer les conclusions de cette affirmation.

3. Un savoir sans fondement

A. La cause introuvable

Conseil
Mettez en évidence la nature du savoir historique.

La conséquence est implacable. L'historien ne peut accéder à la cause de ce dont il parle, bien qu'il cherche à nous persuader du contraire. Le discours historique est une mise en ordre du réel qui procède par simplification et généralisation. L'historien ne peut faire autrement, il doit ordonner son propos, établir des enchaînements pour que nous ayons une intelligence du sujet. Mais, ce faisant, il dit toujours plus qu'il n'en sait. Les faits, même exacts, ne suffisent pas, ils ne font pas sens. Toute connaissance historique est donc une interprétation sujette à caution ; ce n'est jamais une démonstration. On démontre la vérité d'une proposition grâce à de « longues chaînes de raison », comme le dit Descartes. Mais dans le cas de l'histoire, le réel est trop complexe pour que nous puissions trouver de telles relations.

B. Les leçons impossibles

Conseil
Il faut souligner les conséquences de cette critique.

Il semble cependant que les historiens soient avertis des limites de leur entreprise. Une conscience critique existe qui s'interroge sur la nature du savoir historique. C'est un « art de conjecturer » donc d'évaluer la probabilité de ce qui est dit. L'idée de critique est également très importante. Elle affirme le droit de la raison à examiner les fondements et les limites de tout ce qui se présente comme vrai. Cette discipline de la raison paraît apte à redonner quelque valeur au savoir des historiens. En se faisant plus modeste, il devient plus assuré. Rousseau n'en tient pas compte. Tout n'est que mensonge, invention, et il s'agit seulement de choisir ce qui paraît le plus crédible. Il s'ensuit que nulle leçon ne peut être tirée de l'histoire. Ce dernier coup n'est pas le moins rude. Une des vertus de l'histoire réside dans sa capacité à nous instruire. Les mêmes causes, dit-on, produisent les mêmes effets. Mais ce dicton est sans valeur puisque les causes nous sont inconnues. Le discours historique est donc relégué au rang d'un mythe alors qu'il prétend être rationnel.

Conclusion

Ce texte est une charge violente contre les prétentions des historiens à faire connaître le passé. Elles sont réduites à néant à partir d'une comparaison avec les procédés d'un peintre qui compose un tableau. Ainsi Rousseau nous met-il en garde contre une approche naïve du passé. On peut cependant se demander si la vérité est à ce point absente du travail des historiens. On pourrait objecter à Rousseau que certains peintres sont supérieurs à d'autres et que l'important consiste justement à faire apparaître l'essentiel d'une situation sans se perdre dans tous les détails qu'il est impossible ou inutile de connaître.

SUJET **20**

Pondichéry • Avril 2015

EXPLICATION DE TEXTE • Série S

Bacon

▶ Expliquer le texte suivant :

La vanité de l'esprit humain l'écarte et le retarde dans sa marche. Il craint de s'avilir[1] dans les détails. Méditer sur un brin d'herbe, raisonner sur une mouche : manier le scalpel, disséquer des atomes, courir les champs pour trouver un caillou, quelle gloire y a-t-il, dans ces occupations mécaniques ; mais surtout quel profit, au prix de la peine ? Cette erreur prend sa source dans une autre qui part du même orgueil, et c'est la persuasion, où l'on s'entretient, que la vérité est comme innée dans notre entendement, qu'elle ne peut y entrer par les sens, qui servent plutôt à le troubler qu'à l'éclairer. Cette prévention[2], ou plutôt cette aliénation de l'esprit, est fomentée par les partisans mêmes des sens ; car en prétendant que nous recevons toutes les vérités par ce canal, ils n'ont pas laissé[3] de perdre leur temps à la spéculation, et d'abandonner l'histoire de la nature, pour suivre les écarts de l'imagination.

L'entendement crée des êtres à sa façon, c'est-à-dire, des êtres imaginables. Ses conceptions lui représentent la possibilité, et non pas l'existence des choses. De là le règne des idées abstraites, ou le monde fantastique des intellectuels, tellement accrédité par une espèce de superstition pour les choses outrées, que leurs rêves sont devenus un délire général. Tel est l'abus de cette métaphysique qui, supposant des images sans modèles, et des idées sans objet, fait de cet univers une illusion perpétuelle, et comme un chaos de ténèbres palpables.

Le dégoût pour ce qu'on appelle les petites choses dans l'observation, est la marque d'un esprit étroit, qui n'aperçoit pas l'ensemble des parties et l'unité des principes. Tout ce qui entre dans l'essence des causes, est l'objet de la science de l'homme ; car la science n'est elle-même que la connaissance des causes.

Francis Bacon (1561-1626), *Pensées et vues générales ou récapitulation.*

---

1. S'avilir : se rabaisser.
2. Prévention : l'ensemble des préjugés qui faussent le jugement.
3. Ils n'ont pas laissé : ils ont perdu leur temps à la spéculation.

La connaissance de la doctrine de l'auteur n'est pas requise. Il faut et il suffit que l'explication rende compte, par la compréhension précise du texte, du problème dont il est question.

LES CLÉS DU SUJET

■ Dégager la problématique du texte

• Bacon est soucieux de **promouvoir la connaissance scientifique** du réel. Or il apparaît qu'il existe plusieurs obstacles à cette entreprise. L'esprit humain est arrêté dans sa marche par des **préjugés** issus de son orgueil.

• La problématique est donc la suivante. Nous sommes animés par un désir de connaissance mais nous ne savons pas le satisfaire correctement. Nous tombons dans des **illusions** que nous créons. Deux questions se posent alors. Quelles sont les causes de ce blocage et quelle forme prend-il ? Y répondre permettra de se donner les moyens de **libérer l'esprit**.

■ Repérer la structure du texte et les procédés d'argumentation

• Le texte est divisé en trois paragraphes et suit une construction précise. Bacon commence par **critiquer** le mépris généralement répandu pour l'observation des mille petits aspects du réel et il en donne la raison. Bacon amplifie ensuite son propos et met en cause la métaphysique issue des **croyances superstitieuses** de l'entendement. Le dernier paragraphe revient au premier thème du texte qui trouve maintenant son explication complète. Bacon achève sa réflexion sur une **définition de la science** qu'il souhaite voir remplacer la métaphysique.

• Pour argumenter sa thèse, Bacon emploie des exemples dont le sens est aisément compréhensible. De là, il nous conduit à des pensées plus conceptuelles en attirant notre attention sur l'**origine des connaissances** et sur la façon dont nous pensons connaître au moyen de représentations abstraites dont l'ensemble forme un système qui nous éloigne du réel. L'esprit se prend au piège des ses propres fictions. Le retour au thème du premier paragraphe est un procédé conclusif qui donne au texte son unité.

■ Éviter les erreurs

Le texte est clair dans son intention mais il faut être attentif au sens des termes et surtout à leurs relations.

CORRIGÉ 20

Les titres en couleurs servent à guider la lecture et ne doivent en aucun cas figurer sur la copie.

Introduction

Les hommes sont animés du désir de connaître le monde. Ce texte de Bacon ne le remet pas en cause, mais il s'attache à montrer les illusions dans lesquelles nous tombons et à en donner les raisons. Dans ce but, il est nécessaire d'examiner la façon dont nous concevons la réalité. Comment formons-nous les idées d'après lesquelles nous prétendons connaître ce qui est ?

Le propos de Bacon est souvent polémique. Il critique vivement la spéculation métaphysique qu'il présente comme un savoir illusoire issu de nos rêveries orgueilleuses. Comment se justifie-t-il et quelles sont les solutions proposées pour permettre à notre aspiration à la connaissance de se satisfaire véritablement ?

1. Les causes des erreurs des hommes

A. La puissance de l'orgueil

> **Conseil**
> Montrez le sens des exemples

Bacon commence par imputer à « la vanité de l'esprit humain » les retards pris à la connaissance du réel. Celui-ci s'offre d'abord à nous comme une diversité illimitée de phénomènes : un brin d'herbe, une mouche, des cailloux, à analyser. Par cette énumération, Bacon veut nous faire sentir à quel point la réalité est vaste et variée.

Cependant, cette profusion semble un ensemble de « détails » qui ne méritent pas qu'on s'y intéresse de près. L'emploi du verbe « avilir » renforce la tonalité morale du propos. L'esprit humain pense qu'il se dégraderait en analysant la structure des corps, en réfléchissant à leur formation. Ses « occupations » sont jugées « mécaniques ». Cet adjectif est important. Il s'oppose ici à l'idée de spéculation. La pensée serait libre quand elle théorise, et enchaînée quand elle se voue à des tâches routinières, minutieuses, qui doivent tenir compte de la réalité des choses naturelles.

Nous préférons les idées générales à l'observation précise. Connaître la nature d'un brin d'herbe n'apporte aucune gloire car cette réalité est commune, il semble bien préférable de tourner sa pensée vers des sujets plus « élevés ».

B. L'origine de nos connaissances

Bacon approfondit son sujet. La vanité est la source de toutes les illusions mais une nouvelle erreur apparaît. Elle concerne l'origine de nos connaissances. Ce débat est central dans les réflexions relatives à notre pouvoir de connaître. Les hommes croient généralement que nous possédons des idées innées. Cette position se nomme l'innéisme. Bacon adopte, à l'inverse, une position sensualiste. Il estime que, sans l'aide des sens, l'entendement ne peut former aucune idée. Par exemple, nous commençons par voir des animaux que nous finissons par unifier sous des idées générales comme le chien, le chat, etc.

Conseil
Montrez le lien entre vos paragraphes.

Au terme de cette partie, il est acquis que l'orgueil de l'homme fausse son rapport au monde. Il n'aime pas penser que son esprit ne peut se passer des sens, car ceux-ci sont liés au corps et nous montrent que nous sommes des êtres limités, temporels. Il est donc plus satisfaisant pour l'amour-propre de s'imaginer être un pur esprit détaché du sensible.

[Transition] Bacon a posé une première thèse. Il va en tirer des conséquences.

2. Complexification du propos

A. L'erreur des sensualistes

L'opposition des innéistes et des sensualistes semblait suffisante mais Bacon soutient que ces derniers, bien qu'ayant raison sur le fond, ont également commis une erreur. La valorisation des sens aurait dû les amener à privilégier la connaissance du monde sensible et à se détourner des théories abstraites. Or, ils ont continué à s'adonner aux spéculations. Bacon précise cette notion en l'identifiant aux « écarts de l'imagination ». Spéculer signifie donc se complaire dans des visions qui nous présentent du monde des images fausses.

Info
Ne laissez pas passer des nuances qui ont leur importance et expliquez-les.

Une question se pose. Comment expliquer une telle erreur ? Le principe des sensualistes était le bon. Pourquoi « l'histoire de la nature » n'a-t-elle pas été l'objet de leur application ? Nous pouvons penser que ceci témoigne de la puissance chez l'homme d'un désir orgueilleux de se prendre pour un pur esprit.

B. Les fictions de l'entendement

Les lignes qui suivent sont extrêmement critiques car elles identifient l'entendement et l'imagination. D'habitude, ces facultés sont distinguées et même opposées. La première désigne l'analyse rationnelle

Conseil
Soulignez la portée polémique d'un passage.

LA RAISON ET LE RÉEL

qui trouve les lois du réel. Le travail scientifique en donne un bon exemple. Il est donc provocant de l'assimiler aux rêveries de l'imagination. Bacon fustige le « règne des idées abstraites » et le « monde fantastique des intellectuels ».

Il s'ensuit que la raison déraisonne quand elle s'écarte du monde sensible. Nous nous laissons séduire par les idées que nous formons sans nous demander si elles éclairent la réalité. L'univers de la pensée pure permet toutes les constructions de l'esprit, mais elles n'ont pas plus de vérité que les croyances superstitieuses.

[Transition] Ces critiques conduisent à une opposition frontale : celle de la science, qu'il faut promouvoir, et de la métaphysique qu'il convient de rejeter.

3. L'opposition de la science et de la métaphysique

A. La définition de la métaphysique

Bacon donne la cause de ce « délire général ». L'entendement forme des idées mais il ne peut dépasser le stade de la possibilité de ce qu'il conçoit. Or, l'existence des choses ne se déduit pas d'une idée, c'est une présence effective que seuls les sens peuvent nous donner. Le métaphysicien confond le possible et le réel. La métaphysique est le savoir de ce qui est au-delà de la nature. Aristote la présente comme la science recherchée, celle des premières causes et des premiers principes. Bacon, à l'inverse, lui reproche de rompre les liens avec le réel et de nous aveugler en prétendant nous éclairer.

La métaphysique apparaît comme un univers sans règle autre que la fantaisie de son auteur. C'est un « chaos de ténèbres palpables », un monde de fantômes ou d'idoles auquel notre vanité donne une réalité illusoire. Bacon le résume en parlant « d'images sans modèles » et « d'idées sans objet ». Ceci nous renvoie au sensualisme. Les sensations doivent toujours être la base de nos représentations. Elles seules fournissent la matière dont nos images mentales sont faites, et garantir à nos idées qu'elles ont un contenu véritable.

B. La définition de la science

> **Conseil**
> Montrez l'unité de la démarche.

Dans un dernier temps, le texte revient sur son commencement pour faire l'éloge de l'observation. Les parties précédentes éclairent les affirmations du début. Observer est le moyen de ne pas déraisonner. C'est accepter de se laisser instruire par la réalité, d'être sensible à sa complexité. Bacon inverse le sens du reproche. Les métaphysiciens sont les véritables esprits étroits.

Les dernières lignes ajoutent une idée capitale. L'observation a aussi pour vertu de nous rendre sensible à la cohérence du réel. Si un brin d'herbe est digne d'intérêt, il ne faut pas oublier de relier les connaissances entre elles.

Un esprit droit aperçoit les rapports entre les choses et la façon dont elles forment un tout. Bacon n'abandonne donc pas l'inspiration de la métaphysique. Il cherche les principes qui unifient la diversité car il pense que tout est lié. Il existe des causes qui ordonnent les différents phénomènes et il est légitime de penser qu'elles forment un système.

Définir la science comme « la connaissance des causes » n'est pas nouveau. C'est déjà le propos d'Aristote. La critique de Bacon concerne donc la façon dont nous pensons. Il rejette l'abstraction de certaines idées mais pour mieux servir un projet effectif de connaissance du monde.

Conclusion

L'étude de ce texte a permis d'éclairer la difficulté de la connaissance du réel. L'homme a les moyens de le connaître, mais son orgueil le mène souvent à un mauvais usage de son entendement.

Que la raison puisse déraisonner est un thème important. Il montre bien que la philosophie a une portée critique. Bacon entend ainsi libérer la voie à une connaissance concrète de la réalité.

SUJET 21

France métropolitaine • Juin 2014

EXPLICATION DE TEXTE • Série S

Descartes

▸ **Expliquer le texte suivant :**

On voit clairement pourquoi l'arithmétique et la géométrie sont beaucoup plus certaines que les autres sciences : c'est que seules elles traitent d'un objet assez pur et simple pour n'admettre absolument rien que l'expérience ait rendu incertain, et qu'elles consistent tout entières en une suite de conséquences déduites par raisonnement. Elles sont donc les plus faciles et les plus claires de toutes, et leur objet est tel que nous le désirons, puisque, sauf par inattention, il semble impossible à l'homme d'y commettre des erreurs. Et cependant il ne faut pas s'étonner si spontanément beaucoup d'esprits s'appliquent plutôt à d'autres études ou à la philosophie : cela vient, en effet, de ce que chacun se donne plus hardiment la liberté d'affirmer des choses par divination dans une question obscure que dans une question évidente, et qu'il est bien plus facile de faire des conjectures sur une question quelconque que de parvenir à la vérité même sur une question, si facile qu'elle soit.

De tout cela on doit conclure, non pas, en vérité, qu'il ne faut apprendre que l'arithmétique et la géométrie, mais seulement que ceux qui cherchent le droit chemin de la vérité ne doivent s'occuper d'aucun objet, dont ils ne puissent avoir une certitude égale à celle des démonstrations de l'arithmétique et de la géométrie.

René Descartes, *Règles pour la direction de l'esprit*, 1628.

La connaissance de la doctrine de l'auteur n'est pas requise. Il faut et il suffit que l'explication rende compte, par la compréhension précise du texte, du problème dont il est question.

LES CLÉS DU SUJET

Dégager la problématique du texte

• Descartes s'interroge sur notre rapport à la vérité, et se demande pour quelles raisons les **mathématiques** doivent être le modèle de **toute science**.

• *A priori,* on pourrait penser que toute science vise la **vérité**.

• Pourtant, peuvent-elles toutes prétendre à un même degré de **certitude** ? Les mathématiques se définissent à la fois par leur **objet** et par leur **méthode**. Mais pour quelles raisons sont-elles plus certaines que les autres sciences ? Et si seules les mathématiques se hissent à un degré de certitude absolue, alors pour quelles raisons préfère-t-on se consacrer à d'autres sciences ? Faut-il au contraire se détourner des sciences moins certaines ?

• L'enjeu, pour Descartes, est de déterminer quel doit être notre rapport à la vérité et, pour cela, quel rôle attribuer aux mathématiques dans notre recherche de la vérité.

Repérer la structure du texte et les procédés d'argumentation

• Dans un premier temps, Descartes expose la **supériorité** des mathématiques sur les autres sciences : procédant par déduction, pures de tout recours à **l'expérience**, les mathématiques disposent du plus haut degré de certitude.

• Dans un deuxième temps, il s'interroge sur l'**attrait** que peuvent exercer d'autres types de connaissances.

• Enfin, Descartes écarte une conclusion possible de son raisonnement, en expliquant le **rôle** que doivent jouer les mathématiques dans toute recherche de la vérité.

Éviter les erreurs

Éclairer les mots

• Pour expliquer ce texte, vous devrez d'abord relever les distinctions qui le structurent, en particulier les distinctions suivantes : « l'arithmétique et la géométrie » / « toutes les autres sciences » ; « objet assez pur et simple » / « incertain » ; « expérience » / « suite de conséquences déduites par raisonnement » ; « question obscure » / « question évidente » ; « faire des conjectures sur une question quelconque » / « parvenir à la vérité même sur une question, si facile » ; « il ne faut apprendre que l'arithmétique et la géométrie » / « ceux qui cherchent le droit chemin de la vérité ne doivent s'occuper d'aucun objet, dont ils ne puissent avoir une certitude égale à celle des démonstrations de l'arithmétique et de la géométrie ».

CORRIGÉ 21

Les titres en couleurs servent à guider la lecture et ne doivent en aucun cas figurer sur la copie.

Introduction

Dans ce texte, Descartes s'interroge sur notre rapport à la vérité. Plus précisément, il se demande pour quelles raisons les mathématiques doivent être le modèle de toute science. *A priori,* on pourrait penser que toute science vise la vérité. Pourtant, peuvent-elles toutes prétendre au même degré de certitude ? Les mathématiques se définissent à la fois par leur objet, à savoir des nombres (arithmétique) et des figures (géométrie), et par leur méthode (elles sont un système déductif et n'ont donc pas de rapport avec l'expérience). Mais pour quelles raisons sont-elles plus certaines que les autres sciences ? Et si seules les mathématiques se hissent à un degré de certitude absolue, alors, pour quelles raisons préfère-t-on se consacrer à d'autres sciences ? Faut-il au contraire se détourner des sciences moins certaines ?

L'enjeu, pour Descartes, est de déterminer quel doit être notre rapport à la vérité, et, pour cela, quel rôle attribuer aux mathématiques dans notre recherche de la vérité. Dans un premier temps, il expose la supériorité des mathématiques sur les autres sciences : procédant par déduction, pures de tout recours à l'expérience, les mathématiques disposent du plus haut degré de certitude. Dans un deuxième temps, il s'interroge sur l'attrait que peuvent exercer d'autres types de connaissances et, enfin, il écarte une conclusion possible de son raisonnement, en expliquant le rôle que doivent jouer les mathématiques dans toute recherche de la vérité.

1. Les mathématiques sont les sciences les plus certaines

A. Elles doivent leur certitude à leur objet et à leur méthode

Descartes amorce sa démonstration en affirmant la supériorité des mathématiques sur les autres sciences du point de vue de la certitude. Elles tiennent cette supériorité à la fois de leur objet, dit-il, et de leur méthode. En effet, les deux branches des mathématiques, à savoir l'arithmétique et la géométrie, ont des objets qui leur sont propres, à savoir les nombres pour la première, et les figures pour la seconde. L'objet des mathématiques, d'après Descartes, est « pur et simple », en ce sens qu'il est indépendant de l'expérience : les mathématiques construisent elles-mêmes leur objet, et le considèrent donc indépendamment de la question de son existence.

En effet, les mathématiques raisonnent sur les rapport entre les choses, et non sur les choses elles-mêmes. Ainsi, leurs vérités sont des vérités abstraites et non des vérités empiriques marquées par leur caractère « incertain ». Par ailleurs, leur méthode est également pure de tout rapport à l'expérience sensible : il s'agit d'une « suite de conséquences déduites par raisonnement », dit l'auteur. En d'autres termes, les mathématiques sont un système purement déductif : elles n'admettent pour vrai que ce dont a été prouvée au préalable la vérité.

Info
Par exemple, en géométrie, on raisonne sur le carré en soi, c'est-à-dire sur les propriétés de tout carré, et non sur tel carré particulier. Or, le carré en soi n'existe pas dans l'expérience : c'est une abstraction de l'esprit, puisque dans l'expérience n'existent que des carrés particuliers.

B. Les mathématiques sont donc des sciences faciles

C'est donc en raison de leur objet et de leur méthode que les mathématiques sont, dit Descartes, « les plus faciles et les plus claires » de toutes les sciences. Il ne s'agit pas, pour lui, de dire qu'il est facile de faire des mathématiques au sens où cela ne demanderait aucun effort : en réalité, si les mathématiques peuvent être dites « faciles », c'est dans la mesure où le fait qu'elles soient indépendantes de l'expérience sensible et fondées sur un raisonnement déductif garantit leur objectivité.

Par conséquent, l'erreur en mathématiques ne tient jamais à la nature de leur objet ou de leur méthode : la possibilité de l'erreur repose seulement sur notre « inattention », c'est-à-dire sur une défaillance momentanée de notre esprit, à laquelle il est possible de remédier.

[Transition] Pourtant, si les mathématiques sont les sciences les plus certaines, qu'est-ce qui peut expliquer l'attrait que d'autres sciences, moins certaines, exercent sur nous ?

2. Les mathématiques ne sont pas les sciences qui séduisent le plus

A. On pourrait croire que l'infériorité des autres sciences nous détournerait de ces sciences

Il pourrait découler de cette supériorité des mathématiques que les hommes se détournent de toutes les autres sciences, jugées inférieures. Or, il apparaît que ce n'est pas le cas. « Spontanément », observe Descartes, c'est-à-dire sans que cela résulte d'une réflexion, mais au contraire comme par une sorte de réflexe ou d'attrait immédiat, « beaucoup d'esprits s'appliquent plutôt à d'autres études ou à la philosophie ».

Mais qu'est-ce qui peut expliquer que nous préférions *a priori* nous tourner vers des disciplines moins certaines que les mathématiques ?

B. On préfère croire plutôt que savoir

D'après Descartes, les hommes aiment « affirmer des choses par divination dans des questions obscures », et « faire des conjectures sur une question quelconque ». Or, la « divination » et les « conjectures » ne sont précisément pas des voies d'accès à une vérité objective. Les mathématiques, on l'a vu, excluent tout recours à la subjectivité et n'admettent pour vrai que ce qui résulte de la déduction. Mais pour quelles raisons les hommes préfèreraient-ils croire plutôt que savoir ? Pourquoi préfèrent-ils tenir une chose pour vraie de façon subjective en mobilisant leur imagination, plutôt que de façon objective en mobilisant leur raison ? En réalité, dit Descartes, ce serait par goût de la facilité (volonté de se dispenser d'efforts) et par goût pour une « liberté », qui ne consisterait qu'à faire ce que bon leur semble, que les hommes se tourneraient vers d'autres sciences.

> **Conseil**
> La distinction entre croire et savoir est un repère qui fait partie de votre programme de philosophie, et que vous devez être capable de mobiliser ici, même si ces termes n'apparaissent pas explicitement. N'oubliez pas que l'évaluation de votre copie repose pour une bonne part sur vos connaissances de cours.

Si les mathématiques sont des sciences « faciles » dans la mesure où chacun d'entre nous peut y découvrir une vérité objective, elles supposent pourtant un effort, puisque notre rationalité doit s'y appliquer avec rigueur pour « parvenir à la vérité ». Au contraire, deviner une chose, la prédire, faire des hypothèses, affirmer sans prouver, croire et faire croire, ne supposent aucun effort.

[Transition] S'il n'y a que les mathématiques qui soient certaines, et si toutes les autres sciences ne nous séduisent qu'en raison de notre goût pour la facilité et de nos dispositions pour la croyance, que nous faut-il faire ? Faut-il se détourner de toutes ces sciences et ne se consacrer qu'aux mathématiques ?

3. Les mathématiques doivent être le modèle de toute science

A. Il ne faut pas faire que des mathématiques

On pourrait penser que la démonstration de Descartes vise à établir « qu'il ne faut apprendre que l'arithmétique et la géométrie ». Après tout, puisque les mathématiques sont les sciences les plus certaines, puisqu'aucune autre science ne peut prétendre à leur degré de certitude, ne faut-il pas en tirer les conséquences en se détournant de toutes ces sciences pour ne se consacrer qu'aux mathématiques ?

B. Mais il faut prendre les mathématiques pour le modèle de toute science

Descartes écarte d'emblée ce qui pourrait apparaître comme le but de sa démonstration : ceci ne doit pas nous détourner des autres sciences, mais nous indiquer comment nous devons nous rapporter à elles. Les mathématiques, en ce sens, ne doivent pas jeter le discrédit sur les autres sciences, mais au contraire leur servir de référence et de modèle. Autrement dit, « ceux qui cherchent le droit chemin de la vérité », c'est-à-dire ceux qui sont mûs par une volonté de savoir, et non par un désir de croyance lié à un refus de l'effort, « ne doivent s'occuper d'aucun objet dont ils ne puissent avoir une certitude égale à celle des démonstrations de l'arithmétique et de la géométrie. » Il s'agit ici, en quelque sorte, de l'exposition d'un programme de vérité : il faut, dit Descartes, aspirer au degré de certitude propre aux mathématiques. Or, la certitude des mathématiques étant liée à leur objet et à leur méthode, il est nécessaire de laisser de côté tout objet qui ne pourrait être simple, et qui ne pourrait pas se prêter à cette méthode. Ce que nous offrent avant tout les mathématiques, c'est donc un modèle de raisonnement valable pour toute recherche scientifique.

Conclusion

En définitive, en établissant le rôle que doivent jouer les mathématiques dans toute recherche scientifique, en donnant la méthode mathématique pour modèle de toute science, Descartes développe dans ce texte un programme de vérité : étendre la méthode des mathématiques à l'ensemble des sciences, c'est précisément le projet de la *mathesis universalis* (mathématique universelle) cartésienne, conçue comme une science générale de l'ordre qui permettrait une connaissance achevée et totale.

SUJET
22

Afrique • Juin 2015
DISSERTATION • Série S

La vérité ne peut-elle être établie que par la démonstration ?

LES CLÉS DU SUJET

■ Définir les termes du sujet

La vérité

Dans son sens le plus général, la vérité désigne le caractère des jugements (et des propositions qui les expriment) capables de fonder un **accord entre les esprits**. La vérité renvoie au réel et à ce qu'on en dit. Elle désigne ainsi ce qui est, soit un fait (synonyme de réalité), soit une proposition correspondante à cette réalité.

La démonstration

Il s'agit d'un raisonnement ou d'une opération qui permet de conclure à la vérité d'une proposition à partir de prémisses considérées comme certaines. La démonstration est une **preuve** particulière, mais toute preuve ne constitue pas une démonstration. Démontrer quelque chose se fait toujours **en vue de convaincre** quelqu'un.

Être établie

Cette expression indique que la vérité ne semble pas simplement découverte mais produite par une **activité du sujet de la connaissance**.

■ Dégager la problématique du sujet et construire un plan

La problématique

• Si la vérité se caractérise par son **objectivité** (son universalité et sa nécessité), alors la démonstration semble être le meilleur moyen pour l'établir car elle sollicite la **raison** et non pas, comme l'expérience, une perception sensible singulière.

• Pourtant la démonstration consiste plutôt à établir la **validité** d'un raisonnement et ne donne accès qu'à une vérité formelle. Ne faut-il pas chercher ailleurs d'autre moyen d'établir une vérité ? La démonstration aurait-elle vraiment le monopole de la vérité ?

Le plan

• Il faudra, dans un premier temps, montrer que la **démonstration** est bien la méthode la plus à même d'établir une vérité dans la mesure où elle se porte **garante d'objectivité.**

• Mais cette affirmation sera nuancée dans une seconde partie qui en donnera les **limites** (une vérité formelle qui ne s'appuie pas toujours sur des propositions démontrées).

• On se demandera alors, dans un troisième temps, quelles pourraient être les **autres manières** pour accéder à la vérité.

■ Éviter les erreurs

• Ce sujet demande des connaissances précises en épistémologie, et tout particulièrement de maîtriser les deux notions du programme : la vérité et la démonstration.

• Mais ce sujet engage aussi d'autres domaines de la philosophie dans la mesure où il interroge les limites d'un modèle démonstratif de vérité. Il faut donc être capable de **faire le lien avec la morale, la religion** ou encore **l'art.**

CORRIGÉ 22

Les titres en couleurs servent à guider la lecture et ne doivent en aucun cas figurer sur la copie.

Introduction

La raison humaine cherche à connaître le réel en établissant des correspondances entre les objets du réel, extérieurs à elle, et les représentations qu'elle en a. Afin de distinguer la vérité de l'illusion, elle s'appuie sur certains critères, mais quels sont-ils ? La vérité se caractérise par son objectivité, mais de quelle manière ?

La raison comme faculté de raisonner consiste à trouver des causes, à restituer un certain ordre. La raison vient du latin « ratio » qui signifie « calcul » : est-ce à dire que chaque fois qu'il s'agit de donner une vérité il faut procéder à un calcul, trouver l'ordre des raisons, faire une démonstration ? La vérité ne peut-elle être établie que par la démonstration ?

Démontrer serait-il une condition nécessaire pour établir une vérité ? Mais cette condition est-elle suffisante ? Y a-t-il d'autres manières pour accéder à la vérité ?

1. La démonstration donne un critère d'objectivité pour établir une vérité

Une vérité se caractérise par l'objectivité qu'elle restitue, à savoir la nécessité et l'universalité d'une proposition. En quoi la démonstration constitue-t-elle la méthode privilégiée pour y accéder ?

A. La rigueur rationnelle de la démonstration garantit la nécessité

La démonstration consiste à déduire à partir de prémisses certaines, une conclusion grâce à un raisonnement logique, le syllogisme, qui se présente sous la forme « Tout A est B, or C est A, donc C est B », comme dans l'exemple suivant :

> **Conseil**
> Par un exemple, on explique en quoi la rigueur rationnelle se porte garante du caractère nécessaire de la démonstration.

Tout homme (moyen terme) est mortel (grand terme)

Or Socrate (petit terme) est un homme (moyen terme)

Donc Socrate est mortel.

Tout le raisonnement syllogistique consiste dans la découverte du moyen terme, pivot du syllogisme. Celui-ci permet d'établir des rapports de convenance (et d'inclusion) ou de disconvenance (et d'exclusion) entre grands et petits termes.

La nécessité d'un raisonnement serait donc assurée par sa rigueur rationnelle. Donner une vérité en ce sens c'est souligner la cohérence d'un raisonnement par rapport à l'ordre des raisons (interne aux choses, retrouvé par la faculté humaine de raisonner). Seules l'inadvertance ou la précipitation, dues à la volonté, peuvent provoquer des erreurs selon Descartes, pour qui les mathématiques, science démonstrative par excellence, doivent servir de modèle pour toutes les autres sciences.

B. L'absence de sensation singulière garantit l'universalité

C'est parce que la démonstration obéit aux règles de la seule raison (sans le recours à la sensation qui est par définition singulière, subjective) qu'elle garantit aussi l'universalité de sa conclusion, son objectivité. Pour Aristote, dans les *Secondes analytiques*, seul le syllogisme démonstratif est scientifique car il part de prémisses vraies, et non simplement probables comme le fait le syllogisme dialectique.

Lorsque Descartes entreprend de remettre en question tous ses savoirs acquis, une seule discipline trouve grâce à ses yeux : la science mathématique. Elle constitue la seule science où l'homme ne peut pas se tromper car son objet est indépendant de toute expérience. Elle ne dépend que du seul raisonnement que tout le monde peut mener, s'il procède méthodiquement, afin de retrouver l'ordre de la nature, elle-même écrite en langage mathématique, selon Galilée dans *L'Essayeur*.

[Transition] Ainsi la rigueur du raisonnement démonstratif est source de nécessité et l'absence de recours à une source singulière de connaissance (la perception sensible) est garante d'universalité. La démonstration se présente comme étant la meilleure méthode pour garantir l'objectivité d'une connaissance. Mais est-ce la seule manière pour établir la vérité ?

2. La démonstration produit une vérité limitée

Réduire la vérité à la démonstration semble rencontrer une double limite : en tant que processus, la démonstration s'appuie sur des présupposés non démontrés, et en tant que résultat de ce processus, elle ne s'applique pas à tout objet du réel.

A. La démonstration s'appuie sur du non démontré (limite interne)

Une démonstration est un raisonnement hypothético-déductif qui permet de conclure de la vérité d'une proposition à partir de prémisses considérées comme certaines. Mais quel est le statut de ces prémisses ? Ces prémisses sont, dans ce qui constitue l'exemple même d'un système mathématique effectif en science à savoir les *Éléments* d'Euclide, un ensemble de propositions non démontrées.

Attention
On aborde ici un nouveau problème, il ne s'agit plus de relier la démonstration à la vérité, mais d'interroger le caractère indémontrable de la démonstration elle-même.

En effet, les principes qui servent de base aux théorèmes démontrés sont de trois ordres. D'abord, les définitions nominales établissent le sens des termes utilisés comme « un point est ce qui n'a pas de parties ». Ensuite, les postulats sont des propositions non démontrées que l'on demande d'accepter, et qui servent de règles de construction comme « tous les angles droits sont égaux entre eux ». Enfin, les axiomes sont des évidences qui reposent sur le principe de non-contradiction comme « le tout est plus grand que la partie ».

Peut-on alors imaginer un système logique où toute proposition est démontrée, un système qui s'auto-démontre ? Le mathématicien Gödel, au XXe siècle, tente d'élaborer un tel système en ramenant tous les symboles logiques à des symboles arithmétiques, et en éliminant toute proposition indécidable comme le principe de non-contradiction. Or, il montre que tout système déductif contient nécessairement des énoncés indécidables, comme ce principe de non-contradiction. Le système dans lequel s'inscrit une démonstration ne peut s'auto-légitimer.

Info
Indécidable qualifie un énoncé qui ne peut être ni démontré ni réfuté.

[Transition] Quel statut donner alors à une démonstration ? Faut-il y renoncer pour accéder à la vérité ?

LA RAISON ET LE RÉEL

B. Une démonstration ne donne qu'une vérité formelle définie comme cohérence logique (limite externe)

Au XIXe siècle, apparaissent des géométries différentes de celle d'Euclide, en modifiant seulement son postulat relatif à l'unicité de la parallèle (par un point extérieur à une droite, on ne passe qu'une parallèle). Pour Lobatchevski il en passe une infinité, alors que, pour Riemann, aucune.

Les systèmes non euclidiens permettent d'établir des systèmes géométriques cohérents, qui trouvent par ailleurs des applications, notamment dans la théorie de la relativité.

La démonstration ne consiste donc pas alors à établir une vérité mais à déterminer la validité d'un raisonnement, c'est-à-dire la cohérence entre des propositions au sein d'un système établi, et cela indépendamment de son application. Une proposition n'est pas vraie en elle-même, mais toujours par rapport à d'autres propositions d'un même système.

La découverte des géométries non-euclidiennes, ainsi que l'indécidabilité de la démonstration établie par Gödel, ne discréditent pas les mathématiques. Ils établissent que les mathématiques ne portent pas sur des objets mais sur des rapports entre des objets. La vérité établie par démonstration est purement formelle, donc indifférente aux objets sur lesquels elle porte. Avant d'être définie comme adéquation au réel, cette vérité établie par démonstration se définit comme cohérence. Faut-il alors chercher ailleurs des critères d'une vérité matérielle ?

3. Trouver d'autres critères de vérité

A. La démonstration n'est pas le seul mode d'accès à la vérité

Le caractère exclusivement formel de la démonstration est révélé par la simple possibilité pour un raisonnement d'être logiquement vrai, c'est-à-dire valide, mais matériellement faux. S'il y a des vérités qui ne sont pas de l'ordre de la démonstration, on peut atteindre la vérité autrement. Le type de méthode employée pour établir une vérité serait donc conditionné par le type d'objet à connaître. Ainsi, selon Hume dans *L'Enquête sur l'entendement humain*, il existe des vérités de raison fondées sur le principe de non-contradiction comme « le carré de l'hypoténuse est égal au carré des deux côtés » et des vérités de faits comme « le soleil se lèvera demain » qui ne sont pas établies par la raison.

Info
C'est la distinction entre vérité de fait et vérité de raison qui permet de rebondir sur la thèse de la première partie et d'introduire un autre mode d'accès à la vérité que la démonstration, l'expérience.

Ces vérités sont en réalité établies grâce à l'expérience : on observe un phénomène qui se répète puis, par habitude de voir toujours les mêmes phénomènes associés, on en déduit par induction que l'un est la cause de l'autre. L'idée de causalité, ou l'idée de connexion nécessaire serait donc un phénomène psychologique qui vient d'une généralisation faite à partir de cas particuliers. On a bien accès à la connaissance d'une réalité matérielle, mais la vérité produite n'est plus une certitude absolue, seulement une probabilité plus ou moins forte.

B. La science n'a pas le monopole de la vérité

Exprimée par un accord des esprits, la vérité peut aussi appartenir à un domaine non scientifique. L'art produit des œuvres qui « parlent » du réel tout en rendant compte de sa complexité. Il ne s'agit pas, comme dans une science exacte, de donner une explication en apportant la cause d'un phénomène, mais de comprendre le sens d'une réalité complexe à travers ses différentes interprétations. Ce que l'on peut aimer dans l'art est un sentiment mondialement partagé, tout en étant subjectif. Le beau est selon Kant « ce qui plaît universellement sans concept ». L'art, et tout particulièrement la littérature, engage une communauté des consciences, une confiance et une reconnaissance, du créateur au spectateur, de l'auteur au lecteur.

Conseil
Comme pour presque tous les sujets d'épistémologie, l'utilisation du repère « expliquer/comprendre » se révèle très utile pour problématiser.

Pour Proust, dans *Le Temps retrouvé*, la « vraie vie », c'est la littérature : seul l'art donne accès à autrui, mais un accès « réellement vécu ».

Ainsi, il existe d'autres voies d'accès à la vérité que la démonstration, que ce soit au sein de la science (par l'expérimentation), ou en dehors d'elle (notamment par l'art).

Conclusion

La démonstration se présente comme la méthode par excellence pour établir la vérité dans la mesure où elle rend compte de l'objectivité d'une proposition (nécessité et universalité). Mais elle ne rend compte que d'une vérité purement formelle définie alors comme cohérence entre des propositions.

Or toute vérité n'est pas réductible à un système hypothético-déductif. En sciences, d'autres critères comme ceux de l'expérimentation permettent d'établir une vérité qui sera alors une vérité de fait. Et au-delà de la science, la vérité peut être établie non pas pour ce qu'elle signifie de manière univoque, mais dans la mesure où elle fait l'objet d'un sens à interpréter, comme c'est le cas en littérature.

SUJET

23

Antilles, Guyane • Septembre 2015

DISSERTATION • Série ES

Toute interprétation est-elle subjective ?

LES CLÉS DU SUJET

Définir les termes du sujet

Interprétation

Ce terme signifie « action d'expliquer, de donner une signification claire à une chose obscure », ce qui voudrait dire **analyser** et **déchiffrer**. L'interprétation est un procédé consistant à dire ce qui est déjà dit, mais par d'autres moyens, afin de le rendre plus compréhensible. Il s'agit donc d'une opération complexe et nous pressentons déjà des difficultés. Interpréter implique la présence d'un sens que l'on cherche à rendre manifeste. Il faut alors une intervention de la subjectivité.

Subjectif

On entend par « **subjectif** » ce qui est personnel, propre à soi. C'est le domaine des **opinions**, des jugements reposant sur nos préférences. Ce qui est subjectif est partiel et donc susceptible de varier. Le terme peut avoir une connotation péjorative. Ce n'est que subjectif donc relatif et non vrai. On y oppose ce qui est objectif, c'est-à-dire vérifié, démontré. Seul ce qui est objectif mériterait d'être appelé une connaissance.

Dégager la problématique et construire un plan

• Cette question invite à problématiser un lieu commun qui, en faisant de l'interprétation un acte subjectif, sous-entend qu'elle est incapable de faire réellement connaître son sujet. Faut-il se résoudre à ne voir dans l'interprétation qu'une pensée **d'opinion** ? La présence de la subjectivité est-elle forcément synonyme d'arbitraire ? La problématique est à dégager en cherchant la spécificité de l'interprétation par rapport à deux pôles. D'un côté, le domaine des conclusions nécessaires, de l'autre, un ensemble d'affirmations qui varient selon les humeurs ou les intérêts de ceux qui les profèrent. Y a-t-il une **rigueur propre** de l'interprétation permettant de donner à la subjectivité un sens positif ?

• On procédera en commençant par préciser le sens d'« interpréter » par rapport à « démontrer ». Puis nous verrons la particularité des objets de l'interprétation et nous en donnerons, pour finir, un concept qui permettra de répondre.

■ Éviter les erreurs

Il ne faut pas multiplier les exemples en pensant que ce procédé tiendra lieu d'analyse. Ce thème demande des connaissances sur les méthodes et les concepts impliqués par des techniques interprétatives.

CORRIGÉ 23

Les titres en couleurs et les indications entre crochets servent à guider la lecture et ne doivent en aucun cas figurer sur la copie.

Introduction

Le sens commun affirme volontiers qu'une interprétation est nécessairement subjective, c'est-à-dire propre à celui qui l'émet, sans qu'il puisse prétendre l'imposer aux autres. Notre réaction face aux œuvres d'art en est un bon exemple. Chacun donne son avis sur le sens de ce qu'il voit et tout le monde admet que ce jugement n'a pas de valeur objective. Demander si toute interprétation est subjective paraît donc être une question dont la réponse va de soi.

Mais quel sens ont les adjectifs « subjectif » et « objectif » ? Interpréter est-il un acte purement subjectif, une affaire de goûts et de couleurs ? Une grande interprétation musicale ou théâtrale ne nous fait-elle pas connaître quelque chose de l'œuvre ? Faut-il alors distinguer entre des interprétations subjectives et d'autres qui ne le sont pas ? Avant d'en décider, soyons conscients que nous nous laissons peut-être influencer par une idée confuse de la subjectivité et de l'objectivité.

Info
L'introduction doit montrer que le sujet présente des difficultés de compréhension alors qu'il paraît simple. Le sens des termes n'est jamais évident.

1. Interprétation et démonstration

A. La démonstration

La notion d'interprétation renvoie d'abord à l'idée d'explication. Expliquer signifie étymologiquement « développer ». Cette opération fait voir comment des effets ou des propriétés dépendent nécessairement de certaines causes. Or ceci définit d'abord la démonstration qui est pour nous le modèle de la pensée objective. La démonstration est un enchaînement de propositions qui se déploie continûment par déductions à partir de propositions tenues pour assurées. Ce mouvement aboutit à une et une seule conclusion dont la vérité ou la fausseté peuvent être connues par le fait que le contraire implique contradiction. D'une manière générale, nous ne tenons pour objectif que ce qui est établi par des démonstrations ou des expérimentations scientifiques. A-t-on raison cependant de penser ainsi ?

B. La pluralité des sens

Dans une démonstration, la conclusion doit être unique et univoque. Aristote estime que la démonstration ne concerne que les propositions. Ce sont des énoncés susceptibles d'être jugés vrais ou faux car, à propos d'un sujet quelconque, ils affirment ou nient quelque chose. « Tous les corbeaux sont noirs » en est un exemple.

Or certaines réalités ne sont pas de cet ordre. Un texte littéraire, une partition de musique, une pièce de théâtre n'ont pas qu'un seul sens et celui qui est donné par un interprète n'exclut pas nécessairement la possibilité d'autres versions. Le rêve fait aussi partie de cet ensemble. Ne le traite-t-on pas comme une langue à déchiffrer ? Il semble que nous soyons obligés de reconnaître l'existence légitime d'une pluralité et d'une diversité des sens alors que la démonstration ne tolère que l'univocité et l'identité. La logique de l'interprétation n'obéit donc pas au principe de contradiction.

> **Conseil**
> Il est souvent utile de définir une notion en l'opposant à une autre qui lui est proche.

[Transition] Cette caractérisation fait de toute interprétation un acte subjectif. Approfondissons ce thème.

2. Approfondissement et mise en question de l'opinion

A. Le symbolisme

L'interprétation est à l'origine un problème posé par la compréhension des textes sacrés. Pascal en donne un exemple dans un chapitre des *Pensées* consacré aux figures. Ce terme désigne les images de l'Ancien Testament dont Pascal soutient qu'elles sont des symboles à déchiffrer : « Chiffre a double sens : un clair et où il est dit que le sens est caché. » L'interprétation concerne donc un univers où ce qui se montre signifie qu'il est une apparence à dévoiler. Il est demandé à la subjectivité d'intervenir pour décoder un sens qui

> **Conseil**
> Clarifiez le sens de la notion par des exemples insérés dans une analyse.

n'est jamais dit directement mais par allégories ou symboles. Hegel analyse la différence entre un symbole et un mot en soulignant que la signification du premier est bâtie sur un système de correspondances que nous devons reconstituer. Par exemple, l'image d'un animal sur un blason peut renvoyer à des idées de puissance, de grandeur ou de ruse, de fécondité, etc., qu'il faut savoir retrouver. Interpréter est donc un acte subjectif consistant à établir une inférence entre ce qui apparaît et un sens profond. Or, dans ce domaine, il est facile de tisser des liens imaginaires ou d'arriver à des divergences quant au sens d'une figure. Le passage de la lettre à l'esprit est chose délicate. Pascal le résume en montrant qu'il y a deux erreurs symétriques : « prendre tout littéralement ; prendre tout spirituellement ».

B. Le risque de l'arbitraire subjectif

La présence de la subjectivité conduit généralement à estimer que l'interprétation est inférieure à la démonstration. Cette croyance est renforcée par certains phénomènes. Les psychiatres parlent de délire d'interprétation pour caractériser des états dans lesquels le patient tire des conclusions erronées de faits réels. Le paranoïaque se sent constamment persécuté. Les attitudes ou les paroles des autres, connus ou inconnus, lui semblent participer d'un vaste complot contre sa personne. Un jaloux maladif est dans une situation voisine. Proust le montre à travers le personnage de Swann dont l'amour pour Odette devient une torture de tous les instants. Ceci semble donner entièrement raison au sens commun qui estime qu'interpréter est une affaire de choix personnel. Chacun voit ce qu'il veut selon ses désirs, ses passions et ses intérêts. Au XVIe siècle, lors des guerres de religion, les tolérants et les intolérants se réclamaient des mêmes paraboles de Jésus pour justifier leurs positions.

[Transition] Est-ce toutefois aussi évident ? Ne doit-on pas distinguer des niveaux d'interprétation qui ne sont pas équivalents ? Considérons de plus près le statut du sujet qui interprète.

Attention
Les transitions sont nécessaires. Elles ne nient pas ce qui précède mais en montrent les limites.

3. Une qualité de subjectivité

A. La connaissance historique

Le positivisme est un courant historique du XIXe siècle qui a cru pouvoir établir objectivement et scientifiquement la réalité du passé sur la base de documents clairs par eux-mêmes. L'historien était censé apporter la vérité sans qu'il y ait de sa part la moindre interprétation. Les historiens modernes de l'École des Annales ont critiqué cette position et montré que

Conseil
Choisissez un exemple pour illustrer votre thèse.

toute connaissance est construite. Un historien délimite son sujet d'étude et s'y applique en sélectionnant ce qui pour lui devient un document. Il analyse, cherche des relations qu'il ordonne dans des séries à visée explicative, et il faut, en définitive, porter un jugement interprétatif. La vérité en histoire est, selon Henri-Irénée Marrou, le résultat d'un travail patient au terme duquel l'historien dit ce qu'il a compris du passé à partir des documents. Ce n'est pas arbitraire, c'est un métier qui s'apprend, mais l'objectivité sans subjectivité n'existe pas. Jacques Le Goff a consacré une étude monumentale à saint Louis, à l'issue de laquelle il affirme être parvenu à des résultats fiables sans nier toutefois que cela reste « son » saint Louis.

B. Le concept d'interprétation

Deux autres thèmes permettent d'approfondir la question. Traduire une langue demande nécessairement des connaissances. Il faut, selon le mot de Ricœur, une « intelligence objective qui décode ». Toutefois, la traduction implique toujours un versant subjectif. Le traducteur interprète, dans la mesure où il décide du choix des mots et des tournures à employer pour restituer au mieux ce qu'il pense être l'esprit du texte.

Cependant, cette subjectivité est fondée sur un savoir et une culture qui limitent les risques de l'arbitraire, lorsqu'un metteur en scène monte une pièce où l'œuvre est sortie du contexte de son époque et est reliée à la nôtre, par exemple. Les histoires d'amour et de pouvoir racontées par Shakespeare ont fait l'objet d'innombrables adaptations nourries par des événements contemporains de ceux qui les adaptaient et les jouaient.

L'interprétation implique donc un rapport subtil entre l'identité et la différence. Il faut déchiffrer l'œuvre de telle sorte qu'elle conserve son sens, tout en ne cessant d'en produire des variations. Ricœur parle ainsi d'un « surplus de sens », qui n'est ni une trahison, ni une simple répétition. Cette opération de création et de conservation est certes délicate mais elle constitue la vie de l'esprit. Nous saisissons aussi pourquoi l'interprétation implique forcément des divergences ou des conflits rebelles à une synthèse définitive.

Attention
Il faut que votre réflexion s'achève par une mise au point définitive. Vous devez proposer une réponse argumentée.

Conclusion

En conclusion, nous dirons que toute interprétation est subjective mais que toutes ne se valent pas. Il faut distinguer des qualités de subjectivité. Une étude, une traduction peuvent être éclairantes, une œuvre renouvelée, par des interprètes informés et talentueux. L'interprétation trouve son achèvement dans l'idée d'une reprise créatrice qui contribue à la vie de l'esprit.

SUJET 24

France métropolitaine • Juin 2015

DISSERTATION • Série L

Respecter tout être vivant, est-ce un devoir moral ?

LES CLÉS DU SUJET

■ Définir les termes du sujet

Le respect

Le respect est un sentiment moral. Il est la marque d'un égard et même d'une admiration. Il implique la reconnaissance d'une **grandeur** à laquelle il ne faut pas faire offense. Il peut avoir aussi un sens social. On respecte une hiérarchie.

Le vivant

Ce terme désigne tout être organisé d'après un principe **interne**. Le vivant se distingue du corps inanimé par son mode d'agencement et sa manière d'exister. Son action est finalisée par des exigences propres alors qu'une pierre ne se détermine pas par elle-même à se mouvoir.

Le devoir

Le devoir est parfois perçu comme une contrainte. Nous l'exécutons sans le vouloir véritablement. Il a toutefois un sens plus élevé et on parle alors d'**obligation**. Notre volonté se mobilise car nous estimons que quelque chose mérite d'être accompli. Nous sommes guidés par la certitude que cette chose est **juste**.

■ Dégager la problématique et construire un plan

• La problématique est liée aux différents **sens du respect** et au **statut de l'être vivant**. Si le respect n'est dû qu'aux personnes, alors l'appliquer à tout ce qui vit est une idée erronée. Si, en revanche, on estime cette idée fondée, il faut établir ce que signifie ce respect.

• Une autre difficulté vient du fait que ce sentiment ne peut être exigé que de l'homme envers les autres êtres. Il est absurde de penser que les animaux et les plantes se respectent ou devraient le faire. Cette question repose donc sur un **présupposé**. L'homme par sa conduite **se conduit mal** envers les autres vivants, il les exploite ou les détruit. C'est l'intrication de considérations morales avec l'idée du vivant qui pose problème.

• Dans une première partie, nous montrerons comment le respect intervient dans la philosophie morale de Kant. Puis, nous mettrons en relation ces idées avec le concept d'être vivant. Enfin, nous montrerons en quel sens il est légitime de parler de respect et de devoir moral.

■ Éviter les erreurs

Il ne faut pas limiter le propos au cas de l'homme. Le vivant désigne tout être organisé qui poursuit, même inconsciemment, des fins qui lui sont propres.

CORRIGÉ 24

Les titres en couleurs servent à guider la lecture et ne doivent en aucun cas figurer sur la copie.

Introduction

> **Info**
> Vous pouvez partir de l'actualité pour engager la réflexion. Le tout est de montrer en quoi la question est problématique.

Les traitements infligés à certains vivants ont donné lieu à des manifestations et à des réflexions demandant le respect à l'égard de tout ce qui vit. On peut légitimement être choqué, voire horrifié, par la condition des animaux dans l'élevage industriel et par le massacre à des fins de trafic de certaines espèces. Les respecter apparaît donc être un devoir moral. Les choses ne sont cependant pas aussi claires. Remarquons d'abord que seul l'homme est concerné par cette injonction. Les vivants non-humains ne se respectent pas entre eux. Mais que signifie exactement respecter ? Ce verbe a-t-il le même sens selon qu'on l'applique à un animal ou à un homme ? Que respectons-nous en eux ? Définir cette attitude demande aussi que nous élucidions ce qui le rend nécessaire. Deux difficultés se posent alors. Le respect est-il l'attitude appropriée à l'égard des vivants ou faut-il le réserver aux hommes ? À supposer qu'il soit universalisable, s'agit-il d'un devoir moral ?

1. La valeur morale du respect

A. Que signifie respecter ?

Nous parlons souvent du respect, le plus souvent pour déplorer son manque à l'intérieur du champ des relations humaines. La vie sociale pousse les hommes à se rudoyer. Les conditions du travail se dégradent, l'égoïsme et le manque de savoir-vivre dominent. Il apparaît que le respect est un sentiment créateur de distance entre les individus. Il s'associe à la politesse qui consiste à mettre les formes lorsque l'on s'adresse à quelqu'un. Ce sens est social. Il permet des comportements et un langage mesurés. L'absence de respect est évidente lorsque quelqu'un est traité comme un être dont on peut disposer. L'esclavage en est l'exemple frappant mais d'autres situations le montrent aussi. Le rudoiement, l'indifférence, sont autant d'attitudes qui prouvent que le respect a également une valeur morale. Il est lié à la qualité de la personne humaine, laquelle exige qu'on ne réduise jamais l'autre à une chose, un pur moyen.

B. La personne humaine

Ce point a été souligné par Kant dans la *Critique de la raison pratique*. Il en fait un impératif catégorique, une obligation absolue, inconditionnelle. La personne est une fin en soi. Tout être humain a ce statut. Les différences nationales, sexuelles, religieuses, ne comptent pas. Nous sommes tous égaux en dignité en tant que personnes.

Cependant, le vivant n'est pas seulement l'homme. Le respect est-il extensible à tout ce qui vit ? Kant ne le pense pas : « les choses peuvent exciter en nous de *l'inclination* et même de *l'amour*, si ce sont des animaux (par exemple des chevaux et des chiens, etc.) ou aussi de la crainte, comme la mer, un volcan, une bête féroce, mais jamais du *respect*. »

Si les animaux peuvent nous inspirer des sentiments tendres, le respect est d'un autre ordre. Respecter n'est pas aimer ou éprouver de la bienveillance. Certains animaux peuvent être attachants mais cette communication affective n'en fait pas des personnes. Ils restent des choses.

Attention
L'insertion d'une citation doit s'accompagner d'un commentaire mettant en évidence les termes importants.

[Transition] Il n'y aurait donc pas de devoir moral à respecter tout être vivant puisque seul l'homme est respectable. Mais Kant a-t-il raison de séparer ainsi les personnes et les choses ?

2. Quel statut pour le vivant non-humain ?

A. Un être non libre

La position kantienne renvoie à deux concepts fondamentaux : la raison et le libre arbitre. Leur association permet de dire que seul l'homme est respectable. Les animaux sont mus par l'instinct ou réagissent aux variations atmosphériques dont ils dépendent, comme les plantes. La raison permet, à l'inverse, d'analyser les situations et la volonté de nous donner nos propres fins au lieu de les recevoir de la nature. Seul l'homme peut vraiment vouloir.

Les vivants non-humains n'ont pas la capacité de se déterminer par eux-mêmes. La brebis fuit nécessairement devant le loup et le tournesol ne peut pas ne pas se tourner vers le soleil. Il est légitime de les utiliser, de les acheter et de les vendre puisqu'ils sont déjà soumis à une force contre laquelle ils ne peuvent rien. Ceci fait qu'ils ne sont pas dignes d'être admirés. À l'inverse, il est illégitime de disposer ainsi d'un homme puisqu'il est libre par essence. Cette position doit-elle être nuancée compte tenu de ce que nous savons du vivant ?

B. La nature du vivant

Un vivant est un être organisé c'est-à-dire un tout et non une somme. Un tas de pierres n'est qu'une juxtaposition d'éléments. Un tout, en revanche, est une organisation dans laquelle toutes les parties sont liées par des relations telles, que lorsque l'une d'entre elles est lésée, c'est la totalité qui est touchée comme le montre l'expérience de la douleur. C'est une réalité concrète c'est-à-dire que l'organisme se développe en produisant ses parties selon un principe interne. Un être artificiel est le résultat d'un montage. Inversement, un vivant actualise de lui-même un programme qui lui est propre. Les idées de totalité concrète et de finalité interne sont donc indissociables. Canguilhem écrit ainsi « qu'un vivant, ce n'est pas une machine qui répond par des mouvements à des excitations, c'est un machiniste qui répond à des signaux par des opérations. ». Une larve d'insecte est capable d'effectuer des opérations complexes dans le but de trouver à s'alimenter. Dès lors, puisqu'un vivant poursuit des fins qui lui sont propres, ne doit-il pas être respecté ? On objectera qu'il n'est pas conscient de le faire mais le fait qu'il le fasse prouve qu'il a des intérêts vitaux à défendre. Un vivant a une relation qualitative à son environnement. Certains phénomènes ont pour lui une valeur – positive ou négative – d'autres lui sont indifférents. N'est-ce pas une raison suffisante pour nous donner un devoir envers lui ?

[Transition] La question est relancée par cette dernière perspective. Pouvons-nous encore compléter notre définition du vivant ?

Conseil
N'oubliez pas de toujours relancer l'interrogation.

3. Donner sens au respect

A. Le vivant, un être sensible

Le respect de tout vivant peut avoir pour fondement sa qualité d'être sensible. La philosophe contemporaine Florence Burgat justifie ainsi sa critique de l'élevage industriel. Les animaux soumis à cette contrainte sont placés dans des conditions de vie qui ne respectent absolument pas leur milieu naturel. Un veau peut vivre dans le noir, confiné, privé de contact maternel, avant d'être abattu. Cette souffrance n'est-elle pas blâmable ? Certes, les animaux ne parlent pas, ils ne peuvent déclarer leur droit à être respectés, mais ils peuvent souffrir comme le disait déjà Bentham. À ce titre, nous devons nous donner des obligations à leur égard. Rousseau a présenté ce point dans son *Discours sur l'origine et les fondements de l'inégalité parmi les hommes* : « si je suis obligé de ne faire aucun mal à mon semblable, c'est moins parce qu'il est un être raisonnable que parce qu'il est un être sensible ; qualité qui étant commune à la bête et à l'homme, doit au moins donner à l'une le droit de n'être point maltraitée inutilement par l'autre. »

Ce caractère commun tend à fonder l'idée d'un devoir moral de l'homme envers les autres vivants. Est-ce cependant aussi simple ?

B. Comment entendre respecter ?

Manifester de la déférence voire de l'admiration, implique de ne pas toucher aux formes de vie non humaine. Ceci conduit dans des impasses ou des contraintes discutables. Les hommes transforment nécessairement leur milieu, ils le cultivent. Quant à la relation avec les animaux, ceci reviendrait à s'interdire de faire ce que certaines espèces font à d'autres : les tuer. Respecter signifie-t-il que les vivants soient des sujets de droit ? F. Burgat souligne que la vulnérabilité est un critère justifiant une protection du vivant. Il y aurait un devoir moral et une obligation légale à ne pas léser des vivants en respectant leur cadre de vie. En ce sens, une *Déclaration universelle des droits de l'animal* inscrit dans son article 2 que « toute vie animale a droit au respect. » Elle s'insurge contre les mauvais traitements et les conditions de la mise à mort, demande le remplacement des expérimentations qui font souffrir, condamne le massacre des animaux sauvages. Nous retrouvons, sur le terrain du droit, l'injonction de Rousseau. Respecter le vivant serait finalement lui reconnaître « le droit de n'être point maltraité inutilement. »

Conclusion

Dans le *Principe responsabilité*, Hans Jonas appelle à respecter l'environnement pour que les générations futures aient un cadre de vie décent. Ce devoir moral inclut nécessairement les vivants, car notre technique ne peut nous faire vivre dans un monde totalement artificiel. Il est donc légitime de parler de devoir moral dans le respect de tout vivant, mais il ne faut pas l'entendre au sens où nous devons respecter la personne humaine. Il s'agit de préserver ce qui vit, et notamment la biodiversité, car nous sommes par bien des côtés solidaires des autres formes de vie. Ceci n'exclut pas de tuer des animaux mais il faut la recherche du moindre mal et que la législation bride la démesure de certains hommes.

SUJET 25

Pondichéry • Avril 2016

EXPLICATION DE TEXTE • Série L

Kant

▸ Expliquer le texte suivant :

Concernant la partie des créatures qui est vivante, bien que dépourvue de raison, un traitement violent et en même temps cruel des animaux est [...] intimement opposé au devoir de l'homme envers lui-même, parce qu'ainsi la sympathie à l'égard de leurs souffrances se trouve émoussée en l'homme et que cela affaiblit et peu à peu anéantit une disposition naturelle très profitable à la moralité dans la relation avec les autres hommes – quand bien même, dans ce qui est permis à l'homme, s'inscrit le fait de tuer rapidement (d'une manière qui évite de les torturer) les animaux, ou encore de les astreindre à un travail (ce à quoi, il est vrai, les hommes eux aussi doivent se soumettre), à condition simplement qu'il n'excède pas leurs forces ; à l'inverse, il faut avoir en horreur les expériences physiques qui les martyrisent pour le simple bénéfice de la spéculation, alors que, même sans elles, le but pourrait être atteint. Même la reconnaissance pour les services longtemps rendus par un vieux cheval ou un vieux chien (comme s'ils étaient des personnes de la maison) appartiennent indirectement aux devoirs de l'homme, à savoir au devoir conçu en considération de ces animaux, mais cette reconnaissance, envisagée directement, n'est jamais qu'un devoir de l'homme envers lui-même.

Emmanuel Kant, *Doctrine de la vertu*, 1797.

LES CLÉS DU SUJET

■ Dégager la problématique du texte

• Dans ce texte, Kant examine la question de notre **rapport à l'animal** : avons-nous tous les **droits** sur les animaux, ou avons-nous des **devoirs** envers eux ?

• *A priori*, on pourrait penser que l'animal est exclu de toute **relation morale**, qui reposerait sur la **réciprocité** de la reconnaissance par un être doué de **raison** d'un autre être doué de raison et, en cela, digne de son estime. Pourtant, le fait que l'animal soit différent de l'homme nous dispense-t-il de tout devoir envers lui ?

• C'est précisément cette question qu'envisage Kant : comment penser des devoirs vis-à-vis d'êtres non raisonnables, qui ne sont donc pas nos **égaux** ? Mais le fait qu'ils diffèrent de nous justifie-t-il notre violence et notre mépris à leur égard ? Comment se dire moral et en même temps se donner le droit de faire du mal aux animaux ? Le problème est de savoir si notre moralité se joue **dans nos seuls rapports avec nos semblables,** car si les animaux ne sont pas capables de moralité – celle-ci reposant sur l'exercice de la raison –, notre propre moralité peut-elle se concevoir **indépendamment du sort que nous réservons aux vivants amoraux** ?

■ Repérer la structure du texte et les procédés d'argumentation

• Dans un premier temps, Kant explique en quoi le rapport de l'homme à l'animal implique en réalité son rapport à lui-même, en développant les **effets du mauvais traitement de l'animal sur la moralité de l'homme.**

• Dans un deuxième temps, Kant établit une distinction à l'intérieur même de notre rapport à l'animal : si on peut le faire **travailler** ou le **tuer**, on ne peut le **faire souffrir gratuitement.**

• Enfin, Kant envisage la **reconnaissance** envers l'animal comme une **obligation morale de l'homme vis-à-vis de lui-même.**

■ Éviter les erreurs

Pour expliquer ce texte, vous devrez d'abord relever les distinctions qui le structurent : « traitement violent et en même temps cruel des animaux » / « devoir de l'homme envers lui-même » ; « sympathie à l'égard de leurs souffrances » / « disposition naturelle très profitable à la moralité dans la relation avec les autres hommes » ; « tuer rapidement » / « torturer » ; « tuer rapidement », « astreindre à un travail » / « expériences physiques qui les martyrisent pour le seul bénéfice de la spéculation » ; « appartient *indirectement* aux devoirs de l'homme » / « cette reconnaissance, envisagée *directement,* n'est jamais qu'un devoir de l'homme envers lui-même ».

CORRIGÉ 25

Les titres en couleur servent à guider la lecture et ne doivent en aucun cas figurer sur la copie.

Introduction

Dans cet extrait de la *Doctrine de la vertu*, Kant examine la question de notre rapport à l'animal : avons-nous tous les droits sur les animaux ? De fait, l'animal est un vivant auquel on ne reconnaît pas de raison, et par conséquent aucune aptitude à la moralité. Faut-il pour autant en conclure que l'animal échappe à toute relation morale ? C'est là le problème posé par Kant, qui démontre dans ce texte que si nous avons des obligations morales envers les animaux, c'est parce que ce qui se joue dans notre rapport à l'animal est notre rapport à nous-même. Car si l'animal n'est pas notre égal, cela justifie-t-il qu'on le traite comme un objet ? Si les animaux ne sont pas capables de moralité, notre propre moralité peut-elle se concevoir indépendamment du sort que nous réservons aux autres vivants ?

Tout d'abord, Kant explique que si nous devons préserver l'animal, c'est pour préserver en nous la compassion nécessaire à nos rapports moraux avec les hommes. Puis il explique en quoi nous pouvons nous servir de l'animal, mais non le faire souffrir. Enfin, Kant conclut que nos devoirs à l'égard des animaux ne sont rien d'autre que des devoirs envers nous-même.

1. La violence vis-à-vis de l'animal dégrade l'homme

A. L'animal est sans raison

Kant amorce sa démonstration en développant un premier argument visant à établir pour quelles raisons nous ne devons pas faire du mal à l'animal. Cet argument part d'une définition de l'animal, et du problème lié à cette définition : si l'animal est cette créature « vivante, bien que dépourvue de raison », de fait, l'animal n'est pas l'égal de l'homme, qui se définit par sa raison. Notre raison est à la fois cette faculté logique par laquelle nous distinguons le vrai du faux, et cette faculté morale par laquelle nous distinguons le bien du mal. Par conséquent, elle est ce qui fait de nous un sujet moral. De cette absence de raison de l'animal, Descartes tirait la conclusion suivante : l'animal est une machine, certes perfectionnée, que nous devons traiter en tant que telle. Mais si l'animal n'est pas notre égal, devons-nous pour autant nous dispenser de toute attention à son égard ? Et comment expliquer que l'on puisse avoir des devoirs envers un être non moral ?

B. La cruauté à l'égard de l'animal affaiblit notre compassion

Kant développe un argument lui permettant de dépasser ce problème. En réalité, si nous avons des devoirs vis-à-vis des animaux, c'est parce que les maltraiter nous dégrade. Plus précisément, Kant évoque ici les effets sur notre moralité du mauvais traitement des animaux : celui-ci affaiblirait en nous cette « disposition naturelle très profitable à la moralité » qu'est la « sympathie ». Autrement dit, s'il ne faut pas maltraiter l'animal, c'est parce que nous nous déshabituons de la capacité à souffrir de la souffrance de l'autre, capacité nécessaire à nos rapports moraux avec les hommes.

> **Info**
> Dans *Le Fondement de la morale*, Schopenhauer jugera cet argument « abominable » : « Si donc l'homme doit compatir aux souffrances des bêtes, c'est pour s'exercer ; nous nous habituons sur elles, comme *in anima vili*, à éprouver la compassion envers nos semblables. »

[Transition] Pourtant, si ce qui se joue dans notre rapport aux animaux est notre rapport aux autres hommes, donc à nous-même, ne peut-on pas exploiter ou manger un animal ?

2. On peut se servir de l'animal mais non le faire souffrir inutilement

A. On peut tuer ou faire travailler un animal

En effet, on pourrait penser qu'il est immoral de tuer ou d'exploiter un animal, par exemple. C'est à cette objection que répond alors Kant, en établissant une distinction entre « tuer rapidement » et « torturer » un animal, puis entre le faire travailler et le faire travailler jusqu'à épuisement. Autrement dit, l'animal n'est pas notre égal, et par là nous sommes fondés à l'envisager comme un « moyen » mis au service de nos besoins. Au contraire de l'homme, qui est notre égal et auquel nous devons reconnaître sa dignité d'être raisonnable qui nous interdit de l'instrumentaliser (il doit être envisagé comme une « fin »), l'animal peut être mis à notre service.

B. On n'a pas le droit de faire souffrir l'animal inutilement

Toutefois, Kant distingue « ce qui nous est permis » vis-à-vis de l'animal et ce que « nous devons avoir en horreur », à savoir « les expériences physiques qui les martyrisent pour le simple bénéfice de la spéculation ». Autrement dit, cette infériorité de l'animal qui nous autorise à le mettre à notre service ne peut pas justifier la cruauté gratuite (Kant précise bien que nous ne devons pas les soumettre à ces expériences si nous pouvons accéder aux résultats escomptés par d'autres moyens).

[Transition] Mais alors, peut-on dire que nous avons des devoirs envers les animaux ?

3. La reconnaissance pour l'animal est un devoir de l'homme vis-à-vis de lui-même

A. La reconnaissance pour un animal nous ayant servi appartient aux devoirs de l'homme

Kant conclut sa démonstration en s'appuyant sur l'exemple du « vieux cheval » ou du « vieux chien ». Ces animaux domestiqués sont par excellence les animaux qui nous servent et, par leur mode de vie, nous ressemblent. Avons-nous le droit de tuer le vieux chien qui a gardé notre maison toute sa vie ? Et quand nous lui sommes reconnaissant, le sommes-nous par sentiment ? Au fond, la question est de savoir si cet animal dont j'ai le droit de me servir peut m'être indifférent une fois devenu inutile.

B. Cette reconnaissance est un devoir de l'homme envers lui-même

En réalité, selon Kant, nous devons la reconnaissance à notre vieux chien : il s'agit bien d'une obligation morale. Mais encore une fois, comment penser une obligation morale vis-à-vis d'un être non raisonnable ? Kant fait alors intervenir une distinction : cette reconnaissance, dit-il, « appartient indirectement aux devoirs de l'homme », mais « envisagée directement, n'est jamais qu'un devoir de l'homme envers lui-même ». En d'autres termes, si j'ai le devoir de ne pas tuer ce vieux chien, ce n'est pas parce que j'ai un devoir moral envers lui, mais parce que j'en ai le devoir envers l'humanité.

> **Info**
> Dans les *Fondements de la métaphysique des mœurs*, Kant précise que celui qui le tue « n'enfreint pas en vérité le devoir qu'il a envers son chien, puisque celui-ci est incapable de jugement, mais il commet un acte qui heurte en lui le sentiment d'humanité et l'affabilité bienveillante, auxquels il lui faut pourtant donner suite, en vertu des devoirs qu'il a envers l'humanité ».

Conclusion

En définitive, si l'animal n'est pas doué de raison, on ne peut pas pour autant se dispenser de tout devoir vis-à-vis de lui. De fait, si l'animal n'est pas un sujet moral, et, partant, s'il ne peut lui être reconnu des droits, nous avons bien des obligations morales envers lui, obligations qui sont en réalité des devoirs envers l'humanité. Ainsi, notre moralité ne s'évalue pas seulement dans nos rapports avec nos semblables, mais aussi dans le traitement que nous réservons à ces vivants proches de nous que sont les animaux, si bien que l'« on peut déjà juger du cœur d'un homme au traitement qu'il réserve aux animaux », comme le dit Kant dans ses *Leçons d'éthique*.

France métropolitaine • Juin 2015

EXPLICATION DE TEXTE • Série S

Cicéron

▸ Expliquer le texte suivant :

Comment peut-on prévoir un événement dépourvu de toute cause ou de tout indice qui explique qu'il se produira ? Les éclipses du soleil et de la lune sont annoncées avec beaucoup d'années d'anticipation par ceux qui étudient à l'aide de calculs les mouvements des astres. De fait, ils annoncent ce que la loi naturelle réalisera. Du mouvement invariable de la lune, ils déduisent à quel moment la lune, à l'opposé du soleil, entre dans l'ombre de la terre, qui est un cône de ténèbres, de telle sorte qu'elle s'obscurcit nécessairement. Ils savent aussi quand la même lune en passant sous le soleil et en s'intercalant entre lui et la terre, cache la lumière du soleil à nos yeux, et dans quel signe chaque planète se trouvera à tout moment, quels seront le lever ou le coucher journaliers des différentes constellations. Tu vois quels sont les raisonnements effectués par ceux qui prédisent ces événements. Ceux qui prédisent la découverte d'un trésor ou l'arrivée d'un héritage, sur quel indice se fondent-ils ? Ou bien, dans quelle loi naturelle se trouve-t-il que cela arrivera ? Et si ces faits et ceux du même genre sont soumis à pareille nécessité, quel est l'événement dont il faudra admettre qu'il arrive par accident ou par pur hasard ? En effet, rien n'est à ce point contraire à la régularité rationnelle que le hasard, au point que même un dieu ne possède pas à mes yeux le privilège de savoir ce qui se produira par hasard ou par accident. Car s'il le sait, l'événement arrivera certainement ; mais s'il se produit certainement, il n'y a plus de hasard ; or le hasard existe : par conséquent, il n'y a pas de prévision d'événements fortuits.

Cicéron, *De la divination*, Ier siècle avant J.-C.

La connaissance et la doctrine de l'auteur n'est pas requise. Il faut et il suffit que l'explication rende compte, par la compréhension précise du texte, du problème dont il est question.

LES CLÉS DU SUJET

■ Dégager la problématique du texte

• Le réel nous apparaît comme un champ illimité de phénomènes que notre pensée ne peut saisir un à un mais il est envisageable de les différencier selon la façon dont ils surviennent.

• Cicéron affirme ainsi que certaines choses se produisent selon la « loi naturelle » et qu'ils sont donc prévisibles. La difficulté concerne l'existence d'un genre contraire : « les événements fortuits ».

• La problématique du texte consiste à confronter ces deux domaines afin d'établir qu'il existe de l'imprévisible, même aux yeux d'un dieu.

■ Repérer la structure du texte et les procédés d'argumentation

• Cicéron commence par une question concernant la possibilité de prévoir ce qui est dépourvu de cause ou d'indice annonciateur. Cette question trouvera sa réponse à la dernière ligne du passage. Le texte a donc une forte **unité**.

• Entre ces deux pôles se déploie un raisonnement divisé en deux grands paragraphes correspondant à chaque type de phénomènes. La première partie définit la nature des événements prévisibles par l'intelligence humaine. La seconde caractérise ce qui arrive « par accident ou par pur hasard » et se dérobe ainsi à la prévision.

• L'argumentation emploie deux procédés qui se renforcent. Des notions comme l'explication, la nécessité, la régularité, le hasard, sont accompagnées d'exemples. Les concepts sont rendus accessibles par les exemples qu'ils éclairent en retour.

■ Éviter les erreurs

Il faut être attentif aux liens entre les idées. Certains termes sont à distinguer, leur solidarité ou leur opposition est à marquer. L'erreur serait de se limiter aux exemples dont on ferait un vague commentaire.

CORRIGÉ 26

Les titres en couleurs servent à guider la lecture et ne doivent en aucun cas figurer sur la copie.

Introduction

Les hommes s'efforcent de connaître le monde qui les entoure. À cette fin, il est important de distinguer entre différents types de phénomènes. Or, leur nombre est infini, notre pensée ne peut les saisir un à un. Il importe donc de les catégoriser en fonction de la façon dont ils surviennent.

> **Info**
> L'introduction doit cerner l'enjeu du texte par la mise en évidence des grandes lignes de son contenu.

Dans ce texte, Cicéron distingue deux genres d'événements. Certains se produisent conformément à des liaisons nécessaires et sont donc explicables. D'autres surviennent par hasard et sont donc imprévisibles. L'argumentation vise à établir ce dernier point qui implique que l'homme, malgré toute sa science, doit reconnaître les limites de son esprit face à la complexité du réel. Comment Cicéron procède-t-il ?

1. Les événements prévisibles

A. La question qui ouvre la réflexion

Le texte commence par une question qui oriente le reste du propos. Elle porte sur la possibilité de « prévoir un événement » dont la caractéristique est d'être sans cause et de n'être annoncé par aucun signe.

Que quelque chose puisse arriver sans s'annoncer est compréhensible. Notre expérience nous l'apprend, mais est-il possible qu'il n'y ait pas de cause ? Il doit bien y avoir des antécédents même si nous ne les apercevons pas. La réponse est donnée par la référence à l'explication. Expliquer signifie développer. Cela suppose l'existence de liaisons causales entre les phénomènes que notre pensée arrive à ressaisir dans leur continuité, ce qui permet d'effectuer des prévisions.

> **Attention**
> La brièveté d'une phrase ne signifie pas qu'elle n'est pas riche de sens.

B. L'exemple

Cicéron illustre ce propos théorique par un exemple scientifique, celui des phases des éclipses. Relevons plusieurs points : la qualité des prévisions et l'étude des mouvements des astres.

Les vraies prévisions doivent anticiper l'événement des années à l'avance.

LA RAISON ET LE RÉEL

L'étude des mouvements des astres par le calcul implique l'usage de la raison. Calculer n'est pas simplement compter, c'est quantifier et prévoir en se fondant sur des relations logiques. Il apparaît donc que certains phénomènes physiques ne sont pas dépourvus de rationalité.

[Transition] Le sens de l'exemple est développé.

2. Continuation de l'analyse

A. Mise en évidence du concept de démonstration et de déterminisme

Cicéron détaille les modalités du travail scientifique. Plusieurs concepts donnent sens et valeur à l'exemple. Les astronomes ne sont pas des astrologues. Ils annoncent les événements en les déduisant d'états antérieurs. Ce n'est pas une interprétation religieuse, basée sur des correspondances discutables mais un raisonnement marqué du sceau de la nécessité. L'ensemble définit l'idée de démonstration.

Attention
Un concept peut être sous-jacent.

La démonstration est l'opération scientifique, par laquelle on établit des relations absolument certaines entre des propositions. C'est un discours qui part de prémisses dont la vérité est connue pour établir la vérité ou la fausseté d'une autre proposition et, ainsi, augmenter le savoir. L'astronome se fie à la régularité constatée par ses observations. La permanence de certaines relations, leur caractère mesurable, lui permet de formuler des prédictions dont la valeur est incontestable. Une déduction n'est pas une induction. Elle ne généralise pas au risque de se tromper. Elle affirme que telles causes, – ici les positions respectives des astres, entraînent nécessairement tels effets. La conclusion est unique et indubitable. Cicéron expose donc une thèse déterministe.

B. La loi naturelle

Ces idées sont unifiées sous la notion de loi naturelle. La loi est l'expression scientifique d'une régularité. Elle relie des paramètres de façon précise et constante. La loi de l'énergie cinétique établit que l'énergie d'un corps en mouvement est égale à une demi-fois sa masse multipliée par le carré de sa vitesse. L'adjectif naturel peut s'entendre au sens de « physique » mais surtout d'universel. Une loi est en effet valable pour tous les corps. Les observations montrent qu'il n'y a pas d'exception.

[Transition] Qu'en est-il de l'autre genre de phénomènes ?

3. Les événements imprévisibles

A. Exemples et sens général de la partie

Les exemples nous font réfléchir au hasard et aux limites de l'intelligence humaine face au réel. Le but de cette partie est d'établir deux points. L'existence du hasard et, de ce fait, l'impossibilité pour l'homme de prévoir certains événements.

Il n'existe pas d'indices annonçant « la découverte d'un trésor ou l'arrivée d'un héritage ». On objectera que la maladie d'un parent ou des recherches historiques donnent des éléments de supposition, mais ils n'auront jamais le même degré de précision que dans le cas de l'astronomie qui prédit l'éclipse des années à l'avance.

Le temps joue donc ici un rôle essentiel. Il est porteur d'imprévus ou d'accidents. Cicéron établit l'existence d'une indétermination non réductible par les calculs humains. C'est le sens du hasard.

> **Info**
> L'appréciation de la portée d'un exemple est toujours importante.

B. L'existence objective du hasard

Le hasard est défini comme le contraire absolu de la « régularité rationnelle ». Il est ce qui échappe à tous les enchaînements logiques que nous nous efforçons de constituer par observation et démonstration.

La notion de loi naturelle prend ici un sens religieux. Même un dieu, symbole de l'omniscience, ne peut savoir que ce qui est compris dans cette loi et donc arrive inéluctablement. « Or, le hasard existe ». Sur quoi se fonde cette affirmation ?

À l'opposé des phénomènes physiques, les hommes sont libres et ils agissent les uns par rapport aux autres, créant ainsi des situations toujours évolutives. Au total, des événements fortuits se produisent. Ce qui est aurait pu ne pas être, et un événement peut exister ou non selon les circonstances. C'est le domaine de la contingence. Nul ne peut être absolument certain que son projet aboutira, d'autant plus qu'il vise un but éloigné dans le temps. Aucune démonstration n'est ici possible.

> **Attention**
> Expliquez toujours la raison d'une thèse.

Conclusion

La question initiale a trouvé sa réponse. Il est impossible de prévoir des événements fortuits. Nous devons reconnaître leur existence à côté de phénomènes prévisibles par déduction rationnelle.

LA RAISON ET LE RÉEL

SUJET
27

Antilles, Guyane • Septembre 2013

DISSERTATION • Série S

La vérité peut-elle être relative ?

LES CLÉS DU SUJET

Définir les termes du sujet

La vérité

La vérité désigne, dans son sens le plus général, le caractère des jugements (et des propositions qui les expriment) capables de fonder un accord entre les esprits. La vérité renvoie à des choses et à ce qu'on en dit. Elle désigne ainsi ce qui est, soit un fait (synonyme de réalité), soit une proposition.

Peut-elle être

L'expression interroge la possibilité au sens d'une éventualité pour une vérité d'être relative. Il s'agit aussi de se demander si c'est légitime, autrement dit de savoir si une vérité relative est encore une vérité.

Relative

Relatif désigne ce qui n'a pas sa raison d'être en soi : dépendant, imparfait, ou à resituer dans un contexte. Il s'oppose à absolu qui désigne ce qui se suffit à soi-même pour exister, pour être vrai : indépendant, autosuffisant, et par suite complet, total.

Dégager la problématique et construire un plan

La problématique

• La vérité, désignant l'exacte conformité entre un jugement et la réalité jugée, a pour caractéristique l'objectivité, c'est-à-dire qu'elle désigne ce qui n'est pas subjectif, relatif au sujet qui l'énonce. Dès lors qualifier la vérité de relative serait la confondre avec ce à quoi elle s'oppose : l'opinion, relevant d'un jugement subjectif, singulier.

• Pourtant, si l'on considère l'histoire des sciences, on s'aperçoit qu'une vérité procède par réfutations et rectifications. Selon les époques, les méthodes et les choix des scientifiques diffèrent, le critère de vérité change : la vérité peut-elle être relative ?

Le plan

Il s'agira d'abord de montrer que la vérité n'est pas relative en réfutant le relativisme qui confond la vérité et l'opinion.

• Ensuite, il faudra nuancer ce propos par la description de la méthode expérimentale en science qui montre que la vérité n'est pas un absolu.

• Enfin, une troisième partie établira que si la vérité est « construite » par le sujet de la connaissance, elle n'est pas pour autant une opinion.

■ Éviter les erreurs

Ce sujet est un sujet classique qui porte sur la notion très générale de vérité. Il ne faut pas se contenter de réciter le cours mais essayer de problématiser à partir du repère « relatif/absolu ». Il faudra également faire intervenir le repère « objectif/subjectif » pour traiter ce sujet.

CORRIGÉ 27

Les titres en couleurs servent à guider la lecture et ne doivent en aucun cas figurer sur la copie.

Introduction

« Cette phrase est fausse » est la formulation la plus simple du paradoxe du menteur. Ou bien la phrase est fausse, mais alors elle est vraie, ou bien elle est vraie, mais alors elle est fausse. Cet exemple souligne le décalage possible entre un énoncé et la réalité à laquelle il renvoie. La vérité se présente d'abord comme ce qui est formulé par une personne dans une proposition. Ainsi la vérité serait relative au sujet qui l'énonce. Mais alors la vérité peut-elle être relative ?

Qu'une vérité soit relative signifie qu'elle dépend du sujet qui l'énonce, qu'elle est subjective. Or s'il y a autant de vérités que d'individus, la communication devient impossible car chacun soliloque avec ses affirmations et ses définitions, et la vérité n'existe plus. Elle se confondrait avec l'opinion. La vérité doit être objective, c'est-à-dire universelle et nécessaire.

Conseil
On a ici en filigrane le plan du devoir, les trois derniers paragraphes de l'introduction correspondant aux trois parties du devoir.

Pourtant, la vérité en science progresse grâce à de nombreuses rectifications, et même des réfutations. En ce sens elle ne serait pas non plus un absolu.

Il s'agira alors dans une dernière partie de se demander comment une vérité peut être construite par un sujet, tout en se distinguant de l'opinion.

1. La vérité n'est pas relative

A. Le relativisme de Protagoras

Si la vérité désigne ce à quoi l'on donne son assentiment, alors elle dépend de chacun d'entre nous. Affirmer que la vérité dépend de nous c'est dire, pour reprendre le titre d'une pièce de Pirandello, *À chacun sa vérité*. Une telle conception relativiste est défendue par le sophiste Protagoras dans le *Théétète* de Platon. « L'homme est la mesure de toute chose » signifie qu'il n'y a pas de vérité absolue mais une multiplicité de points de vue qui varient en fonction des individus, mais aussi en fonction des époques, des lieux ou des états d'âme d'un même individu.

La vérité ne serait donc qu'un ensemble d'opinions.

B. Réfutation du relativisme

Mais Socrate démontre l'impossibilité logique d'une telle idée : en affirmant « à chacun sa vérité », on prétend détenir une vérité et donc, soit c'est vrai mais ce n'est valable que pour celui qui le dit et cela ne vaut rien, soit c'est faux et donc il existe une vérité universelle.

C. Distinction entre vérité et connaissance

Le relativisme confond vérité et opinion. Or, par définition, la vérité ne renvoie pas qu'à un simple sentiment, mais à la conformité de l'objet avec l'idée que l'on s'en fait : la vérité est signe d'objectivité. Elle se distingue de l'opinion dans la mesure où la conformité a été justifiée, prouvée ou démontrée. La vérité doit être universelle (valable partout) et nécessaire (valable en tout temps). La science pourrait donc être le lieu privilégié de la vérité.

Ainsi la vérité ne peut être relative au sens où justement sa caractéristique est de restituer avec objectivité la réalité qu'elle désigne. La vérité ne doit pas dépendre du sujet singulier qui l'énonce, et c'est à ce titre qu'elle est universelle.

[Transition] Mais si la science est le lieu privilégié de la vérité comment expliquer l'évolution de lois scientifiques ?

2. La vérité en science n'est pourtant pas un absolu

A. L'histoire des connaissances est marquée par des ruptures et des progrès

> **Info**
> Il s'agit ici d'un exemple issu de l'histoire des sciences pour s'opposer à la première partie et assurer ainsi la transition avec la seconde.

Comment comprendre par exemple que la lumière fut d'abord expliquée par la théorie corpusculaire de Newton puis par la théorie ondulatoire de Fresnel, pour enfin être, aujourd'hui, théorisée sous forme de quanta ? L'histoire de la connaissance, qui est aussi l'histoire de ses erreurs, ne se confond pas avec l'histoire de la vérité. En effet, une connaissance qui se trouve infirmée, contredite, n'était pas en réalité une vérité, mais une erreur qui pendant un temps a donné l'illusion d'être une vérité.

B. La vérification d'une vérité en science

Dans le cas des sciences formelles comme les mathématiques, la vérification se fait par démonstration et calcul. Dans les sciences empiriques, en revanche, on parle plutôt de confirmation ou de corroboration. Karl Popper a montré qu'on peut établir expérimentalement la fausseté d'une hypothèse, alors qu'il n'est pas possible d'en établir la vérité. Lorsque l'hypothèse a passé avec succès un contrôle qui aurait pu la « falsifier », on « confirme » une vérité qui ne vaut que « jusqu'à preuve du contraire ».

C. Conventionnalisme et pragmatisme

La vérité est relative à des méthodes et des choix scientifiques. La vérité se décline selon différents modes et différents critères. Établir une vérité fait donc l'objet de méthodes variées. Que l'on préfère telle ou telle théorie géométrique pour comprendre l'espace (Euclide, Riemann…), telle ou telle conception de la lumière, la vérité désigne finalement le point d'accord entre les esprits d'une communauté de sujets. La vérité est relative à cette communauté : elle représente alors pour elle un ensemble provisoire de conventions concernant la méthode, l'objet d'étude ou encore le modèle d'explication.

Mais ce conventionnalisme renvoie à une conception pragmatique de la vérité : entre deux systèmes d'explication, on choisit le plus pratique, celui qui augmente l'efficacité de l'action (pour faire des prévisions, soigner, être le moins onéreux possible…).

Ainsi établir une vérité relève de différentes méthodes. La vérité dépend de nous personnellement car elle engage notre capacité à pénétrer le réel, mais aussi notre capacité à raisonner, à saisir une évidence.

[Transition] La vérité doit aussi dépendre d'un « nous » collectif, garant de l'intersubjectivité mais, quand ce « nous » ne fait que poser des conventions, c'est la valeur même de la vérité qui est remise en cause, puisqu'elle n'est plus un absolu.

3. La vérité n'est ni une opinion, ni un absolu

A. La structure *a priori* du sujet saisit des phénomènes

La vérité construite par le sujet ne se confond pas avec la réalité donnée. En effet, Kant explique dans la *Critique de la raison pure* que la vérité dépend de la structure *a priori* de l'esprit humain. Une connaissance est une synthèse, entre une intuition de la sensibilité et un concept de l'entendement, qui lui donne une forme.

> **Conseil**
> Il s'agit maintenant de concilier l'idée que la vérité ne peut être relative et en même temps qu'elle n'est pas un absolu.

LA RAISON ET LE RÉEL

Toute donnée de l'expérience est donc saisie par des formes *a priori* de la sensibilité (l'espace et le temps) et des catégories de l'entendement.

De ce fait, ce qui est appréhendé par la raison n'est pas la réalité indépendante du sujet, la chose en soi, mais la réalité en tant qu'elle est saisie par l'expérience qu'en fait l'esprit humain. La vérité qui dépend de notre structure ne saisit que les phénomènes des choses.

B. L'objectivité est garantie

La connaissance avec Kant ne porte plus sur la chose en soi, mais sur le phénomène, l'objet en tant qu'il est perçu par un sujet. Dès lors, on ne peut plus considérer la vérité comme un absolu à atteindre puisqu'elle est relative au sujet de la connaissance. Mais cette structure du sujet (catégorie de l'entendement, formes de l'intuition, c'est-à-dire espace et temps) étant commune à tout sujet, l'universalité et la nécessité de la connaissance sont garanties, mais ce n'est qu'une connaissance des phénomènes.

C. La vérité comme valeur

Enfin, on peut préférer, à la vérité et à l'effort de la raison, le plaisir, le pouvoir ou l'action comme le revendique Nietzsche. Mais la valeur de la vérité ne peut se prouver, elle ne peut se baser sur elle-même. La vérité est donc un choix ; elle dépend de nous car elle relève ainsi de notre liberté et de la définition que l'on donne à la dignité humaine. En ce sens, la vérité est relative au choix que fait le sujet de la considérer.

Conclusion

La vérité n'est pas relative au sujet de la connaissance dans la mesure où elle se distingue des opinions par son caractère objectif, c'est-à-dire universel et nécessaire.

Pourtant une vérité dépend des choix méthodologiques des scientifiques qui l'établissent. Les connaissances ont une histoire qui montre qu'une vérité est avant tout une hypothèse que l'on a confirmée, et cela jusqu'à preuve du contraire. La vérité est établie selon des choix conventionnels et pratiques.

La vérité fait l'objet d'un travail de traduction, de représentation et de formulation. Sans être le pur produit d'une invention subjective, la vérité mêle à la fois la réception d'une réalité et sa transformation. En ce sens elle n'est pas un absolu non plus. Si la vérité dépend du sujet de la connaissance, ce n'est pas dans le sens où elle serait relative à chacun mais c'est parce qu'elle dépend de la structure de tout sujet intelligent et capable de représenter logiquement la réalité. La raison du sujet serait alors le garant de son universalité.

SUJET 28

Antilles, Guyane • Septembre 2015

EXPLICATION DE TEXTE • Série S

Bacon

▸ Expliquer le texte suivant :

Le plaisir et les agréments de la connaissance surpassent de beaucoup tous les autres plaisirs de la nature. En effet, est-ce que les plaisirs des passions ne dépassent pas ceux des sens autant que l'obtention de ce qu'on désire, c'est-à-dire la victoire, dépasse une chanson ou un souper ? Ne faut-il pas, par conséquent, que les plaisirs de l'intellect, c'est-à-dire la compréhension, dépassent les plaisirs des passions ? Nous voyons bien que, dans tous les autres plaisirs, la satiété[1] existe. Quand on en a pris l'habitude, leur fraîche vivacité s'en va, ce qui montre bien qu'ils sont, non des plaisirs, mais des illusions de plaisir : c'est la nouveauté qui plaisait, non ce qu'ils étaient. Voilà pourquoi l'on voit des hommes de volupté se faire moines et des monarques ambitieux devenir mélancoliques. Du savoir, au contraire, on n'est jamais rassasié ; satisfaction et appétit s'échangent en permanence, équivalents l'un à l'autre. Par conséquent, le savoir apparaît comme le bien simple en soi, dénué de toute tromperie ou d'accident.

Francis Bacon, *Du progrès et de la promotion des savoirs* (1605).

1. Satiété : pleine satisfaction.

La connaissance de la doctrine de l'auteur n'est pas requise. Il faut et il suffit que l'explication rende compte, par la compréhension précise du texte, du problème dont il est question.

LES CLÉS DU SUJET

■ Dégager la problématique du texte

La problématique du texte est construite autour de la **notion de plaisir**.

• Bacon montre que sous une apparence d'unité, il y a des plaisirs de qualités diverses et même opposées. Cette distinction le conduit à **hiérarchiser** les différentes espèces de plaisirs.

• Le problème consiste donc à savoir en fonction de **quels critères** et de **quels objectifs** il est légitime de procéder ainsi.

■ Repérer la structure du texte et les procédés d'argumentation

• On peut distinguer deux grandes parties.

– Dans un premier temps (du début jusqu'à « dépassent les plaisirs des passions ? »), Bacon distingue trois sortes de plaisirs qu'il hiérarchise.

– Puis il donne des arguments qui justifient cette différenciation.

La dernière phrase du texte est une définition conceptuelle du savoir qui a été préparée par tout ce qui précède.

• Nous notons la présence d'exemples tirés de la vie courante (une chanson, un souper) pour éclairer le sens des arguments. L'appel à l'expérience du lecteur est également un moyen de justifier la thèse. Ainsi appuyée, elle ne paraît pas abstraite mais conforme à ce que nous ressentons. Ce procédé permet en outre de **généraliser** la valeur du propos donc d'accroître le sentiment de sa vérité.

■ Éviter les erreurs

Il ne faut pas croire que Bacon veuille exclure les plaisirs naturels. Cette erreur sera évitée si l'on est attentif à la façon dont il articule ses pensées.

CORRIGÉ 28

Les titres en couleurs et les indications entre crochets servent à guider la lecture et ne doivent en aucun cas figurer sur la copie.

Introduction

Les sources du plaisir sont diverses. Faut-il en retenir certaines et en exclure d'autres ? Doit-on les hiérarchiser ? Ce texte de Bacon invite à y réfléchir. Son propos porte sur la qualité des différents plaisirs dans le but de nous aider à mieux vivre. Ses analyses ont alors une finalité morale. Bacon soutient que les plaisirs procurés par la connaissance sont nettement supérieurs aux autres. Cette affirmation doit être justifiée car tout plaisir est bon dans le moment où on l'éprouve. Il faut donc que Bacon produise des critères capables de nous montrer la justesse de son propos.

1. La hiérarchie des plaisirs : naturels, de la passion et du savoir

A. Bacon annonce sa thèse dès la première phrase

La thèse est annoncée dès la première phrase pour être démontrée à la fin du texte. Une question se pose : comment justifier que les plaisirs procurés par la connaissance sont bien supérieurs à ceux que donne la nature ? Ceux-ci ont la propriété d'être immédiats et communs à tous puisqu'ils sont sensibles. Ne sont-ils pas, pour cette raison, préférables et supérieurs ?

Info
Même quand un texte est court, vous devez être attentif à son découpage. Chaque phrase est l'occasion d'un développement de la pensée.

B. Introduction des plaisirs de la passion

On s'attendrait à ce que Bacon poursuive son idée. Or il introduit un nouveau type de plaisirs : ceux de la passion. Une passion est une représentation de l'esprit qui mobilise puissamment notre désir. Bacon recourt à des exemples. Un souper procure un plaisir sensible, naturel. Une chanson est déjà une source plus élaborée de satisfaction mais Bacon la considère proche d'un souper car le plaisir qu'elle procure est encore éphémère et nous saisit moins que celui d'une victoire. Avec ce dernier exemple, nous voyons que la passion est une attitude durable qui modèle notre comportement. Le souper donne des sensations, la chanson des émotions, mais triompher après s'être longuement investi donne un plaisir plus lié à notre personnalité. Notre existence tout entière en est marquée, nous avons le sentiment d'un accomplissement.

[Transition] Quelle est la fonction de ces exemples ? Les plaisirs de la passion occupent une place intermédiaire entre ceux de la nature et ceux du savoir. Établir leur supériorité relative sur les premiers va permettre à Bacon de justifier la supériorité absolue des seconds.

Conseil
Marquez les transitions. L'auteur en fait nécessairement.

2. La supériorité des plaisirs du savoir : pourquoi sont-ils des « biens simples en soi » ?

A. Le défaut des plaisirs naturels et de ceux de la passion

Bacon veut montrer que les plaisirs du savoir sont supérieurs aux deux autres formes de plaisir. Il commence par expliquer pourquoi ceux-ci sont déficients. Il semble pourtant qu'ils nous procurent une entière satisfaction comme l'exprime le mot « satiété ». Ils sont vifs, agréables. Cependant, ils s'émoussent avec la répétition. Bacon souligne ici l'importance de l'habitude. Celle-ci diminue le plaisir. Il a moins pour nous cet aspect nouveau, cette « fraîche vivacité ». Désormais, il est attendu et plus nous y sommes accoutumés, moins il nous ravit. La conclusion de Bacon est drastique. Ce ne sont en réalité que des « illusions de plaisir ». Comprenons que ce n'est pas le plaisir lui-même qui nous charmait mais son caractère inédit. Nous étions attirés par la promesse d'une satisfaction qui nous demeurait largement inconnue. L'habitude, en nous rendant maître de la situation, nous a aussi ôté le charme qui l'accompagnait.

B. Confirmation par un exemple

Bacon confirme cette thèse par deux exemples qui ne concernent pas tous les hommes mais qui possèdent une force persuasive. Dans les deux cas, il y a passage d'un extrême à l'autre. Le voluptueux qui se fait moine montre par là son dégoût des plaisirs de la chair car il les a éprouvés de façon excessive. Son désir a changé radicalement de direction et il cherche maintenant de nouveaux plaisirs dans l'abstinence. Quant aux rois animés par la passion du pouvoir, ils deviennent mélancoliques. Le monde qu'ils rêvaient de conquérir ne les intéresse plus, tout leur semble vain. Bacon ne dit pas que cette mutation est bonne ou mauvaise. Il fait remarquer les effets d'une recherche démesurée des plaisirs naturels ou de ceux de la passion. Dans les deux cas, ces individus ne sont pas heureux. Leur vie est dénuée d'un sens véritable et c'est pourquoi ces plaisirs sont en vérité illusoires.

Conseil
Faites ressortir le sens des exemples.

C. La valeur des plaisirs du savoir

Ces critiques permettent à Bacon de souligner la qualité des plaisirs du savoir. Ceux-ci ont pour caractéristique de ne jamais provoquer l'ennui ou le dégoût. Il est impossible d'en être rassasié comme celui qui court après des grandeurs naturelles, sociales ou politiques. Ils ont donc une valeur infinie. Bacon affirme que « satisfaction et appétit s'échangent en permanence ». Cela signifie que le désir de savoir obtient des résultats mais est relancé du fait même de ce qu'il obtient. Chaque nouvelle découverte fait apparaître ce que nous ne savons pas encore. Cette dynamique fait du savoir un « bien simple en soi » qui jamais ne déçoit. Pourquoi ?

Conseil
Citez les définitions avant de les expliquer.

Les autres plaisirs sont décevants car ils promettent plus qu'ils ne peuvent donner. D'abord agréables, ils disparaissent du fait de l'habitude. Les plaisirs du savoir résistent à cette usure. Ce qui est acquis le reste à travers le temps, car c'est une vérité qui est connue. La vérité est un trésor auquel nous pouvons revenir indéfiniment. La simplicité de ce plaisir ne signifie donc pas sa grossièreté mais sa permanence ainsi que sa pureté car il est obtenu par un usage de la raison. Nous nous mettons ainsi à l'abri de toute désillusion et les faux prestiges ne nous impressionnent plus. Dès lors nous menons une vie meilleure, ordonnée à ce qui en nous est source d'un bonheur solide.

Conclusion

Au terme de cette analyse, Bacon a produit des distinctions qui justifient sa thèse. Les plaisirs dus aux sens ou au désir de pouvoir ne donnent que des satisfactions décevantes car leur répétition les rend ennuyeuses. La satisfaction de connaître la vérité n'est jamais vaine. Le texte ne nous demande pas cependant de n'éprouver que ce dernier genre de plaisirs. Il s'agit de leur donner la priorité afin de mieux vivre.

SUJET

29

France métropolitaine • Juin 2015

DISSERTATION • Série ES

La conscience de l'individu n'est-elle que le reflet de la société à laquelle il appartient ?

LES CLÉS DU SUJET

■ Définir les termes du sujet

La conscience

• Étymologiquement, conscience vient du latin *cum*, qui signifie « avec », « ensemble », et *scientia*, qui signifie « savoir ». On distingue deux types de conscience : la **conscience psychologique** et la **conscience morale.**

• La **conscience psychologique** se définit comme la faculté que nous avons de connaître nos actes et de nous rapporter à nous-mêmes.

• On distingue ordinairement deux niveaux de conscience : la **conscience immédiate**, par laquelle nous sommes simplement présents à nous-mêmes (attentifs à nos actes, sensations et pensées), et la **conscience réfléchie**, ou conscience de soi, qui correspond au pouvoir de faire retour sur nos pensées ou actions et de les juger.

• La **conscience morale** se définit comme la faculté par laquelle nous ditinguons le bien du mal : elle est une voix intérieure, qui nous guide en fonction de ces valeurs qui nous sont inculquées.

Le reflet

• Un reflet est une image qui **reproduit** fidèlement un objet ou une autre image.

La société

• La société se définit comme un **ensemble d'individus liés par des règles**, ou lois communes, et partageant des biens et des valeurs variant selon les différentes sociétés. De façon plus générale, nos liens sociaux désignent nos **rapports aux autres.**

Dégager la problématique et construire un plan

La problématique

- Le problème est de savoir comment notre **intériorité** peut être façonnée par la société qui nous **entoure** : comme le souligne l'énoncé du sujet, la conscience est **individuelle**, elle tend à me défnir, quand la société se définit par son caractère **collectif** : je lui « appartiens ».
- Notre conscience est-elle seulement le produit de la société ? Dans quelle mesure la **société** influe-t-elle sur mon **identité** ? Ma conscience n'est-elle donc pas **libre**, mais entièrement **déterminée** par la société dans laquelle je vis ? Ne suis-je que le produit de ce qui m'entoure ? Comment ce qui est **individuel** pourrait-il résulter du **social** ? Et si ma conscience ne se borne pas à reproduire ce qui m'entoure, alors, que peut-elle être d'autre ?

Le plan

- Dans un premier temps, nous verrons qu'il est insuffisant de définir notre conscience comme un pur reflet de notre société : la conscience est avant tout le **lieu de notre intériorité.**
- Ensuite, nous verrons comment la société **pèse sur la formation de notre conscience.**
- Enfin, nous verrons que notre conscience est **essentiellement produite par nos conditions d'existence.**

Éviter les erreurs

- Il est essentiel, pour traiter ce sujet, d'en repérer le présupposé : on ne vous demande pas si la conscience **est** le reflet de la société, mais si elle **n'est que cela.** L'alternative est la suivante : soit la conscience se borne à refléter la société, soit elle est plus qu'un reflet de la société. Le présupposé du sujet peut éventuellement être remis en cause dans une troisième partie, mais ne peut être remis en cause dans l'ensemble de la copie.

CORRIGÉ 29

Les titres en couleurs servent à guider la lecture et ne doivent en aucun cas figurer sur la copie.

Introduction

Se demander si la conscience de l'individu n'est que le reflet de la société à laquelle il appartient, c'est se demander si notre conscience est seulement produite que par ce qui nous entoure, ou si elle dispose d'une certaine autonomie : on présuppose ici que la société détermine notre conscience, mais il s'agit de savoir dans quelle mesure elle le fait. *A priori*, on aurait tendance à penser que notre conscience désigne notre intériorité : en quoi pourrait-elle être modelée par une société extérieure à nous ? Étymologiquement, conscience signifie « savoir ensemble » (du latin *cum* et *scientia*). Notre conscience est à la fois psychologique (pouvoir que j'ai de rapporter mes actes, mes pensées, à moi-même comme en étant le centre) et morale (capacité que j'ai à distinguer le bien du mal et à m'orienter en vertu de ces valeurs). Un reflet est une image qui reproduit fidèlement un objet ou une autre image. La société se définit comme un ensemble d'individus liés par des règles ou lois communes et partageant des biens et des valeurs.

Le problème est donc de savoir si notre intériorité peut se contenter de refléter nos liens sociaux. La conscience est individuelle, elle tend à me définir, quand la société se définit par son caractère collectif et inclusif : je lui « appartiens ». La question est donc de savoir dans quelle mesure la société influe sur mon identité. Ma conscience n'est-elle donc pas libre, mais entièrement déterminée par la société dans laquelle je vis ? Et si ma conscience ne se borne pas à reproduire ce qui m'entoure, que peut-elle être d'autre ?

Dans un premier temps, nous verrons qu'il est insuffisant de définir notre conscience comme un pur reflet de notre société : la conscience est avant tout le lieu de notre intériorité. Ensuite, nous verrons comment la société pèse sur notre conscience, avant de voir, en troisième partie, que notre conscience est essentiellement produite par nos conditions d'existence.

1. La conscience de l'individu n'est pas seulement le reflet de la société

A. La conscience est le lieu de notre intériorité

Dans un premier temps, on pourrait penser que la conscience n'est pas seulement le produit de la société à laquelle nous appartenons, en distinguant en particulier une conscience psychologique, lieu de notre intériorité, d'une conscience morale qui subirait, elle, une influence sociale. Descartes pose ainsi la conscience comme lieu de l'intériorité, « substance pensante » ou chose séparée du monde : le sentiment d'identité que me procure ma conscience n'a rien à voir avec le monde qui m'entoure. L'expérience que fait Descartes, dans le *Discours de la méthode*, en découvrant l'évidence du sujet, conscient de lui-même et de sa propre existence, témoigne de cela : ma conscience ne reflète pas le monde extérieur, elle ne renvoie qu'à mon intériorité. En d'autres termes, mon sentiment d'identité ne doit rien à ce qui m'entoure.

B. Nos consciences sont subjectives

Par ailleurs, même quand elle porte vers le monde et non plus sur moi-même, ma conscience est singulière : je perçois le monde, je l'expérimente, d'un point de vue qui n'est pas celui des autres, et qui n'a pas l'uniformité d'un point de vue social. Ainsi, ma conscience est bien « conscience de l'individu », c'est-à-dire propre à chacun, différente d'un individu à l'autre. Dans la *Phénoménologie de la perception*, Merleau-Ponty explique ainsi comment nos consciences sont irréductiblement subjectives, liées à nos corps plus qu'au monde ou à la société à laquelle nous appartenons. Dire que nos consciences sont subjectives semble impliquer une relative autonomie des consciences, qui ne pourraient dès lors être pensées comme les produits d'une extériorité collective.

[Transition] Pourtant, si la conscience est individuelle, si elle n'est donc pas l'image fidèle de la société, peut-elle pour autant en être radicalement séparée ? La société et les rapports intersubjectifs ne pèsent-ils pas sur les représentations de notre conscience ?

2. La conscience de l'individu est modelée par ses rapports sociaux

A. Notre conscience est modelée par nos rapports aux autres

Sommes-nous une conscience séparée du monde, y compris du monde social ? Freud montre, dans sa seconde topique, comment le psychisme se structure en trois pôles dynamiques : les rapports du ça, du moi et du surmoi détermineraient, dit-il, nos représentations conscientes et inconscientes.

En conséquence, on peut dire que notre intériorité est loin d'être étanche au monde, en ce sens qu'elle est travaillée par la société, ne serait-ce qu'au travers des interdits sociaux progressivement intériorisés dans le surmoi. Si mon psychisme intériorise des interdits initialement sociaux pour les reprendre à son compte, et si cette vie psychique inconsciente pèse sur mes représentations conscientes, on peut dire que nos consciences individuelles sont modelées et construites par la société dans laquelle nous sommes inscrits : qu'il s'agisse de la société déterminée dans laquelle nous naissons, ou, de façon générale, de nos rapports aux autres, en particulier de nos rapports familiaux et de notre histoire.

Info
La seconde topique, exposée par Freud, vise à nous donner une image du fonctionnement de notre psychisme : Freud y expose en particulier le rôle et la formation de notre surmoi, instance morale de notre psychisme, qui a pour fonction essentielle de soumettre les pulsions à une critique, en vertu des règles morales qui l'ont constitué.

Ainsi, il est impossible de concevoir nos consciences indépendamment des rapports sociaux qui la constituent.

B. Les consciences individuelles ne sont pas la source de la morale

Que nos représentations conscientes soient travaillées par nos rapports sociaux, c'est également ce qu'établit Durkheim dans *L'Éducation morale*, en montrant que la morale n'est pas le produit d'une conscience individuelle, le résultat d'une action de l'individu, mais le produit d'une conscience collective. La source de la morale est donc collective : c'est tout un peuple, toute une époque, qui décline très lentement les valeurs propres à un système moral.

Cette distinction posée par Durkheim entre conscience collective et conscience individuelle implique que nous soyons, en tant qu'individus, passifs par rapport à la morale. Autrement dit, nous recevons la morale propre à notre époque, en particulier à travers notre éducation, qui nous transmet un ensemble de valeurs dont nous n'avons pas décidé, dont nous ne sommes pas les auteurs, et que nous devons pourtant reconnaître comme étant les nôtres.

[Transition] Mais alors, si nos consciences individuelles sont façonnées par nos rapports sociaux, ne peut-on pas aller jusqu'à dire que la conscience d'un individu n'est rien d'autre que ce que la société a mis en elle ? Nos consciences ne sont-elles pas le pur miroir de la société ?

3. La conscience de l'individu n'est que le reflet de la société

A. Notre conscience est déterminée par la société

En réalité, dès lors que nos consciences apparaissent construites et en cela déterminées par nos rapports familiaux, les valeurs propres à notre société, ou notre éducation, il semble difficile de soutenir l'indépendance de nos conscience à l'égard de la société : car la famille, l'éducation, relèvent de la société à laquelle nous appartenons. Si bien que l'on peut dire que notre conscience reflète la société dans la mesure où la société la produit.

Conseil
La troisième partie peut ici apparaître comme une radicalisation de la deuxième partie : après avoir examiné en quoi nos consciences individuelles sont liées à diverses influences (famille, éducation, milieu, etc.), il s'agit là de montrer en quoi ces instances sont en réalité sociales.

C'est ainsi ce qu'établit Karl Marx en montrant que la conscience n'est pas première dans la constitution du sujet : elle résulte en réalité, selon lui, d'influences extérieures, d'un ensemble de déterminations extérieures à elles.

Comme Spinoza montre les illusions d'une conscience qui se croit libre parce qu'elle n'accède pas à ce qui la détermine (son corps, les autres), Marx montre en quoi notre conscience s'aveugle en se croyant libre : elle n'est que le produit de l'influence sociale. En effet, selon Marx, l'infrastructure (les rapports de production et les forces productives) détermine la superstructure (les formes juridiques et politiques, l'art, la pensée, la morale, la religion etc.). Donc le contenu de notre conscience, qui nous apparaît illusoirement libre et produit par nous-même, n'est que la surface apparente d'un ensemble de facteurs matériels qui la déterminent en profondeur. « Le mode de production de la vie matérielle, d'après Marx, domine en général le développement de la vie sociale, politique et intellectuelle. Ce n'est pas la conscience des hommes qui détermine leur existence, c'est au contraire leur existence sociale qui détermine leur conscience. »

Ainsi, comme l'inconscient, selon Freud, sourd dans nos représentations conscientes, c'est pour Marx notre inscription sociale dont rend compte notre conscience comme une image fidèle.

B. Notre conscience est le reflet de notre classe sociale

Plus précisément, l'individu, selon Marx, n'appartient pas seulement à une société mais aussi à une « classe » au sein d'une société. Et c'est cette classe, sociale, économique, matérielle, qui détermine toutes les productions de la pensée, la conscience, les valeurs, les goûts, les représentations. En ce sens, notre conscience n'est pas seulement orientée, ou modelée, par la société qui nous entoure : elle n'en est que le reflet, c'est-à-dire l'image superficielle, la reproduction fidèle.

De fait, si les forces productives déterminent notre manière de penser et de nous penser, alors se pose la question de la marge d'action de notre conscience. « Est-il besoin, écrivent Marx et Engels, d'une grande perspicacité pour comprendre que les idées, les conceptions et les notions des hommes, en un mot leur conscience change avec tout changement survenu dans leurs conditions de vie, leurs relations sociales, leur existence sociale ? Que démontre l'histoire des idées, si ce n'est que la production intellectuelle se transforme avec la production matérielle ? Les idées dominantes d'une époque n'ont jamais été que les idées de la classe dominante. »

En dernier ressort, la conscience de l'individu n'est pas réductible à la société à laquelle il appartient, à la seule condition qu'il puisse prendre connaissance de ce qui détermine sa conscience, à savoir de ces forces productives (outils, machines) et des rapports de production (classe, salariat, domination, etc.) qui se reflètent en lui sous forme d'idées.

Conclusion

En définitive, il semble difficile de penser la conscience des individus comme une simple chose isolée de leurs rapports sociaux. Modelée par la société, construite par elle, il apparaît que la conscience est comme l'image superficielle qui reproduit passivement une réalité sociale dans laquelle se trouve pris l'individu.

On peut aller jusqu'à se demander si la conscience dite individuelle n'est pas immédiatement sociale. Reste à savoir si l'individu peut se réapproprier sa conscience en apprenant à connaître ce qui la détermine.

Antilles, Guyane • Septembre 2014
EXPLICATION DE TEXTE • Série S

Machiavel

▸ Expliquer le texte suivant :

Le hasard a donné naissance à toutes les espèces de gouvernement parmi les hommes. Les premiers habitants furent peu nombreux et vécurent, pendant un temps, dispersés, à la manière des bêtes. Le genre humain venant à s'accroître, on sentit le besoin de se réunir, de se défendre ; pour mieux parvenir à ce dernier but, on choisit le plus fort, le plus courageux ; les autres le mirent à leur tête, et promirent de lui obéir. À l'époque de leur réunion en société, on commença à connaître ce qui est bon et honnête, et à le distinguer d'avec ce qui est vicieux et mauvais. On vit un homme nuire à son bienfaiteur. Deux sentiments s'élevèrent à l'instant dans tous les cœurs : la haine pour l'ingrat, l'amour pour l'homme bienfaisant. On blâma le premier ; et on honora d'autant plus ceux qui, au contraire, se montrèrent reconnaissants que chacun d'eux sentît qu'il pouvait éprouver pareille injustice. Pour prévenir de tels maux, les hommes se déterminèrent à faire des lois, et à ordonner des punitions pour qui y contreviendrait. Telle fut l'origine de la justice.

Machiavel, *Discours sur la première décade de Tite-Live*
(achevé en 1519, publié en 1532).

La connaissance de la doctrine de l'auteur n'est pas requise. Il faut et il suffit que l'explication rende compte, par la compréhension précise du texte, du problème dont il est question.

LA POLITIQUE

LES CLÉS DU SUJET

■ Dégager la problématique du texte

Quelle est **l'origine de la justice** ? Cette question est fondamentale car elle a une portée **universelle**. Hors, comment être sûr que la réponse que l'on donne ne soit pas particulière à un type de société et de gouvernement ? L'histoire des civilisations nous montre une grande diversité des coutumes et des lois. La conscience de cette difficulté conduit Machiavel à problématiser son sujet. Seule une description logique et progressive des besoins et des sentiments, que tous les hommes sont censés partager, est apte à nous donner une réponse vraisemblable. La problématique est donc la suivante : peut-on montrer que l'origine de la justice est identique dans toutes les sociétés en dépit de leurs nombreuses différences ?

■ Repérer la structure du texte et les procédés d'argumentation

• Le texte dévoile l'**origine de la justice** en en faisant sa genèse. Il expose les étapes d'un développement qui a conduit nécessairement à l'apparition de l'idée de justice. Machiavel retrace la naissance des premières sociétés à leur stabilisation au moyen de lois.
• Une première étape montre les hommes se réunissant pour subvenir à des **besoins vitaux** (l. 1 à 7).
• Une deuxième étape montre la naissance de **sentiments moraux** (l. 7 à 13) à partir des sentiments innés d'amour et de haine, de louange et de blâme à l'égard de certaines conduites.
• Les deux dernières lignes concluent le texte sur le sens des lois chargées de faire appliquer la justice.

■ Éviter les erreurs

Le texte ne présente pas de difficultés particulières mais l'erreur serait de prendre sa brièveté pour de la superficialité. Il faut être sensible à la progressivité des étapes qui conduisent à dévoiler l'origine de la justice.

CORRIGÉ 30

Les titres en couleur servent à guider la lecture et ne doivent en aucun cas figurer sur la copie.

Introduction

Les hommes vivent dans des sociétés régies par différents types de gouvernement et de législation. Ceci peut conduire à estimer que la justice est une idée dont la nature varie selon les pays et les époques. Dans ce texte, Machiavel présente une démarche ambitieuse. Il entend dévoiler l'origine de la justice. Il s'agit donc de remonter au fondement commun à toutes les

> **Info**
> L'introduction doit présenter la thèse et le problème qu'elle pose. Il faut citer le nom de l'auteur du texte.

formes sociales. Cela est-il possible ? Machiavel soutient que la justice est née de la nécessité absolue de faire des lois pour empêcher les maux que les hommes peuvent se causer. Cette thèse affirme avoir une portée universelle. Quels sont ses présupposés ? Est-il possible de faire une histoire unique pour toutes les sociétés sans supprimer leurs différences ?

1. Naissance de la société

A. Le rôle du hasard

Dès la première ligne, Machiavel assigne une cause unique à « toutes les espèces de gouvernement ». Il s'agit du hasard. C'est dire que la création des sociétés n'a pas été le fruit d'une Providence divine.

Dans ce cas, comment peut-on dire qu'il n'y a qu'une seule origine à la justice ? Le hasard aurait plutôt dû produire une variété de situations. La seule réponse possible est de se situer au niveau du genre humain. C'est un même hasard pour tous, ce qui explique que les mêmes effets vont suivre. Ainsi, Machiavel fait rapidement le tableau des premiers hommes. Ils étaient « peu nombreux » et vivaient « dispersés, à la manière des bêtes ». L'alignement sur la vie des animaux confirme l'aspect non religieux du propos. L'homme n'est pas à l'image de Dieu, c'est un être naturel qui a des besoins à satisfaire.

> **Conseil**
> Montrez le caractère étonnant de cette thèse.

B. Deux besoins fondamentaux

L'accroissement de la population amène les hommes à se rencontrer. Ces rencontres auraient pu ne pas se produire si les hommes n'étaient pas parvenus à se multiplier. De ces premiers groupements vont naître deux besoins. Le premier concerne la vie commune. Les hommes ressentent le « besoin de se réunir » pour gagner en commodité de vie. Machiavel choisit cependant d'accentuer un deuxième besoin. Celui de se défendre.

Cette préférence permet d'expliquer la naissance de l'autorité et de la relation de commandement et d'obéissance qui se concrétisera au final par les lois. D'entrée, la vie des sociétés est mise sous le signe de la menace. Il faut se préserver des animaux et des autres hommes. Dès lors, « le plus fort ou le plus courageux » est logiquement choisi pour diriger l'ensemble. Ainsi apparaissent deux relations essentielles. La coopération pour pouvoir bien vivre ensemble et surtout la domination d'un chef. Il faut qu'un ordre soit garanti pour que le groupe soit uni.

> **Conseil**
> Expliquez les choix argumentatifs de l'auteur.

2 Les sentiments moraux

A. Apparition de jugements moraux

Le raisonnement de Machiavel se poursuit. La réunion des hommes a des conséquences inéluctables. Les conduites sont jugées et la morale fait son apparition sous forme de couples d'opposés : au « bon » et à l'« honnête » répondent le « vicieux » et le « mauvais ».

> **Attention !**
> Vous devez indiquer une difficulté. Ne suivez pas passivement le texte.

Quelle est l'origine de ces valeurs ? Machiavel l'indique d'une phrase : « on vit un homme nuire à son bienfaiteur ». C'est donc à partir de l'expérience de l'injustice que naquit le sens moral. Si tout avait été juste, il n'y aurait pas eu lieu de s'éveiller à la différence entre le bien et le mal mais la vision d'un homme trahi par celui à qui il avait fait du bien déclencha une réaction que Machiavel détaille. Le premier fut aimé, le second haï. Deux points sont à souligner. Ces sentiments apparurent immédiatement. Ils ne relèvent donc pas d'une réflexion intellectuelle. Il s'ensuit que la morale ne vient pas de la raison mais du cœur et Machiavel indique que cette réaction fut unanime : « tous les cœurs » furent soulevés par l'indignation envers l'ingrat qui nuit à son bienfaiteur.

B. Estime publique et intérêt personnel

Cette situation en appela une autre. La création de l'estime publique. La société est animée par une vie éthique, c'est-à-dire un système de normes qui qualifient les conduites. La grande majorité des hommes préféra être louée et jouir d'une bonne réputation. Le goût des honneurs est puissant car il conforte notre statut et donc notre pouvoir dans le groupe. L'existence d'un individu n'est effective qu'en tant qu'elle est reconnue par ses semblables.

> **Attention !**
> Ne laissez pas passer un élément de la phrase.

À ce stade, Machiavel apporte une précision capitale. L'honneur accordé à l'homme bienfaisant et trahi fut d'autant plus grand que chacun s'identifia avec la victime. La trahison nous apprend à nous méfier de la nature humaine. L'ingratitude, qui semble d'abord incroyable, est cependant réelle. Chacun s'imagina alors qu'il pourrait en souffrir. Le motif de la louange n'est donc pas désintéressé.

À la compassion s'ajoute la défiance qui nous pousse à voir dans l'autre un ennemi potentiel, un rival susceptible d'oublier jusqu'au bien qu'on lui a fait si son intérêt est en jeu. Il est donc indispensable que les mauvais penchants soient contenus par la peur d'un blâme général.

3. Loi et Justice. Achèvement de la démonstration

A. La nécessité des lois

La société a gagné en consistance. Les hommes forment une communauté unie par des valeurs éthiques qui ont pour fonction de normaliser les comportements. Cependant, les jugements moraux ne suffisent pas. On peut concevoir un homme indifférent à la honte publique. Il faut créer des lois pour que l'ordre soit mieux maintenu. Quel est le sens de cette différence ?

Le passage aux lois marque l'apparition d'un ordre juridique garanti par le pouvoir politique. Les hommes écrivent les règles d'après lesquelles ils veulent vivre et les organisent dans une constitution. Les lois obligent, autorisent ou interdisent. Leur invention est le signe d'une société qui a une conscience plus développée d'elle-même et qui ne veut plus vivre selon des coutumes transmises oralement. Une loi peut être abrogée ou modifiée.

Conseil
Après voir résumé le sens du propos, montrez la raison de sa progression.

B. Le sens de cette origine

Une phrase lapidaire indique le terme de la démarche : « Telle fut l'origine de la justice. » Ce point appelle des commentaires. La loi a une fonction organisatrice. Elle doit être un facteur de coopération. Elle encadre les actions de telle sorte que « le besoin de se réunir » soit satisfait. Elle règle les échanges et veille à ce que chacun reçoive la part qui lui est due. Aristote parle en ce dernier sens de justice distributive, à laquelle il donne une fonction essentiellement répressive. Son but est de sanctionner les manquements au droit et à l'honnêteté moyennant des lois qui fixent les peines et qu'un pouvoir – celui du dirigeant – fait appliquer. Ce texte est donc sous-tendu par une vision de la nature humaine. Les hommes ont un sens moral, mais ils sont surtout capables de se nuire au mépris du bien qu'ils ont reçu. Ils doivent craindre les sanctions. Nous en concluons que si les hommes étaient parfaitement moraux, les lois et donc la justice seraient inutiles.

Conclusion

L'analyse du texte a montré que Machiavel organise rigoureusement son propos. Si le hasard est le point de départ de tout, car les hommes auraient pu s'éteindre et ne pas former de sociétés, la création de celles-ci déclenche des processus qui ont tous la marque de la nécessité. Le propos de Machiavel s'élève des besoins matériels aux sentiments moraux et s'achève en faisant apparaître l'idée de justice. Cette histoire du genre humain est logique et l'absence de référence à la thèse d'une Providence montre que la justice est ici une norme dont la nature est exclusivement humaine et sociale.

SUJET
31

Pondichéry • Avril 2015
DISSERTATION • Série S

Sommes-nous des citoyens du monde ?

LES CLÉS DU SUJET

■ Définir les termes du sujet

Citoyen

Citoyen est un statut politique. Ce terme désigne une situation d'égalité face à la loi civile. La société est le domaine des inégalités de condition mais la citoyenneté rend tous les hommes égaux entre eux. Le lien de cette notion avec celle de cité, puis d'État, montre que ce statut est relatif à une communauté nationale.

Le monde

Le **monde** est une notion qui peut désigner l'univers ou des domaines particuliers comme dans l'expression « le monde de l'art ». Dans notre contexte, il s'agit du monde humain, celui que les hommes ont produit à travers leur histoire.

■ Dégager la problématique et construire un plan

• La citoyenneté est un **statut politique**. Elle suppose une communauté nationale représentée par un État qui se différencie de tous les autres. Face à cela, nous avons aussi conscience d'être des hommes faisant partie d'un monde commun. On voit donc que la problématique se construit autour d'une tension entre un statut **particulier** (le citoyen d'une nation) et une notion (le monde) qui a une dimension **universelle**. L'unité des deux paraît contradictoire mais on ne peut négliger l'idée d'être citoyen du monde car elle manifeste un désir d'unité et une volonté de paix face à la violence des guerres. N'avons-nous pas un destin commun ?

• La première partie définit le **statut** de citoyen afin de pouvoir, dans un deuxième temps, comprendre ce que notre sujet a de **problématique**. L'étude des différents sens du cosmopolitisme mène à une troisième partie qui montrera l'importance du **droit**.

■ **Éviter les erreurs**

Il ne faut pas mélanger les statuts. L'homme et le citoyen doivent être distingués et de ce fait le domaine de la société et celui de l'État. Il importe également de **préciser les sens du cosmopolitisme.**

CORRIGÉ 31

Les titres en couleurs servent à guider la lecture et ne doivent en aucun cas figurer sur la copie.

Introduction

Demander si nous sommes des citoyens du monde laisse entendre que la relation entre ces deux notions est problématique. N'est-on pas seulement citoyen d'un État donc d'une communauté soucieuse de sa particularité ? L'idée de monde désigne une réalité transnationale. Une citoyenneté mondiale dépasse les frontières et revendique une dimension universelle.

Nous comprenons que ce statut est justifié par le désir de réunir les hommes, trop souvent divisés et rendus ennemis par des intérêts nationaux. Il faut cependant se demander ce que recouvre cette expression. N'est-elle pas un abus de langage reposant sur une confusion de la morale et de la politique ?

1. Le statut de citoyen

A. L'égalité devant la loi

Le statut de citoyen naît en Grèce. Il provient d'une profonde mutation dans la façon de concevoir l'organisation des rapports entre les hommes. J.-P. Vernant a étudié ce changement en soulignant l'importance d'une formule : « mettre le pouvoir au centre ». Elle marque l'abolition des régimes aristocratiques qui réservaient le droit de commander à une caste fondée sur la naissance. Désormais, tous peuvent prendre part à l'exercice du pouvoir. Ceci se marque de trois façons : délibérer, voter, juger. Le citoyen a le droit de participer aux assemblées du peuple, là où la communauté décide de son avenir et il peut être tiré au sort pour siéger dans des tribunaux. La règle fondamentale est celle de l'égalité. La société est le domaine des inégalités de condition, mais la citoyenneté rend tous les hommes égaux en affirmant le règne de la loi sur les désirs des individus. Cette égalité se nomme l'isonomie et elle est synonyme de liberté.

Conseil
Commencez par définir le sens du concept central.

LA POLITIQUE

B. La liberté, la cité

La liberté est l'autre valeur qui donne son prix au statut de citoyen. Elle ne consiste pas à faire ce qui nous plaît mais à avoir un statut rendant impossible la domination d'un homme sur un autre. Il ne s'agit pas seulement du pouvoir du tyran, mais de toutes les formes de commandement maintenant celui qui obéit dans un état permanent d'infériorité comme, dans l'Antiquité, le pouvoir du mari sur sa femme, du père sur ses enfants, du maître sur ses serviteurs. Enfin, ce statut n'a de sens que dans une cité.

Aristote analyse ce concept en le distinguant de celui de village et d'ethnie. Le premier est un regroupement de familles, le second correspond à des ensembles hommes liés par des mœurs et une langue commune au sein de vastes empires. La cité (*polis*) a pour particularité d'être une communauté d'égaux, organisée par une constitution. Le pouvoir n'est pas vécu comme venant d'une source mystérieuse mais il est pensé dans la forme de lois écrites.

> **Info**
> Appuyez votre analyse sur l'usage précis d'un auteur.

[Transition] Que peut signifier alors la notion de citoyen du monde ?

2. Du politique au cosmopolitique

A. Une expression apparemment non recevable

Être citoyen n'a de sens, à première vue, qu'à l'intérieur d'une communauté nationale représentée par un État. On parle de citoyens français, italiens, etc. Que voudrait donc dire être citoyen du monde ? Cette idée a un nom. C'est le cosmopolitisme. Mais que signifie-t-il ? Le monde est-il une réalité politique ? Cette notion est très indéterminée. Elle peut signifier l'univers ou des domaines spécifiques comme le « monde de l'art ». Il est vrai que nous parlons aussi du « monde politique », mais c'est pour désigner ceux pour qui la politique est un métier.

> **Conseil**
> Interrogez le sens de l'expression en faisant ressortir ce qu'il a d'obscur et de paradoxal.

Faut-il alors penser qu'une telle citoyenneté demande la création d'un État mondial ? Une telle construction signerait, selon Kant, la mort de la liberté car elle unifierait violemment des nations qui ont chacune leur particularité. Kant dénonce ainsi une « monarchie universelle ». Un État imposerait de fait sa loi à tous les autres. Il n'y aurait pas de citoyens libres et égaux mais des sujets soumis à un maître.

B. Renforcement de la difficulté

Être citoyen du monde apparaît donc être difficile. Le cosmopolite est, par définition, l'homme de nulle part, un citoyen de l'univers qui ne sent pas plus chez lui ici qu'ailleurs. On parle de villes cosmopolites pour dire qu'elles accueillent des gens venus de toutes cultures. Cette appellation est correcte mais elle nous fait sortir du domaine politique. La présence d'individus venus d'horizons variés et qui coexistent, avec leurs coutumes, sur un même territoire, définit le domaine social. Un tel milieu est fait de particularismes qui vivent ensemble, parfois en s'ignorant.

Citoyen du monde serait donc une expression erronée témoignant de la confusion de l'État et de la société civile, du citoyen et de l'homme. Le premier participe aux choix engageant l'avenir de la communauté, le second est l'être social qui cherche la reconnaissance par son travail et noue des relations éthiques au sein du milieu où il vit.

[Transition] Faut-il rejeter totalement cette expression ?

3. Quelle valeur pour le cosmopolitisme ?

A. Un idéal moral

Le cosmopolitisme peut avoir un sens moral. L'idée d'une citoyenneté mondiale s'est développée en réaction contre les horreurs perpétrées par les guerres. Le nationalisme a montré au cours des siècles son aspect meurtrier. Quand la puissance étatique se déchaîne, il s'ensuit une barbarie qui incite la conscience à vouloir dépasser les barrières nationales pour en appeler à une fraternité des hommes. Le cosmopolitisme met en valeur ce que nous avons de commun, la qualité de personne humaine, par-delà les différences de langue et de mœurs. Il ne s'agit pas de les supprimer mais de les articuler. La culture joue en ce sens un rôle important. Freud le remarque dans un essai consacré à la guerre de 14-18. La violence militaire a jeté les uns contre les autres les citoyens des différents pays et a brisé l'idéal d'une Europe où les différences nationales ne compteraient pas car les chefs-d'œuvre n'ont pas de patrie.

Un écrivain comme Stefan Zweig est un bon exemple de ce cosmopolitisme quand il témoigne du choc que représenta pour lui l'obligation d'avoir un passeport qui l'identifiait comme citoyen autrichien.

Nous voyons donc que cet humanisme qui se situe au-delà de la citoyenneté politique a une valeur critique. Il reste à se demander s'il n'est pas finalement trop abstrait.

Info
Il est bon d'illustrer un raisonnement conceptuel par un exemple historique. Vous avez le droit de mentionner des auteurs qui ne sont pas des philosophes.

B. Valeur juridique du cosmopolitisme

Ce reproche est formulé par Hegel dans les *Principes de la philosophie du droit*. La conscience morale se dresse face à la politique pour la condamner mais ses protestations demeurent sans effectivité. La seule citoyenneté véritable est celle qui se réalise dans le cadre des États que Hegel compare à des « individus particuliers ». Le cosmopolitisme serait donc l'expression d'une morale vaine. Il reste cependant à prendre en compte le désir qu'il exprime, celui d'une paix durable entre les nations. À ce sujet, nous pouvons nous demander si la pensée juridique n'offre pas certaines ressources.

Dans son *Projet de paix perpétuelle*, Kant fait état d'un droit cosmopolitique qu'il limite « aux conditions d'une hospitalité universelle ». Ceci signifie que chaque étranger peut réclamer « de ne pas être traité en ennemi dans le pays où il arrive » sous réserves de ne pas être lui-même animé par des intentions hostiles. Ainsi est défini un « droit des gens ». Les « gens » sont les membres du genre humain. Ce statut est donc commun à tous. Nous voyons qu'il ne s'agit pas, à proprement parler, du citoyen, mais le cosmopolitisme n'est pas pour autant réductible à un vœu pieux.

Hegel marque les faiblesses de ce droit en notant qu'il reste dépendant de la volonté souveraine des États, lesquels n'y adhéreraient que par des convictions morales ou religieuses qu'ils sont libres de ne pas respecter. Mais le cosmopolitisme exprime quand même une double prise de conscience indiquée par Kant. La première est due à la géographie. La forme sphérique de la terre fait que les hommes ne peuvent s'y disperser à l'infini. La seconde concerne la marche de notre histoire. Les chefs d'État sont animés par une volonté de domination qui les pousse à se faire la guerre mais le coût qu'elle leur occasionne les contraint à aller vers une « société des nations ». Ce régime fédéral empêcherait la naissance de nouveaux conflits en imposant une législation commune.

Il devient donc possible de concevoir que l'on puisse être à la fois citoyen d'un État et membre d'une communauté plus vaste qu'encadre un droit cosmopolitique.

Conclusion

Nous avons vu que la définition de la citoyenneté rend problématique la possibilité d'être citoyen du monde. La première notion est marquée par la particularité d'une appartenance nationale quand la seconde possède une dimension universelle. Le cosmopolitisme semble ainsi ne pas avoir la dimension politique, et donc citoyenne, qu'il revendique.

> **Conseil**
> Vous devez récapituler l'essentiel du parcours et exposer l'idée qui vous paraît la plus précise et la mieux argumentée.

Se dire citoyen du monde serait une déclaration morale sans grande portée. Il nous est cependant apparu qu'il était possible de trouver, grâce au droit, une médiation entre la sphère politique et morale.

Citoyen du monde reste une appellation malaisée mais le concept de droit des gens invite à ne pas la rejeter dans la simple illusion. Elle exprime un désir de paix et de fraternité que le droit tente de réaliser.

SUJET

32

Nouvelle-Calédonie • Novembre 2014

EXPLICATION DE TEXTE • Série S

Hobbes

▸ Expliquer le texte suivant :

Un crime surgissant d'une passion soudaine n'est pas si grave que ne serait le même crime surgissant d'une longue méditation. Dans le premier cas, en effet, on doit tenir compte, à titre de circonstance atténuante, de la faiblesse commune de la nature humaine ; mais celui qui accomplit l'acte avec préméditation a usé de circonspection ; il a fixé son regard sur la loi, sur le châtiment, et sur les conséquences que son acte comporte pour la société des hommes : c'est tout cela qu'il a méprisé en commettant le crime, et fait passer après son propre appétit. Cependant la soudaineté de la passion ne suffit jamais à excuser totalement : en effet, tout le temps écoulé entre le moment où l'on a pour la première fois connu la loi et celui où l'on a commis l'acte doit être compté comme un temps de délibération, parce qu'on doit corriger l'irrégularité des passions par la méditation de la loi. Là où la loi est lue et interprétée devant tout le peuple, d'une manière officielle et régulière, un acte contraire à la loi est un plus grand crime que là où les hommes sont laissés dépourvus d'une telle instruction, ne pouvant s'en enquérir que par des voies difficiles et incertaines, interrompant leurs activités professionnelles, et se faisant informer par des particuliers. Dans ce dernier cas en effet, une part de la faute doit être reportée sur la faiblesse commune des hommes, alors que dans le premier, il y a une négligence manifeste, qui ne va pas sans quelque mépris du pouvoir souverain.

Thomas Hobbes, *Léviathan,* 1651.

La connaissance de la doctrine de l'auteur n'est pas requise. Il faut et il suffit que l'explication rende compte, par la compréhension précise du texte, du problème dont il est question.

LES CLÉS DU SUJET

■ Dégager la problématique du texte

• Dans ce texte, Hobbes s'interroge sur la **responsabilité** pénale. Peut-on trouver des circonstances atténuantes au crime ? *A priori*, on aurait tendance à penser que la **passion** serait la seule circonstance atténuante, dans la mesure où elle altérerait le **raisonnement** : le criminel serait alors moins responsable de son acte puisque celui-ci ne procéderait pas du temps nécessaire à la réflexion.

• C'est précisément ce point qu'examine Hobbes dans ce texte : la passion excuse-t-elle vraiment le criminel ? Et qu'est-ce qui serait susceptible de diluer la responsabilité de celui-ci ? La question est de savoir si la gradation de la responsabilité, et donc celle de la punition, doivent exclusivement se faire en vertu de la distinction passion/raison, ou si ces gradations obéissent à un autre critère. Définie par son caractère soudain, la passion serait une circonstance atténuante dans la mesure où elle **aveuglerait** un homme devenu par elle insensible à la loi : mais n'y a-t-il pas d'autres raisons qui peuvent expliquer **l'ignorance et l'insensibilité à la loi** ?

■ Repérer la structure du texte et les procédés d'argumentation

• Dans un premier temps, Hobbes distingue le crime commis sous le coup de la **passion** et le crime procédant d'une **réflexion** : si la passion est une circonstance atténuante, c'est en ce qu'elle est soudaine et nous aveugle devant la loi.

• Dans un second temps, Hobbes nuance son propos, en relevant que si la passion est soudaine, le criminel est responsable en ce qu'il **connaît la loi**. Le temps écoulé entre le moment où il a connu la loi et le temps de son crime doit, dit-il, être tenu pour du temps de réflexion.

• Enfin, Hobbes énonce le vrai principe de la responsabilité, en distinguant l'État qui publie la loi et la fait connaître, et celui qui laisse le citoyen dans l'ignorance de la loi : ce sont bien **la connaissance et la compréhension des lois** qui déterminent notre responsabilité pénale.

■ Éviter les erreurs

Éclairer les mots

Pour expliquer ce texte, vous relèverez d'abord les distinctions qui le structurent : « surgissant d'une passion soudaine » / « surgissant d'une longue délibération » ; « faiblesse » / « circonspection » ; « soudaineté de la passion » / « temps de délibération » ; « irrégularité des passions » / « méditation régulière » ; « Là où la loi est lue et interprétée devant tout le peuple,

LA POLITIQUE

d'une manière officielle et régulière » / « là où les hommes sont laissés dépourvus d'une telle instruction » ; « officielle et régulière » / « se faisant informer par des particuliers » ; « lue et interprétée devant tout le peuple » / « ne pouvant s'en enquérir que par des voies difficiles et incertaines » ; « faiblesse commune du peuple » / « négligence manifeste qui ne va pas sans quelque mépris du peuple souverain ».

CORRIGÉ 32

Les titres en couleur servent à guider la lecture et ne doivent en aucun cas figurer sur la copie.

Introduction

Dans ce texte, Hobbes s'interroge sur la responsabilité pénale. Peut-on trouver des circonstances atténuantes au crime ? *A priori*, on aurait tendance à penser que la passion serait la seule circonstance atténuante, dans la mesure où elle altérerait le raisonnement : le criminel serait alors moins responsable de son acte puisque celui-ci ne procéderait pas du temps nécessaire à la réflexion. C'est précisément ce point qu'examine Hobbes dans ce texte : la passion excuse-t-elle vraiment le criminel ? Et qu'est-ce qui, en elle, serait susceptible de diluer la responsabilité de celui-ci ? La question est de savoir si la gradation de la responsabilité, et donc celle de la punition, doivent exclusivement se faire en vertu de la distinction entre la passion et la raison, ou si ces gradations obéissent à un autre critère. Définie par son caractère soudain, la passion serait une circonstance atténuante dans la mesure où elle aveuglerait un homme devenu par elle insensible à la loi : mais alors, n'y a-t-il pas d'autres raisons qui peuvent expliquer l'ignorance et l'insensibilité à la loi ?

Dans un premier temps, Hobbes distingue le crime commis sous le coup de la passion et celui procédant d'une réflexion : si la passion est une circonstance atténuante, c'est en ce qu'elle est soudaine et nous aveugle devant la loi. Ensuite, Hobbes nuance son propos, en relevant que si la passion est soudaine, le criminel est responsable en ce qu'il connaît la loi. Le temps écoulé entre le moment où il a connu la loi et le temps de son crime doit, dit-il, être tenu pour du temps de réflexion. Enfin, Hobbes énonce donc le vrai principe de la responsabilité, en distinguant l'État qui publie la loi et la fait connaître, et celui qui laisse le citoyen dans l'ignorance de la loi : ce sont bien la connaissance et la compréhension des lois qui déterminent notre responsabilité pénale.

1. La responsabilité pénale est liée au temps de la réflexion

A. Le crime passionnel est excusable

Hobbes met au jour un premier principe de responsabilité en s'appuyant sur la distinction entre le crime produit par la passion et le crime produit par la réflexion. Si le crime passionnel « n'est pas si grave », dit-il, c'est en raison de son inscription dans le temps : la passion est « soudaine », éruptive, si bien que celui qui commet le crime n'a pas le temps de mesurer son acte, de penser à la loi et aux conséquences de cet acte. Passif, il subit une passion ou plutôt se livre à elle sous l'effet d'une « faiblesse ». Autrement dit, si ce criminel peut être accusé d'une chose, c'est d'avoir commis cet acte et d'être un homme faible, bien que cette faiblesse, souligne Hobbes, soit propre à la « nature humaine ».

> **Info**
> Parler de « nature humaine », c'est penser qu'il y a une essence commune à tous les hommes. Dans le texte, les deux occurrences de la « nature humaine » renvoient à une faiblesse qui n'est donc pas imputable à un homme particulier mais à l'ensemble des hommes, ce qui atténue leur responsabilité.

B. Le crime issu d'une réflexion est inexcusable

À ce criminel dominé par une passion qui l'aveugle, Hobbes oppose le criminel qui agit en connaissance de cause puisqu'il se maîtrise. Sa « longue méditation », sa « préméditation », sa « circonspection », le fait qu'il ait « fixé le regard sur la loi, le châtiment et sur les conséquences » de son acte, c'est-à-dire l'inscription de son acte dans un temps qui est celui de la connaissance et de la réflexion, l'accablent puisque tout cela atteste de la maîtrise de lui-même et de la persistance de son intention de commettre son crime. Son crime est alors plus grave parce qu'il aurait pu ne pas le commettre. Le motif du crime apparaît alors radicalement différent du premier : si la passion aveuglait le premier homme, rendu passif par elle, le second manifeste, par sa maîtrise et par l'exercice de sa réflexion, un « mépris » actif à l'égard des lois, de la société, et de celui qu'il a lésé, attitude qui le rend pleinement responsable de son acte et susceptible d'être puni à la hauteur de son acte.

> **Info**
> Être responsable signifie avoir à répondre de ses actes devant quelqu'un : la responsabilité implique d'être tenu pour l'auteur de son acte, et donc d'avoir eu la possibilité de ne pas commettre cet acte.

2. La passion n'excuse pas « totalement » le criminel qui connaît la loi

A. Le criminel qui agit par passion est aveugle mais non ignorant

Pourtant, dans un deuxième temps, Hobbes nuance cette distinction : si l'aveuglement atténue la responsabilité de celui qui commet son crime sous l'effet de la passion, s'il est bien une circonstance atténuante, on ne peut cependant pas l'« excuser totalement ». En effet, s'il est aveuglé par la passion, ce qui l'excuse partiellement, ce criminel n'est pas ignorant dans la mesure où il connaît la loi. La passion n'est donc pas ce qui excuse le crime mais ce qui atténue la responsabilité du criminel.

B. Il est donc responsable de sa faiblesse

En effet, si la passion est soudaine, il n'en reste pas moins que celui qui commet le crime connaissait la loi depuis longtemps et « ce temps doit être compté comme un temps de délibération », dit Hobbes. Le caractère éruptif de la passion ne fait pas du crime un acte hors du temps : si la loi doit être connue, c'est parce que sa connaissance nous sert à « corriger l'irrégularité des passions ». Celui qui a commis son crime sous l'effet de la passion est donc responsable de ne pas avoir su s'appuyer sur cette connaissance de la loi, sur la « méditation » nécessaire de la loi, pour combattre sa passion.

3. La responsabilité pénale est liée à la connaissance de la loi

A. L'État qui promulgue les lois rend nos crimes plus graves

Enfin, Hobbes énonce la condition à laquelle nous sommes pleinement responsables de nos crimes, en distinguant deux types d'État : celui qui publie et explique ses lois, et celui qui laisse ses citoyens dans l'ignorance des lois ou dans la confusion. Là encore, Hobbes établit une gradation de la gravité du crime : si le crime passionnel est mois grave que le crime raisonné, le crime commis dans l'ignorance de la loi est également moins grave que le crime commis en connaissance de cause.

Dans ce dernier cas, on peut dire que l'État, en publiant ses lois et en nous en facilitant la compréhension, nous rend pleinement responsables au cas où nous les transgresserions. En revanche, l'État qui ne publie pas ses lois ou n'en facilite pas la connaissance et la compréhension, produit de fait une circonstance atténuante à celui qui enfreindra une loi mal connue, obscure, qu'il n'avait pas le temps ni les moyens de connaître.

B. Le criminel qui agit sans connaître ou sans comprendre la loi est excusable

Ainsi, comme le criminel qui agit sous le coup de la passion, le criminel qui agit dans l'ignorance ou la mauvaise compréhension de la loi est relativement excusable dans la mesure où lui aussi est victime de la « faiblesse commune des hommes », dit Hobbes.

Si la « faiblesse » consistait pour le premier à se livrer à une passion, pour le second, la « faiblesse » est une faiblesse intellectuelle, qui consiste à mal connaître ou comprendre les lois. En revanche, comme celui qui commet un crime de façon raisonnée, le criminel qui enfreint la loi en la connaissant et en la comprenant n'a aucune excuse. Tous deux ont pour motif un « mépris » de la société et de ses lois qui appelle le châtiment social comme la réponse à ce mépris.

Conclusion

En définitive, Hobbes examine dans ce texte la question de l'évaluation de la responsabilité pénale et détermine le critère fondamental de cette responsabilité. Si je dois répondre de mes actes devant la société, je ne peux être tenu pour pleinement responsable de ces actes qu'à condition d'être en mesure d'obéir aux lois, ce qui suppose que je les connaisse et que je les comprenne. Si la passion peut brouiller ma vue et me faire oublier momentanément les lois, l'État, en ne me facilitant pas la connaissance ou la compréhension de ses lois, peut également produire en moi une ignorance d'où procédera mon crime.

SUJET **33**

Amérique du Nord • Mai 2015

EXPLICATION DE TEXTE • Série S

Nietzsche

▸ Expliquer le texte suivant :

Celui qui est puni ne mérite pas la punition : on se sert de lui que comme d'un moyen d'intimidation pour empêcher à l'avenir certains actes ; celui que l'on récompense ne mérite pas davantage sa récompense : il ne pouvait en effet agir autrement qu'il n'a agi. Ainsi la récompense n'a d'autre sens que d'être un encouragement pour lui et pour les autres, elle a donc pour fin de fournir un motif à de futures actions ; on acclame celui qui est en train de courir sur la piste, non pas celui qui est au but. Ni la peine, ni la récompense ne sont choses qui reviennent à l'individu comme lui appartenant *en propre* ; elles lui sont données pour des raisons d'utilité, sans qu'il ait à y prétendre avec justice. Il faut dire « le sage ne récompense pas parce qu'on a bien agi » de la même manière que l'on a dit « le sage ne punit pas parce qu'on a mal agi, mais pour empêcher que l'on agisse mal ». Si peine et récompense disparaissaient, du même coup disparaîtraient les motifs les plus puissants qui détournent de certaines actions et poussent à certaines autres, l'intérêt de l'humanité en exige la perpétuation.

Nietzsche, *Humain, trop humain*, 1878.

La connaissance de la doctrine de l'auteur n'est pas requise. Il faut et il suffit que l'explication rende compte, par la compréhension précise du texte, du problème dont il est question.

LES CLÉS DU SUJET

■ Dégager la problématique du texte

• Nietzsche pose ici deux questions : pourquoi punit-on ? pourquoi récompense-t-on ? Autrement dit quels sont les **raisons** et le **but** des **punitions** et **récompenses** ? La question est de savoir ce qui les justifie et ce que visent les récompenses et les peines.

• Récompenses et punitions apparaissent à première vue comme des actes de **justice** : celui qui a commis le mal est puni parce qu'il est **responsable** de cet acte, en étant **l'auteur**. On présuppose donc qu'il aurait pu agir autrement, et que s'il ne l'a pas fait, c'est par une **libre décision** de sa part : il **mérite** donc d'être sanctionné. Le principe central de la **justice rétributive** est le suivant : à l'acte doit répondre la sanction, à chacun ce qui lui revient (une peine à celui qui a mal agi, une récompense à celui qui a bien agi). Mais pouvait-il vraiment agir autrement ? Sommes-nous vraiment comptables de nos bonnes ou mauvaises actions ? Et finalement, les peines et les récompenses ne visent-elles pas, au-delà de l'individu, un autre but ? Mais lequel ?

■ Repérer la structure du texte et les procédés d'argumentation

• Dans un premier temps (l. 1-10), Nietzsche réfute l'idée commune selon laquelle récompense et punition sont des actes de justice **méritées par l'individu**. En réalité, elles **visent à produire des effets sur des actions futures**.

• Dans un second temps (l. 10 à la fin), Nietzsche en déduit que les peines et les récompenses ne sont pas affaire de « **justice** » mais d'« **utilité** » : elles ont une motivation exclusivement **sociale**.

■ Éviter les erreurs

Surlignez d'abord les distinctions qui structurent le texte : « est puni »/« ne mérite pas sa punition » ; « celui qui est puni »/« celui qu'on récompense » ; « celui qu'on récompense »/« ne mérite pas sa récompense » ; « moyen d'intimidation pour empêcher à l'avenir certains actes »/« encouragement… motif à de futures actions » ; « celui qui est en train de courir sur la piste »/« celui qui est au but » ; « peine »/« récompense » ; « utilité »/« justice » ; « le sage ne récompense pas parce qu'on a bien agi »/« le sage ne punit pas parce qu'on a mal agi, mais pour empêcher que l'on agisse mal » ; « détournent de certaines actions »/« poussent à certaines autres » ; « choses qui reviennent à l'individu comme lui appartenant *en propre* »/« l'intérêt de l'humanité en exige la perpétuation ».

LA POLITIQUE

CORRIGÉ 33

Les titres en couleur servent à guider la lecture et ne doivent en aucun cas figurer sur la copie.

Introduction

Nietzsche interroge le principe de la justice rétributive, selon lequel il est juste de punir celui qui a mal agi et de récompenser celui qui a bien agi. Pourquoi punit-on un individu ? Pourquoi le récompense-t-on ? Que visent les punitions et les récompenses, qu'est-ce qui les explique et quel est leur but ? *A priori*, on pourrait penser qu'on punit celui qui a mal agi parce qu'il est responsable de sa mauvaise action. En ce sens, il mérite d'être puni à hauteur de son acte en ce qu'il en est l'auteur : la sanction suppose ainsi qu'il est puni parce qu'il aurait pu agir autrement, et c'est en cela que la punition se donne pour un acte de justice.

Info
La justice rétributive est la théorie selon laquelle il est juste de répondre à un acte réprouvé par une punition proportionnée, et, au contraire, de répondre à un acte valorisé par une récompense. C'est le caractère proportionné de la peine qui permettrait de la penser comme un acte de justice, en la distinguant de fait d'un acte de vengeance.

Mais ce raisonnement propre à la justice rétributive repose sur un présupposé : car celui qui a mal agi pouvait-il faire autrement ? Est-il si sûr que nous soyons comptables de nos bonnes ou mauvaises actions ? Et finalement, les peines et les récompenses ne visent-elles pas un autre but ? C'est précisément ce problème que soulève Nietzsche, en démontrant en premier lieu qu'elles sont une nécessité sociale. Plus qu'un moyen d'établir la justice, elles sont un moyen de préserver la société ou de conserver l'homme. Dans un premier temps (l. 1-7), Nietzsche réfute l'idée commune selon laquelle récompense et punition sont des actes de justice mérités. En réalité, elles visent à produire des effets sur les actions futures d'un ensemble d'individus. Dans un second temps (l. 8 à la fin), Nietzsche en déduit que punitions et récompenses ne sont pas affaire de « justice » mais d'« utilité » : leur motif relève avant tout d'un souci de protection et de préservation de l'homme.

1. La récompense et la punition visent un ensemble de conduites

A. Je ne mérite ni punition ni récompense

D'abord, Nietzsche s'interroge sur le sens de la punition et de la récompense. Qu'est-ce qui fonde l'idée selon laquelle il serait juste de punir celui qui a fait le mal, et de récompenser celui qui a fait le bien ?

En réalité, ce qui fonde cette idée, c'est l'idée d'un « mérite » : au mal que j'ai fait répond alors en toute logique le mal que l'on me fait. Mais pourquoi mériterait-on une punition pour avoir fait le mal ? Ce qu'indique Nietzsche, c'est que l'idée même du mérite repose sur un présupposé. Si à mon acte doit répondre une punition, c'est que mon acte était voulu, et que je pouvais donc agir autrement. Ainsi, le raisonnement propre à cette justice rétributive est le suivant : je suis libre, donc responsable de mes actes, donc susceptible d'être puni. Mais celui qui a agi, bien ou mal, était-il vraiment libre de le faire ? En réalité, « il ne pouvait », dit Nietzsche, « agir autrement qu'il n'a agi ».

Ce qui se trouve remis en cause, c'est précisément le point de départ de ce raisonnement, à savoir l'affirmation d'un libre arbitre, sur lequel reposerait l'idée même de ma responsabilité. Mais si je ne suis pas libre de mes actes, si je suis déterminé à agir, alors en quoi serais-je responsable de ces actes ?

Conseil
La démonstration de Nietzsche ne développe pas cette critique du libre arbitre, de cette capacité psychologique à faire des choix sans y être déterminé par une chose extérieure à moi. Il s'agit en réalité du point de départ de sa démonstration. La critique du libre arbitre, et l'idée de responsabilité qui en découle, amènent Nietzsche à examiner la question de la justice rétributive.

B. Récompenser pour encourager des conduites, punir pour en décourager d'autres

Si je ne suis pas responsable de mes actes, si j'en suis irresponsable ou, comme le dirait Nietzsche, innocent, alors les peines et les récompenses ne sont jamais méritées : je ne peux mériter une récompense que si j'ai voulu bien agir, et que j'étais libre de le faire. Mais alors, à quoi servent les punitions et les récompenses, et qui visent-elles, si elles ne s'adressent pas à l'individu ? En réalité, elles visent moins l'acte passé d'un individu que les actions futures d'un ensemble d'individus. Les punitions, dit Nietzsche, sont « un moyen d'intimidation pour empêcher à l'avenir certains actes » comme, à l'inverse, les récompenses sont « un encouragement pour lui et pour les autres ». L'effet voulu de la sanction et de la récompense déborde donc l'individu : par elles, on encourage l'individu à faire à nouveau le bien, et on le dissuade de faire à nouveau le mal, mais, à travers cet individu, on s'adresse à tous. Les peines et les récompenses sont alors exemplaires : en punissant cet individu, je cherche avant tout à indiquer aux autres ce qu'il ne faut pas faire, et ce qu'ils risquent au cas où ils le feraient. C'est en cela, d'après Nietzsche, que l'on « se sert de lui » : on trouve dans son acte l'occasion de produire un ensemble de conduites, par l'« encouragement » (récompense) ou l'« intimidation » (punition).

Récompense et punition ont donc « pour fin de fournir un motif à de futures actions » ; elles cherchent à orienter nos conduites plus qu'à sanctionner un acte passé auquel, de toutes façons, elles ne peuvent plus rien. Nietzsche fait alors intervenir une image : la preuve que la récompense encourage des conduites futures plus qu'elle ne couronne un acte passé, c'est qu'on « acclame celui qui est en train de courir sur la piste, non pas celui qui est au but ». En d'autres termes, la récompense encourage : or, il ne sert à rien d'encourager le coureur à la fin de sa course, on ne l'encourage que pendant sa course. De la même façon, on ne récompense pas un homme pour son acte passé, mais dans la perspective de ses actes futurs.

[Transition] Mais alors, si les récompenses et les punitions portent moins sur l'acte passé d'un individu qu'elles n'orientent les conduites d'un ensemble d'individus, peut-on encore dire qu'elles établissent une justice ? Et si punir celui qui a fait le mal n'a aucun sens, alors quel est le sens du système punition/récompense ?

2. Récompense et punition ont une utilité

A. Récompense et punition ne sont pas affaire de justice mais d'utilité

Dans un deuxième temps, Nietzsche se pose la question suivante : si punition et récompense n'ont aucun sens par rapport à l'individu, si elles n'ont de sens que par rapport aux actions futures d'un ensemble d'individus, alors peut-on les penser comme les instruments d'une justice ? La justice rétributive, qui entend rétribuer l'individu à hauteur de ses actes, est-elle vraiment une forme de justice ? Est-il juste qu'on me punisse ? Est-il juste qu'on me récompense ? Nietzsche répond d'emblée : punitions et récompenses sont données à l'individu « pour des raisons d'utilité, sans qu'il ait à y prétendre avec justice ». Ce qui est utile, c'est ce qui aide à satisfaire un besoin, et c'est donc la satisfaction d'un besoin que visent les peines et les récompenses. Elles sont donc instrumentales : Nietzsche souligne cette dimension instrumentale en précisant le sens de la question : pourquoi me punit-on ? On pourrait penser que cette question signifie « à cause de quoi me punit-on ? », auquel cas la justice rétributive répondrait : parce que tu as mal agi. Mais, comme l'a établi Nietzsche, cette réponse apparaît absurde dans la mesure où nous ne sommes pas responsables de nos actes. Cette question signifie donc : dans quel but me punit-on ? Nietzsche répond : « le sage ne punit pas parce qu'on a mal agi, mais pour empêcher que l'on agisse mal. », comme « le sage ne récompense pas parce qu'on a bien agi », mais pour encourager à bien agir. Ainsi, il n'est pas juste qu'on me punisse, mais cette punition est en revanche utile. Cependant, à quoi sont nécessaires les sanctions et les récompenses et à quoi servent-elles ?

B. C'est l'intérêt qui les motive

Nietzsche a établi l'utilité des récompenses et des punitions en montrant qu'elle visent à produire des conduites, en en encourageant certaines et en nous dissuadant d'en entreprendre d'autres. Leur utilité est donc sociale : elles sont avant tout l'instrument par lequel se protège et se défend une société. Afin de souligner leur caractère nécessaire, Nietzsche se place dans l'hypothèse où peines et récompenses disparaîtraient : « du même coup disparaîtraient les motifs les plus puissants qui détournent de certaines actions, et poussent à certaines autres. » Autrement dit, le désir des récompenses et la crainte des punitions sont les véritables causes de nos actions. Les peines et les récompenses ont d'abord pour but de produire en nous un désir de récompense et une peur de la punition qui détermineront nos conduites ; les supprimer mettrait finalement en danger « l'humanité » elle-même, dans la mesure où ces conduites se trouveraient alors sans orientation, sans motif stable. Aucun système moral, aucun système juridique, ne saurait se passer des récompenses et des sanctions. Ce n'est donc pas une question de justice, mais de conservation et de survie de l'homme.

Conclusion

En définitive, celui qui a bien agi n'avait pas d'autre choix que bien agir, celui qui a mal agi n'avait d'autre choix que de mal agir. Par conséquent, il est absurde de rétribuer leur actes, par une peine ou une récompense. Du point de vue de leur acte passé et de leur individu, ces rétributions n'ont aucun sens. C'est seulement dans la perspective d'un ensemble de conduites futures que ces rétributions ont une utilité.

En d'autres termes, il n'est pas juste qu'un individu soit récompensé d'avoir fait le bien. En revanche, qu'il soit récompensé est de la plus haute utilité, en ce sens que le désir de la récompense et la crainte de la punition sont nécessaires à la conservation de l'humanité. Ainsi, la critique de Nietzsche dévoile, sous ce qui se donne pour justice, le pur souci de se conserver.

SUJET 34

France métropolitaine • Juin 2015

EXPLICATION DE TEXTE • Série ES

Spinoza

▸ **Expliquer le texte suivant :**

Dans un État démocratique, des ordres absurdes ne sont guère à craindre, car il est presque impossible que la majorité d'une grande assemblée se mette d'accord sur une seule et même absurdité. Cela est peu à craindre, également, à raison du fondement et de la fin de la démocratie, qui n'est autre que de soustraire les hommes à la domination absurde de l'appétit[1] et à les maintenir, autant qu'il est possible, dans les limites de la raison, pour qu'ils vivent dans la concorde et dans la paix. Ôté ce fondement, tout l'édifice s'écroule aisément. Au seul souverain, donc, il appartient d'y pourvoir ; aux sujets, il appartient d'exécuter ses commandements et de ne reconnaître comme droit que ce que le souverain déclare être le droit.

Peut-être pensera-t-on que, par ce principe, nous faisons des sujets des esclaves ; on pense en effet que l'esclave est celui qui agit par commandement et l'homme libre celui qui agit selon son caprice. Cela cependant n'est pas absolument vrai ; car en réalité, celui qui est captif de son plaisir, incapable de voir et de faire ce qui lui est utile, est le plus grand des esclaves, et seul est libre celui qui vit, de toute son âme, sous la seule conduite de la raison.

Spinoza, *Traité théologico-politique*, 1670.

---

1. Appétit : ce qui nous porte à désirer quelque chose.

La connaissance de la doctrine de l'auteur n'est pas requise. Il faut et il suffit que l'explication rende compte, par la compréhension précise du texte, du problème dont il est question.

LES CLÉS DU SUJET

Dégager la problématique du texte

• Dans ce texte, Spinoza interroge la **démocratie** : faut-il vouloir que l'État soit démocratique ? Et plus précisément, faut-il craindre que le peuple se gouverne mal ?

• C'est à une objection commune que Spinoza entend répondre ici : l'objection selon laquelle un peuple serait incapable de se gouverner lui-même. Si la démocratie (du grec *demos*, le peuple, et *kratos*, le pouvoir) se définit comme le régime politique qui attribue la souveraineté au **peuple**, elle repose donc sur l'idée selon laquelle tout membre de ce peuple aurait la capacité d'être citoyen. Or, qu'est-ce qu'un peuple ? Le peuple n'est-il pas formé d'un ensemble d'individus aux intérêts divergents, mûs par la **passion**, fondamentalement **ignorants** et par là aveugles à toute forme de **justice** ou d'**intérêt commun ?**

• Cette méfiance à l'égard du peuple nourrit une tradition portée à justifier tout régime politique autoritaire par le risque que représente le fait de confier les décisions politiques à un agrégat d'individus ignorants pris dans leurs passions fluctuantes. Mais peut-on définir le peuple ainsi ? La démocratie ne porte-t-elle pas en son cœur la possibilité de se prémunir de l'ignorance et des désirs aveugles ?

Repérer la structure du texte et les procédés d'argumentation

• Dans un premier temps (l. 1 à 9), Spinoza répond à l'objection selon laquelle la démocratie serait minée par **l'ignorance** et les **passions** des individus : il expose en quoi la démocratie apparaît précisément comme un **rempart aux conduites capricieuses des individus**.

• Dans un second temps (l. 10 à la fin), Spinoza répond à une objection qui pourrait être opposée à son raisonnement : si le peuple, en démocratie, doit obéissance aux **lois**, alors, n'est-il pas esclave ? En réalité, le citoyen n'est **libre** que par les lois qui expriment la **raison**.

Éviter les erreurs

• Pour expliquer ce texte, vous devrez d'abord relever les distinctions qui le structurent : « ordres absurdes »/« raison » ; « la majorité d'une grande assemblée »/« une seule et même absurdité » ; « fondement »/« fin » ; « appétit »/« raison », « soustraire les hommes à la domination absurde de l'appétit »/« les maintenir, autant qu'il est possible, dans les limites de la raison » ; « souverain »/« sujets » ; « au seul souverain, donc, il appartient d'y pourvoir »/« aux sujets, il appartient d'exécuter ses commandements et de ne reconnaître comme droit que ce que le souverain déclare être le

LA POLITIQUE

droit » ; « sujets »/« esclaves » ; « l'esclave est celui qui agit par commandement »/« l'homme libre celui qui agit selon son caprice » ; « le plus grand des esclaves »/« libre » ; « celui qui est captif de son plaisir, incapable de voir et de faire ce qui lui est utile »/« celui qui vit, de toute son âme, sous la seule conduite de la raison ».

CORRIGÉ 34

Les titres en couleurs servent à guider la lecture et ne doivent en aucun cas figurer sur la copie.

Introduction

La démocratie est-elle un bon régime politique ? Ne faut-il pas craindre que le peuple ne sache pas se gouverner ? C'est précisément cette question qu'aborde Spinoza dans ce texte, affrontant ainsi une objection commune adressée à la démocratie.

Si la démocratie (du grec *demos*, le peuple, et *kratos*, le pouvoir) se définit comme le régime politique qui attribue la souveraineté au peuple, elle repose donc sur l'idée selon laquelle tout membre de ce peuple aurait la capacité d'être citoyen. Or, le peuple n'est-il pas formé d'un ensemble d'individus aux intérêts divergents, mûs par la passion, fondamentalement ignorants, irrationnels, et par là aveugles à toute forme de justice ou d'intérêt commun ?

Info
Il s'agit par exemple de l'objection adressée par Platon à la démocratie : le peuple, en proie à l'illusion et à l'ignorance, serait incapable de se gouverner du fait de ce rapport éloigné au savoir et à la rationalité. Cette objection justifie la défense platonicienne d'un régime aristocratique où le philosophe, figure du savoir et de la raison, règne.

À cette méfiance traditionnelle à l'égard du peuple, Spinoza oppose la thèse suivante : la démocratie est un bon régime politique en ce qu'elle permet de dépasser l'irrationnalité et le caractère passionnel des individus, dont l'obéissance aux lois et à la raison, conditionne la liberté.

Spinoza examine d'abord l'objection selon laquelle la démocratie serait minée par l'ignorance et les passions des individus : il expose en quoi la démocratie apparaît précisément comme un rempart aux conduites capricieuses des individus. Puis (l. 10 à la fin), il répond à une objection qui pourrait être opposée à son raisonnement : mais alors si le peuple, en démocratie, doit obéissance aux lois, n'est-il pas esclave ? En réalité, selon Spinoza, le citoyen n'est libre que par les lois, qui expriment la raison.

1. L'État démocratique veut la paix, et limite les passions par la raison

A. Deux raisons pour lesquelles l'irrationalité du peuple n'est pas à craindre

Dans une première partie, Spinoza entend répondre à l'objection commune faite à la démocratie, objection selon laquelle donner la souveraineté au peuple serait méconnaître l'irrationnalité des individus : de ces individus irrationnels et passionnels ne pourraient émaner que des « ordres absurdes ».

Info
Cette idée d'une rationalité collective, résultant de l'addition des rationalités individuelles, est déjà ce qui fonde la défense de la démocratie chez Aristote, supposant qu'en chacun existe la même faculté à raisonner.

À cela, Spinoza répond en deux temps. Son premier argument repose sur le nombre : de la « majorité d'une grande assemblée », dit-il, ne peut sortir « une seule et même absurdité ». Autrement dit, l'argument est logique : s'il est possible que d'un individu sorte une décision absurde, il est moins probable qu'un grand nombre d'individus prenne une décision absurde ou contraire à leurs intérêts. La décision étant prise, en démocratie, à la majorité, il est peu probable que la majorité des citoyens se prononce en faveur d'une décision irrationnelle. Ce qui garantit d'abord les lois démocratiques contre le caprice ou l'irrationnalité individuelle, c'est donc que ces lois sont adoptées à la majorité : en somme, il faudrait supposer une raison commune, une sorte de bon sens qui serait majoritaire, soit une rationalité collective.

Le second argument repose sur une définition précise de la démocratie : son « fondement » et sa « fin », c'est-à-dire ce pour quoi elle est faite, ce qui explique son existence et ce qu'elle vise, c'est la « paix ». Or, dire qu'elle est faite pour établir la paix, c'est dire que sa raison d'être et sa fin sont justement d'imposer les « limites de la raison » à la « domination absurde de l'appétit ».

En d'autres termes, la démocratie, loin de permettre aux individus d'exprimer leur irrationalité à travers les lois, est faite pour contenir ces désirs, ces caprices qui, nés de leur caractère passionnel, conduisent les individus à s'affronter.

B. Le souverain garantit la paix, le peuple obéit aux lois

De là, Spinoza tire une conclusion portant sur les devoirs du « souverain » et ceux des « sujets ». Si le souverain est garant de cette paix, qui ne s'obtient que par le combat de la raison contre les caprices individuels, les sujets d'une démocratie, eux, doivent obéissance aux lois. Il leur revient, dit-il, « de ne reconnaître comme droit que ce que le souverain déclare être le droit. »

Info
Même si Spinoza évoque un « souverain » et des « sujets », il faut comprendre qu'il s'agit d'évoquer le rapport de celui qui incarne la souveraineté du peuple à l'ensemble des citoyens.

Spinoza évoque ici le contrat social par lequel s'établissent des devoirs réciproques : en échange de la garantie qu'ils vivront en paix, les citoyens s'engagent à obéir aux lois. Le souverain, l'individu ou la collectivité qui incarne la souveraineté du peuple, n'est donc pas la figure autoritaire qui exerce son pouvoir de façon verticale sur des sujets, mais celui qui les représente et est lié à eux par un contrat.

[Transition] Pourtant, si le devoir des sujets est d'obéir aux lois instaurées par le souverain, les sujets d'une démocratie ne sont-ils pas soumis à ce souverain ?

2. L'État démocratique rend libre

A. Formulation de l'objection : le peuple est-il alors esclave ?

Dans un deuxième temps, Spinoza formule une objection que l'on pourrait lui opposer à ce point de son raisonnement : dire que le devoir des sujets d'une démocratie consiste en une obéissance à la loi, n'est-ce pas dire que la démocratie reconduit ce dont elle entendait s'émanciper, à savoir de la relation de pouvoir verticale ? L'obéissance aux lois n'est-elle pas soumission ? En réalité, d'après Spinoza, cette objection repose sur une erreur quant à la définition de l'« esclave » et de l'« homme libre ». À l'esclave, défini comme « celui qui agit par commandement », on tend communément à opposer un homme libre, défini comme « celui qui agit selon son caprice ». Être libre signifierait de disposer du pouvoir d'agir sans entraves, et toute règle, tout principe apparaîtrait comme une limite à cette liberté.

Cette définition commune de la liberté, selon laquelle être libre c'est faire ce qui me plaît, s'accorde mal en effet avec l'obéissance à la loi, présentée comme premier devoir du sujet démocratique. Mais alors, la démocratie ne fait-elle de nous que des hommes entravés par les lois ?

B. Il n'y a de liberté que par une loi opposant la raison aux passions

L'erreur, d'après Spinoza, tient précisément à cette définition spontanée de la liberté, qu'il examine alors. En réalité, selon lui, celui qui fait ce qui lui plaît est « captif de son plaisir, incapable de voir et de faire ce qui lui est utile ». Si être libre, c'est faire ce que je veux, la question est la suivante : qu'est-ce que je veux ? Je ne veux que suivre mes désirs et m'y soumettre aveuglément. En ce sens, l'homme qui suit ses désirs est « le plus grand des esclaves ». Il est donc moins libre encore que l'esclave soumis par un maître, puisqu'on pourrait dire que celui qui se laisse guider par ses caprices consent son esclavage : il veut obéir à ses désirs. À cet homme qui se laisse gouverner par ses caprices s'oppose l'homme libre, défini par Spinoza comme « celui qui vit, de toute son âme, sous la conduite de la raison ».

Ainsi, à l'homme esclave défini par ce principe d'action individuel et instable qu'est le caprice s'oppose l'homme libre, dont le principe d'action, stable, partagé avec les autres hommes, est cette raison l'arrachant à ses conduites irrationnelles et capricieuses.

Conclusion

En définitive, Spinoza s'attache dans ce texte à déconstruire le fondement de la critique de la démocratie, selon laquelle celle-ci serait le règne des décisions absurdes. Si cette critique légitime la structure verticale du pouvoir par l'ignorance et la versatilité de l'individu, Spinoza en pointe la limite.

En réalité, si la faille d'un régime politique réside dans son incapacité à inscrire les individus dans la raison et à les protéger de l'irrationnalité, alors il faut admettre que la démocratie offre de ce point de vue une garantie imparable : si les lois résultent de la majorité des voix et que la démocratie n'a d'autre raison d'être que de viser la paix en contenant les caprices individuels, c'est elle seule qui protège et libère les individus de leurs comportements passionnels et de ces désirs changeants qui les opposent et leur nuisent.

L'homme qui vit en démocratie peut alors apparaître, justement parce que son premier devoir est d'obéir à la loi issue de la raison, comme le véritable homme libre.

SUJET
35
Pondichéry • Avril 2016
DISSERTATION • Série L

L'autorité de l'État s'oppose-t-elle à la liberté des individus ?

LES CLÉS DU SUJET

■ Définir les termes du sujet

L'État

• Cette réalité politique désigne une façon d'exercer le pouvoir. C'est un ensemble d'institutions dont le but est d'administrer une société sur un territoire donné. L'État implique l'existence d'une constitution qui définit des types de pouvoir et le domaine propre à chacun. Légiférer, gouverner, juger sont les trois dimensions fondamentales de cette organisation complexe qui oriente la vie sociale et se présente comme la puissance souveraine, celle qui décide en dernière instance.

L'autorité

• Ce terme désigne la source du pouvoir, elle le fonde. Pour qu'un pouvoir puisse s'exercer, il faut qu'il soit autorisé à le faire et donc que sa légitimité soit reconnue par les gouvernés. L'autorité n'est pas forcément synonyme d'autoritarisme. Une personne qui fait autorité par la qualité de ses travaux dans un domaine n'exerce pas une violence sur les autres. Tout au contraire, elle les éclaire utilement. Il est toutefois possible que l'autorité soit usurpée et dans ce cas le pouvoir est injuste.

La liberté des individus

• Cette expression correspond à la sphère des droits que chacun de nous possède en tant qu'il est homme, et non seulement citoyen. Ces droits sont multiples. Ils peuvent être politiques comme le droit à la liberté d'expression, sociaux comme le droit à la santé, ou socio-économiques comme le droit au travail. Cette liberté est susceptible d'entrer en conflit avec le pouvoir étatique dans la mesure où celui-ci encadre son usage.

■ **Dégager la problématique et construire un plan**

La problématique repose sur la tension existant entre l'autorité et la liberté. Il est tentant de les opposer frontalement. La première serait synonyme d'oppression, voire de tyrannie, quand la seconde signifierait l'usage de notre libre arbitre et l'indépendance de notre conduite. Cela semble d'autant plus vrai que l'État exerce un pouvoir sur les individus et les punit parfois. Il faut toutefois questionner la pertinence de ce schéma. N'avons-nous pas besoin d'un État pour rendre compatible entre elles les libertés individuelles ? Il faut s'interroger sur les buts de l'État. Ne peut-il pas contribuer à réaliser la liberté ? Se pose alors le problème suivant : s'il est vrai que la liberté des individus paraît s'exercer hors du champ de l'État, il apparaît que celui-ci est requis pour reconnaître le bien-fondé de ces libertés et protéger leur exercice.

■ **Éviter les erreurs**

Il ne faut pas tomber dans une opposition caricaturale. L'analyse continue des notions est impérative pour empêcher ce défaut.

CORRIGÉ 35

Les titres en couleurs servent à guider la lecture et ne doivent en aucun cas figurer sur la copie.

Introduction

Une opinion courante voit volontiers l'État comme l'adversaire de l'individu. Son autorité n'aurait de cesse de brider les libertés individuelles en leur imposant des lois. Ce jugement est-il fondé ? Ne peut-on au contraire soutenir que l'État est la condition pour réaliser concrètement la liberté de l'individu ? Il est tentant de définir celle-ci comme une absence de contraintes mais avons-nous bien réfléchi à ce que ce droit suppose pour pouvoir se réaliser ? Le sens commun reconnaît d'ailleurs volontiers que sans lois, le chaos s'installe, et avec lui l'absence de liberté. Il faut donc considérer le sujet de plus près et se demander si l'autorité de l'État s'oppose à la liberté des individus. Un État fort est-il nécessairement un État liberticide où les gouvernants tyrannisent les gouvernés ?

> **Info**
> L'introduction doit montrer que le sujet présente des difficultés de compréhension alors qu'il paraît simple. Le sens des termes n'est jamais évident.

1. Les raisons de l'opposition

A. Une croyance répandue

On pense généralement que l'État et l'individu sont dans une relation antagoniste, telle que le premier ne puisse se développer qu'au détriment du second. L'État se définit comme une forme de pouvoir qui régule et oriente la vie sociale à travers des institutions. Il encadre la vie des hommes, lesquels ont des droits et des devoirs fixés par les lois conformes à une constitution. Ce pouvoir organisé s'exerce, selon Max Weber, par le biais des administrations. Il est dès lors tentant de croire que l'individu sera d'autant moins libre que l'État sera puissant. L'individu est à distinguer du citoyen. Celui-ci est le membre de l'État, celui-là désigne chacun de nous en tant qu'il est une unité singulière, un être doté de désirs particuliers qui n'ont pas pour souci primordial l'intérêt général, dont l'État, au contraire, se veut le garant. Nous pensons donc que la satisfaction de nos envies individuelles ne peut qu'être freinée voire opprimée par les lois de l'État.

Conseil
Commencez votre première partie en rendant compte de la relation qui est au centre du sujet. Vous la questionnerez ensuite.

B. Le pouvoir de l'État

Cette opposition paraît renforcée par l'examen des fonctions dites régaliennes, celles par lesquelles l'État fait la démonstration de sa souveraineté. Par son pouvoir de légiférer, il trace les limites de l'obligatoire, du permis et du défendu. Les gouvernants ont, quant à eux, la charge de décider des orientations que la nation doit prendre. Enfin, les jugements sont rendus au nom du peuple et il est très difficile de contester un verdict, même si des juridictions supranationales existent. L'État se présente donc comme l'institution qui détient le pouvoir de décider et de juger en dernière instance. Ainsi s'établit une relation asymétrique entre des gouvernants et des gouvernés. L'obéissance de ces derniers est requise, et Nietzsche voit dans l'État « le plus froid des monstres froids », qui trompe le peuple et l'utilise sans vergogne comme de la chair à canon. Les libertés individuelles, comme celles de s'exprimer publiquement, de se cultiver, de circuler sont niées ou suspendues au bon vouloir des dirigeants qui ne veulent que des sujets dociles. L'autorité de l'État serait donc synonyme d'une contrainte infligée aux individus dans le but d'en faire des atomes sans personnalité.

[Transition] Faut-il en conclure que sans État la liberté des individus s'exercerait pleinement ? N'est-ce pas tomber dans une vision faussée des désirs individuels ? L'homme n'est pas qu'un être de raison.

Info
Les transitions ne nient pas ce qui précède mais en montrent les limites.

2. La critique de l'opposition

A. L'état de nature

Dans son ouvrage *Le Léviathan*, Hobbes élabore une théorie de l'État destinée à nous montrer sa nécessité. Il forme le concept d'un état de nature qui se caractérise par l'absence totale d'institutions. Il n'existe que des individus définis par leur désir et par leur droit de pouvoir faire tout ce qu'ils jugent nécessaire à la conservation de leur vie et à l'accroissement de leur pouvoir. L'égalité y règne mais elle est source de crainte et de violence. Hobbes distingue trois causes qui poussent les hommes à ne pas s'entendre : la rivalité, la méfiance et la fierté. La première fait que chacun est violent pour s'emparer de ce que les autres convoitent et à quoi ils peuvent prétendre autant que lui. La deuxième les rend agressifs car ils craignent la vengeance de ceux qu'ils ont vaincus et la troisième engendre d'interminables querelles d'amour-propre. Ainsi se développe une « guerre de tous contre tous » qui produit une situation invivable et qu'il faut abolir pour que la paix succède aux conflits.

B. L'État représentatif

Conseil
Pensez à tous les termes du libellé. Le sujet ne parle pas que de l'État mais aussi de son autorité.

Le caractère belliqueux des désirs rend indispensable l'établissement d'un pouvoir fort, seul capable de créer une situation stable et pacifiée. Hobbes l'illustre par l'image d'un géant qui concentre dans sa main la totalité des moyens de la contrainte. Notons toutefois que cet État est fondé sur un pacte d'association par lequel chacun renonce à son droit de se gouverner lui-même à condition que tous les autres en fassent de même. Ainsi, l'homme ou l'assemblée qui commande est autorisé à le faire au nom de tous. L'autorité de l'État n'est donc pas issue d'un coup de force ou d'une ruse mais d'un engagement raisonné qui fait du souverain un représentant. Ceux qui légifèrent, administrent, gouvernent et jugent ne le font pas en leur nom propre mais en tant que représentants du peuple qui les a choisis. Hobbes entend ainsi résoudre le conflit potentiel entre l'individu et l'État. Si l'État est la forme politique de la volonté des individus, ces derniers n'ont rien à craindre pour leurs libertés. Tout au contraire, ils ne peuvent travailler et jouir de leur travail, circuler en sécurité, développer leurs talents que protégés par un tel pouvoir.

[Transition] Il reste toutefois à se demander si ce schéma ne passe pas sous silence le comportement effectif de certains États.

3. L'État de droit

A. La critique de l'absolutisme

Selon Hobbes, les libertés individuelles n'existent que par la médiation de l'État. Cette conception a suscité de vives critiques mettant en cause l'impossibilité de rester libre une fois le représentant créé. Hobbes est favorable à un pouvoir absolu du souverain. Nulle loi n'est supérieure à sa volonté et il n'a aucun devoir envers lui-même. Dès lors, le pacte d'association risque d'être un marché de dupes qui conduit à l'aliénation de ceux qui l'ont formé. Telle est la thèse de Locke qui compare la situation des sujets à celle des prisonniers du cyclope de *L'Odyssée*. Ceux-ci n'étaient pas en guerre mais n'étaient pas libres non plus et n'avaient qu'à se résigner à attendre le jour où ils seraient dévorés. Les totalitarismes de l'époque moderne ont montré à quel point un État peut être barbare. Aussi est-il nécessaire que l'État soit un État de droit. Telle est la fonction du concept d'État de droit.

B. La souveraineté de l'individu

Cette idée vise à encadrer le pouvoir des gouvernants en affirmant que l'individu est porteur de droits qu'il peut éventuellement opposer aux menées d'une autorité oublieuse de ses devoirs. Ces droits sont antérieurs par principe à ceux de l'État qui doit s'efforcer de les réaliser et qui n'est légitime qu'à cette condition. Locke les définit comme étant d'abord la propriété de soi, qui inclut la liberté de conscience et la possession de son corps, et la propriété acquise par son travail. Vient s'ajouter le droit à la libre expression, celui de circuler, de se réunir, de suivre le culte de son choix, d'avoir une vie privée. Ainsi s'affirme une souveraineté de l'individu sur lui-même. L'État est requis pour assurer la coexistence pacifique de l'usage de ces droits mais il n'est pas autorisé à contraindre au-delà des nécessités de la paix civile. Il est donc indispensable que les gouvernants soient tenus d'obéir à des lois égales pour tous et respectueuses des droits de l'homme. On parle de droits-libertés pour désigner tout ce qui permet à chacun d'épanouir son individualité conformément à sa qualité d'homme.

Conclusion

Nous sommes partis de l'opposition courante entre l'État et l'individu puis nous avons montré que l'autorité du premier n'est pas nécessairement l'adversaire de la liberté du second. L'autorité de l'État lui donne le droit de commander mais elle doit contribuer à faire exister les libertés des individus qui sont des hommes et pas seulement des citoyens.

Info
Votre réflexion doit s'achever par une réponse argumentée.

SUJET

36

France métropolitaine • Juin 2014

DISSERTATION • Série ES

Suffit-il d'avoir le choix pour être libre ?

LES CLÉS DU SUJET

■ Définir les termes du sujet

Avoir le choix

L'expression implique que nous ayons la capacité d'arbitrer entre plusieurs possibilités qui nous sont offertes. Il nous revient de décider celle que nous retiendrons. Cette situation met en avant la liberté de la volonté.

Suffire

Ce verbe indique que nous devons évaluer la nature d'une condition. Avoir le choix est-il une condition nécessaire **et** suffisante pour être libre ou ne s'agit-il que d'une liberté imparfaite, inachevée ?

Être libre

Le mot « liberté » a plusieurs sens. Il peut être synonyme d'**indépendance**, et a des implications sur le plan personnel et collectif (liberté politique).

■ Dégager la problématique et construire un plan

La problématique

Elle repose sur le sens à donner au **libre arbitre**. Faut-il considérer qu'il définit à lui seul la nature de la liberté ? Ne serait-il pas une dimension, importante certes, mais incomplète ? Cela demande une analyse précise de ce concept.

Le plan

Nous évoquerons, dans un premier temps, les raisons d'affirmer qu'il suffit d'avoir le choix pour être libre. Puis nous examinerons en détail le concept de libre arbitre. Nous conclurons en montrant pourquoi il ne peut suffire à définir la liberté.

■ Éviter les erreurs

Ne pas substituer à la question un débat sur le fait d'avoir ou non le choix. Le sujet présuppose que nous l'avons et demande si cela suffit. Si vous mettez en doute le fait d'avoir le choix vous commettez un hors-sujet.

CORRIGÉ 36

Les titres en couleurs servent à guider la lecture et ne doivent en aucun cas figurer sur la copie.

Introduction

La liberté est généralement associée à l'idée d'avoir le choix et cette position semble inattaquable. Celui qui ne peut choisir est contraint. À l'inverse, plus nos possibilités sont grandes et dépendent de nous, plus nous avons le sentiment d'être libre. Notre volonté montre son indépendance en sélectionnant, entre les différentes possibilités, celle qui nous convient le mieux. Ceci renvoie au concept de libre arbitre, bien ancré dans la tradition philosophique. La situation est cependant plus complexe.

Avoir le choix n'est pas négligeable, mais est-ce la liberté complète, achevée ? Choisir est un acte mais il faut se demander quelle est sa portée. Que vaudrait une liberté qui ne se réaliserait pas et quel rôle donner aux circonstances extérieures ?

1. La liberté et le choix

A. Une opinion courante

L'impression d'être libre s'expérimente spontanément, quand nous avons l'impression que la situation dépendra de notre bon plaisir. L'exemple simple de l'homme devant un buffet, où une multitude de plats sont présentés, en rend compte. Il peut opter pour ce qui lui plaît, tout lui est offert, il ne tient qu'à lui de choisir dans l'ensemble des mets proposés. Inversement, lorsqu'une personne veut s'ôter la responsabilité d'un acte, elle déclare qu'elle n'avait pas le choix d'agir autrement et que cette absence de liberté la met hors de cause.

> **Info**
> Analyser des situations courantes est le moyen de commencer à réfléchir.

Il est vrai que la liberté a pour contraire la contrainte, que certains nomment la nécessité ou le destin. Agir nécessairement, c'est être poussé par une force qui nous fait plier sans que nous puissions lui résister. Eichmann, le criminel nazi, déclara à son procès qu'il était pris dans un processus qui ne lui laissait pas d'alternative. Il entendait ainsi se disculper des accusations de crime contre l'humanité. Sur un plan bien moins grave, un sportif, convaincu de dopage, dira que la pression de son milieu professionnel lui enlevait toute autre perspective que de continuer à se doper.

B. La mauvaise foi et ses raisons

> **Conseil**
> Donnez des exemples, puis dégagez-en le sens philosophique.

Sartre appelle mauvaise foi ce désir qu'a l'homme de se transformer en chose, à ses yeux ou à ceux des autres, afin de nier sa liberté. En effet, il était toujours possible à Eichmann de se démettre de ses fonctions et les historiens ont montré qu'il fut un nazi convaincu. Quant au sportif, c'est à lui de décider s'il veut préserver sa santé ou la risquer pour gagner de l'argent et des honneurs. À l'inverse, le héros tragique reconnaît qu'il est l'agent de son destin. Œdipe nous touche parce qu'il se punit d'avoir fait ce que, pourtant, il ne pouvait pas ne pas faire. Cette grandeur produit de la compassion quand le criminel, qui cherche à s'excuser, suscite le dégoût.

Sartre élabore une théorie de la liberté qui rejette toute idée d'une nécessité fatale et montre que nous sommes forcément responsables de nos actes. Il distingue le plan des phénomènes naturels et celui des actions humaines. Les premiers sont commandés par des relations de cause à effet. Ils se produisent sans intention en suivant un déterminisme. Les secondes dépendent de mobiles et de motifs qui sont des créations de la liberté. Chacun de nous choisit, dans un contexte donné, ce qui vaut pour lui comme une raison d'agir et comme un but à atteindre. Ainsi, deux personnes, dans un contexte identique, ne se décideront pas de la même façon. L'une jugera que telle circonstance est un mobile pour son action, quand l'autre n'y verra rien de marquant ou se déterminera à s'engager dans le sens opposé à la première. Le discours de Pétain, annonçant la collaboration, en révulsa certains et en enthousiasma d'autres.

[Transition] Cette définition de la liberté trouve son origine dans un concept central de la philosophie : le libre arbitre.

2. Un concept fondamental : le libre arbitre

A. Définition

Le philosophe médiéval, Anselme, présente le libre arbitre au moyen d'un exemple. Supposons un homme résolu à toujours servir la cause de la vérité car il sait qu'aimer la vérité est juste. Cet amour est le mobile de son devoir. Il se sent obligé de ne jamais mentir pour ne pas le trahir. Imaginons maintenant que cet homme soit menacé de mort au cas où il ne mentirait pas. Que choisira-t-il de faire ? Anselme écrit que « la volonté est une chose, la rectitude qui la rend droite en est une autre ». Cette distinction signifie que la rectitude est issue d'une décision volontaire. C'est une qualité que la volonté se donne. Elle est donc capable de se déterminer par elle-même. Mais ceci signifie que la volonté peut refuser d'être droite. Elle est libre de mentir comme de dire la vérité. Elle a le choix entre rester morale ou cesser de l'être.

B. Liberté et nécessité

Une conséquence importante en résulte : la liberté s'oppose à la nécessité. Cette notion désigne ici ce qui ne peut pas ne pas être. C'est la force de l'inéluctable. La seule nécessité qu'Anselme reconnaisse est celle de sacrifier un des partis selon le principe du tiers-exclu. Mentira-on ou restera-t-on honnête au péril de la mort ? Toute troisième voie est bannie. Mais cette nécessité ne contraint pas la nature du choix. Autrement dit, les circonstances inclinent sans nécessiter. La peur de la mort déclenche un penchant au mensonge mais cela reste une tendance, une inclination naturelle qui peut être combattue et vaincue par le pouvoir de la volonté associé à la représentation du bien. La raison montre ce qui doit être fait, et nous le conseille. Nous devons ensuite vouloir le faire et nous le pouvons toujours puisque le jugement est libre.

Conseil
Marquez un temps d'approfondissement.

L'homme n'agit pas poussé inexorablement par des causes, comme le sont les phénomènes de la nature, il choisit ce qui, pour lui, doit être le motif le plus important. Il s'ensuit que la volonté a un pouvoir souverain de décision. C'est la définition du libre arbitre. Le jugement est fondamentalement indépendant à l'égard de toute pression. Le libre arbitre désigne donc la suprématie de la volonté sur les possibilités qui s'offrent à elle. La volonté a même le pouvoir sur les contraires, elle peut opter pour l'un comme pour l'autre. Rien ne la contraint. On parle ainsi de liberté d'indifférence. La fable de l'âne de Buridan, qui meurt de faim car il ne sait pas que choisir entre un sac de blé et un sac d'orge, en donne une vision négative. Descartes dit en ce sens que l'indifférence est le « plus bas degré de la liberté ». Il existe cependant une autre version de ce phénomène. La volonté est libre de choisir sans être tenue par rien d'autre qu'elle-même, puisque nous sommes insensibles à toute pression extérieure.

[Transition] Il apparaît ainsi que nous avons toujours le choix et que celui-ci est toujours libre. Mais est-ce la condition nécessaire et suffisante pour être libre ?

3. Les insuffisances du libre arbitre

A. La liberté stoïcienne

Les stoïciens sont les premiers à avoir insisté sur le pouvoir absolu de la volonté et sur la possibilité, pour tout homme, de se constituer une « citadelle intérieure », où il serait à l'abri de toutes les vicissitudes du monde. La liberté est accessible à chacun, dans la mesure où il fait un usage raisonné de sa volonté. Épictète soutient qu'il faut vouloir que les choses arrivent, non comme nous le désirons, mais comme elles arrivent, afin d'être heureux. Le sage se rend ainsi indifférent aux troubles qui affectent les autres hommes. Il choisit de les accepter comme un envoi du destin, et ce choix suffit à le rendre libre. Une maxime stoïcienne affirme ainsi que l'on peut être libre sur le trône comme dans les chaînes. Le sage a toujours le choix entre refuser ou accepter ce qui survient. Dans le premier cas, il se condamne à souffrir car l'événement lui paraîtra injuste. Il protestera et sera malheureux sans pouvoir rien y changer. Dans le second, il aura choisi de se réconcilier avec le destin et sera libéré de tous les troubles, physiques comme ceux de l'esprit. Tout lui semblera se produire conformément à une sagesse suprême.

Cette définition de l'état de liberté est-elle suffisante ? On remarque qu'en se focalisant sur le choix, les circonstances deviennent indifférentes. Le sont-elles vraiment ?

Conseil
Posez une question pour relancer la réflexion.

B. La définition concrète de la liberté

Redonner de l'importance aux circonstances ne doit pas nous amener à penser que celles-ci déterminent toujours la volonté et que penser le contraire serait une illusion. Nous commettrions alors un hors-sujet, car on présuppose ici que nous avons le choix. Il s'agit de montrer que l'indifférence, qui permet le choix, est une conception encore abstraite de la liberté.

Attention
Il faut éviter de dévier du sens de la question.

Être sur le trône ou dans des chaînes n'est pas équivalent. La liberté implique une dimension pratique, c'est-à-dire active. L'homme en prison peut bien se dire libre intérieurement, il est dans l'impossibilité de se mouvoir, de dialoguer, il est soumis aux règles des gardiens. Une liberté qui ne peut se réaliser par l'action sur les choses ou dans les rapports avec autrui est amputée d'une dimension fondamentale. Ceci ne supprime pas l'importance du choix mais relativise sa portée. Un prisonnier peut, certes, toujours choisir d'accepter sa détention pour la supporter sans trop de douleur, mais la liberté accomplie est celle de la volonté qui peut s'extérioriser par des actes dans lesquels elle se reconnaît.

Conseil
Reprenez votre exemple en le critiquant pour montrer ses limites.

C'est en ce sens que Hegel reproche au libre arbitre d'en rester au stade de l'autodétermination formelle. Expliquons-le en donnant à la liberté sa dimension collective. Un peuple libre est autonome. Il choisit d'obéir aux lois qu'il se donne. Mais pour que cette liberté ne soit pas fictive, il faut qu'elle puisse se manifester, que ce peuple possède un territoire, une souveraineté garantie par une armée, la capacité d'inscrire ses décisions dans le réel et de peser dans ses relations avec les autres nations.

Le choix n'est donc qu'un moment de la liberté. C'est sa dimension intérieure qui correspond à une réflexion de l'esprit sur lui-même. Ceci vaut également au niveau individuel ? Que vaut une liberté qui n'agit pas ? Elle en reste au stade du vœu, du souhait sans effectivité. Hegel souligne que le libre arbitre est une position incomplète car la volonté ne crée pas ce qu'elle choisit. Il lui faut, pour se libérer vraiment, prendre le risque de l'action. Il est toujours possible que le but visé ne se réalise pas. Personne ne maîtrise totalement les circonstances extérieures et un plan bien conçu peut toujours échouer mais, sans engagement, le choix reste ineffectif.

Conclusion

Être libre est traditionnellement défini comme le fait de pouvoir décider de façon souveraine, sans être contraint par les circonstances ou par des tendances intérieures à notre être. C'est le choix effectué par libre arbitre. Cette thèse est forte mais elle ne semble pas être suffisante pour définir la liberté dans sa totalité. Il lui manque le rapport à l'action qui expose notre liberté en même temps qu'il lui permet de se réaliser concrètement. De plus, il faut voir que la volonté n'est vraiment libre que lorsqu'elle se donne à elle-même son contenu. Choisir entre ce que nous n'avons pas créé n'est pas encore la liberté achevée.

Nouvelle-Calédonie • Novembre 2014

EXPLICATION DE TEXTE • Série ES

Mill

▸ **Expliquer le texte suivant :**

Celui qui laisse le monde, ou du moins son entourage, tracer pour lui le plan de sa vie n'a besoin que de la faculté d'imitation des singes. Celui qui choisit lui-même sa façon de vivre utilise toutes ses facultés : l'observation pour voir, le raisonnement et le jugement pour prévoir, l'activité pour recueillir les matériaux en vue d'une décision, le discernement pour décider et, quand il a décidé, la fermeté et la maîtrise de soi pour s'en tenir à sa décision délibérée. Il lui faut avoir et exercer ces qualités dans l'exacte mesure où il détermine sa conduite par son jugement et ses sentiments personnels. Il est possible qu'il soit sur une bonne voie et préservé de toute influence nuisible sans aucune de ces choses. Mais quelle sera sa valeur relative en tant qu'être humain ? Ce qui importe réellement, ce n'est pas seulement ce que font les hommes, mais le genre d'homme qu'ils sont en le faisant. Parmi les œuvres de l'homme que la vie s'ingénie à perfectionner et à embellir, la plus importante est sûrement l'homme lui-même.

John Stuart Mill, *De la liberté,* 1859.

La connaissance de la doctrine de l'auteur n'est pas requise. Il faut et il suffit que l'explication rende compte, par la compréhension précise du texte, du problème dont il est question.

LES CLÉS DU SUJET

■ Dégager la problématique du texte

Comment l'homme doit-il **mener sa vie** au sein d'une société, d'une famille ou d'une histoire qui lui préexiste ? Il doit agir correctement pour adapter les bons moyens aux bonnes fins. Mais au-delà de l'efficacité de son action, il doit surtout agir par lui-même, selon Mill, en déployant toutes ses qualités personnelles et non en imitant les autres. Sinon il perd ce qui fait son essence : sa **liberté**.

■ Repérer la structure du texte et les procédés d'argumentation

• Le texte se divise en deux parties. D'abord, il oppose l'homme **passif** qui agit en imitant les autres, à l'homme **actif** qui agit en exprimant ses qualités personnelles.

• Il explique ensuite qu'agir librement, indépendamment des autres, n'a pas pour unique but la réussite de son action mais l'affirmation de sa **qualité** d'homme.

■ Éviter les erreurs

• Ce texte a des **enjeux** politiques, moraux et anthropologiques, ce dernier primant sur les autres. Il faut être attentif à leur articulation.

• En revendiquant une dignité humaine dans la recherche de sa propre amélioration, indépendamment de la recherche de la stricte efficacité de l'action, ce texte de Mill n'est pas une stricte application de ce qu'on pourrait croire être l'**utilitarisme** dont Mill relève.

CORRIGÉ 37

Les titres en couleur servent à guider la lecture et ne doivent en aucun cas figurer sur la copie.

Introduction

La politique se pense comme tension entre une multitude d'individus et l'unité qu'on voudrait lui donner pour former une société. Si l'on privilégie la liberté de l'action individuelle sur la règle commune, on tend plutôt vers le libéralisme. Si l'on recherche davantage l'égalité en faisant taire les disparités on tend plutôt vers le socialisme.

Mais qu'est-ce qui fait la valeur de l'action humaine au sein de la société ? J.S. Mill répond dans cet extrait *De la liberté* par une thèse en faveur de la première option : toute la grandeur de l'homme lui vient de sa liberté, autrement dit de sa manière d'utiliser ses qualités personnelles.

Pour le démontrer, il explique d'abord que l'homme agit d'autant plus librement qu'il utilise ses qualités personnelles. Puis il insiste sur le fait que même une action qui semble favorable à l'homme n'a pas de valeur si elle est faite passivement.

Conseil
Pour introduire le texte, il faut avoir trouvé la question à laquelle il répond et le problème plus général auquel il se rapporte.

1. L'homme détermine sa conduite en proportion de ses qualités personnelles

Mill commence par opposer deux types d'hommes : l'être passif non libre et l'homme libre, actif, en pleine possession de ses moyens.

A. Pour suivre l'opinion commune, il suffit de savoir imiter

Avant de considérer les enjeux politiques de sa pensée, on peut constater qu'il se place dans une réflexion sur le rapport des moyens aux fins, dans une philosophie morale. Il s'agit de savoir comment mener sa vie. Ceux qui ne sont pas auteurs, mais simplement acteurs de leur vie, c'est-à-dire ceux qui se laissent diriger par autrui n'utilisent pas toutes leurs facultés. Mais qui est cet autrui qui pourrait tracer le plan de ma vie ? Mill parle du « monde », l'ensemble des autres qui ont déjà construit un système de pensée, résultat d'une histoire mondiale, ou nationale, ce qui s'exprime à travers la culture à laquelle on appartient. Pour préciser cette influence, Mill ressert son propos en évoquant « son entourage » : il s'agit alors de l'influence directe du cercle familial ou de la classe sociale. L'idéologie ambiante est donc capable de tracer le plan de ma vie en fixant par avance ses finalités, ses valeurs. Mill établit ici la possibilité d'un déterminisme culturel, social et familial.

Ainsi l'opinion commune peut dicter ma conduite et me donner l'illusion d'agir par moi-même, puisque je suis dans l'action, alors que je ne fais que suivre un plan déjà tracé d'avance. Je serais ainsi comme la pierre imaginée par Spinoza dans *L'Éthique* qui, une fois lancée en l'air, si elle avait une âme, aurait l'illusion du libre arbitre parce qu'elle aurait conscience de son action, mais ignorerait les causes qui la déterminent. Pour accomplir un tel mouvement, l'homme « n'a besoin que de la faculté d'imitation des singes », autrement dit de la faculté que possède, selon Aristote, les enfants pour apprendre mais pas ce qui fait d'un homme un animal rationnel. Être un suiveur de l'opinion commune serait signe de puérilité ou d'animalité.

B. Au contraire, l'homme libre utilise toutes ses facultés de corps et d'esprit

Qui serait un homme libre ? Celui qui choisit lui-même sa façon de vivre, c'est-à-dire celui qui ne se laisse pas dicter sa conduite et qui « utilise toutes ses facultés » (à part celle d'imiter qui le ramène à sa passivité et sa soumission à l'idéologie répandue). Quelles sont-elles ? Elles concernent à la fois le corps qui perçoit (« l'observation pour voir »), l'esprit (« le raisonnement et le jugement pour prévoir », anticiper, planifier) et la capacité à lier l'âme et le corps qui s'exprime dans la volonté (« l'activité pour recueillir des matériaux » ce qui est observé, « en vue d'une décision », le jugement qui est pris à partir de cette observation).

Il s'agit donc pour l'homme de prendre une décision, faire un choix émanant de lui-même, de son libre arbitre, de se fixer un plan, une fin, puis ensuite d'exercer des qualités morales comme la « fermeté » ou « la maîtrise de soi » pour veiller à toujours bien adapter les bons moyens pour atteindre la fin que l'on s'est fixée grâce à sa volonté.

Info
Une comparaison est possible : pour Marx, l'homme, à la différence de l'animal, utilise son intelligence pour fixer son propre but (même si les résultats sont similaires, comme la maison d'un architecte et la ruche d'une abeille), et sa volonté pour réaliser son objectif.

C. Notre conduite se fait en proportion de nos qualités

Ces qualités proprement humaines ne font pas qu'apporter une valeur ajoutée à l'action, elles les fondent et en font des actions libres. Observation, intelligence, volonté, sont des qualités mobilisées proportionnellement au degré de liberté humaine. Plus l'on se sert de ces qualités, plus l'action est déterminée par soi-même, autrement dit libre, car elle résulte de son propre jugement et de ses sentiments personnels. *A contrario*, si l'on ne se sert pas de ses capacités, on laisse les autres décider de sa vie à sa place. La valeur de son action humaine sera relative à l'usage de ses qualités et détermine ainsi ce qu'on peut appeler le mérite.

[Transition] Ainsi on peut vivre sa vie en se laissant guider par les autres, la masse, l'opinion commune ou simplement en laissant ses proches décider pour soi. Mais on peut aussi mobiliser toutes ses facultés, physique et psychique, pour prendre son destin en main et agir par soi-même, s'autodéterminer, donc agir librement. Mais pourquoi vouloir cette liberté, faire tous ces efforts avec les risques d'erreurs que cela comporte, si on est bien entouré, bien conseillé et qu'on appartient à un « monde » qui a fait ses preuves ?

2. Avec ses qualités, l'homme ne vise pas que l'efficacité de l'action mais son propre avènement

Mill explique dans une seconde partie ce qui fait la valeur de l'homme.

A. Une action influencée même favorablement sera sans valeur

Mill propose une sorte de raisonnement par l'absurde : imaginons qu'un homme passif soit sur la bonne voie, qu'il agisse tout à fait convenablement, ne subissant que de bonnes influences, alors même qu'il n'utilise aucune de ses qualités personnelles, pourquoi n'en ferait-il pas l'économie ? Pourquoi ne se laisserait-il pas porter par les événements si ceux-ci ne lui apportent que des avantages ?

Parce qu'il perdrait toute sa valeur en tant qu'être humain. Non seulement, il n'aurait aucun mérite à faire ce qu'il fait, il serait « fait » avant de « faire » dirait Sartre pour décrire le déterminisme, mais il perdrait toute sa valeur d'homme, sa dignité. La dignité est ce qui, selon Kant, ne peut, contrairement au prix, être échangé et a une valeur absolue. Ce qui est en jeu dans l'utilisation libre de ses facultés n'est pas l'efficacité de l'action (celle-ci pourrait être faite par quelqu'un d'autre que soi), mais la valeur même de l'homme, ce qui touche à son essence.

B. La valeur d'un homme ne réside pas dans son action mais dans les qualités déployées

Ainsi « ce qui importe réellement, ce n'est pas seulement ce que font les hommes, mais le genre d'homme qu'ils sont en le faisant ». À la question pourquoi faisons-nous ce que nous faisons ? On peut répondre par une explication visant l'efficacité de l'action, mais ce n'est pas ce que vise Mill ici. À la question « pourquoi », on peut répondre autre chose que son utilité (ce qui peut surprendre de la part du représentant de l'utilitarisme !), on peut répondre par la compréhension du sens.

Attention !
Ce qui est suggéré derrière ce paragraphe est la distinction entre expliquer et comprendre qui se trouve dans vos repères.

Le point de vue de Mill n'est pas pragmatique dans ce texte : l'important n'est pas seulement l'efficacité de l'action. Il est anthropologique, car il en va de l'essence et de la destinée de l'homme : l'important est de savoir quel genre d'homme est l'agent, ce qu'il déploie de lui quand il agit. La valeur de l'homme et ce qui le définit ne vient pas de ce qu'il produit par son action vue de l'extérieur, mais des qualités qu'il a pu mobiliser en lui pour agir. Encore une fois, on voit là une attention particulière à l'idée de mérite, chère au libéralisme, car elle présuppose qu'il existe une inégalité de fait entre les hommes qu'il est possible de surmonter par la puissance de ses vertus individuelles et de son libre arbitre.

C. La plus grande des œuvres de l'homme est l'homme lui-même

Que cherchent donc à faire les hommes de leur vie s'ils ne sont pas seulement soumis à l'efficacité de l'action ? Ils prennent soin d'eux-mêmes. L'homme est à lui-même sa plus belle œuvre. Il se mobilise pour s'améliorer au niveau individuel et général. En cela Mill rejoint Rousseau pour qui l'homme se définit par deux caractéristiques interdépendantes : sa liberté et sa perfectibilité, cette capacité spécifiquement humaine de pouvoir devenir aussi bien intelligent qu'imbécile ! L'homme est donc son propre artisan et l'oublier est ce qui le ramène, comme il le dit au début du texte, à ne faire que le singe.

Conclusion

Ainsi, dans ce texte, Mill affirme la toute-puissance de l'individu, souverain sur lui-même, sur son corps et son esprit, et capable en cela de s'opposer à la tyrannie de l'opinion publique. Mill est marqué par la philosophie de Tocqueville qui critique l'uniformisation progressive des comportements et des individus dans des démocraties fondées sur le principe d'égalité.

Contre l'idée d'une médiocrité collective, Mill affirme qu'un homme sera toujours méritant d'agir et de penser par lui-même. Il en va de la dignité de l'homme.

Amérique du Sud • Novembre 2015
EXPLICATION DE TEXTE • Série ES

Rousseau

▸ **Expliquer le texte suivant :**

Connaître le bien et le mal, sentir la raison des devoirs de l'homme, n'est pas l'affaire d'un enfant.

La nature veut que les enfants soient enfants avant que d'être hommes. Si nous voulons pervertir cet ordre, nous produirons des fruits précoces, qui n'auront ni maturité ni saveur, et ne tarderont pas à se corrompre ; nous aurons de jeunes docteurs et de vieux enfants. L'enfance a des manières de voir, de penser, de sentir, qui lui sont propres ; rien n'est moins sensé que d'y vouloir substituer les nôtres ; et j'aimerais autant exiger qu'enfant eût cinq pieds de haut, que du jugement à dix ans. En effet, à quoi lui servirait la raison à cet âge ? Elle est le frein de la force, et l'enfant n'a pas besoin de ce frein.

En essayant de persuader à vos élèves le devoir de l'obéissance, vous joignez à cette prétendue persuasion la force et les menaces, ou, qui pis est, la flatterie et les promesses. Ainsi donc, amorcés par l'intérêt ou contraints par la force, ils font semblant d'être convaincus par la raison. Ils voient très bien que l'obéissance leur est avantageuse, et la rébellion nuisible, aussitôt que vous vous apercevez de l'une ou de l'autre. Mais comme vous n'exigez rien d'eux qui ne leur soit désagréable, et qu'il est toujours pénible de faire les volontés d'autrui, ils se cachent pour faire les leurs, persuadés qu'ils font bien si l'on ignore leur désobéissance, mais prêts à convenir qu'ils font mal, s'ils sont découverts, de crainte d'un plus grand mal. La raison du devoir n'étant pas de leur âge, il n'y a homme au monde qui vînt à bout de la leur rendre vraiment sensible ; mais la crainte du châtiment, l'espoir du pardon, l'importunité, l'embarras de répondre leur arrachent tous les aveux qu'on exige ; et l'on croit les avoir convaincus, quand on ne les a qu'ennuyés ou intimidés.

Jean-Jacques Rousseau, *Émile ou De l'éducation*, 1762.

La connaissance de la doctrine de l'auteur n'est pas requise. Il faut et il suffit que l'explication rende compte, par la compréhension précise du texte, du problème dont il est question.

LES CLÉS DU SUJET

■ Dégager la problématique du texte

• Rousseau s'interroge ici sur **l'éducation** de l'enfant : doit-on apprendre la vertu à l'enfant ?

• *A priori*, on pourrait penser que l'enfant doit apprendre à raisonner par lui-même, et donc à comprendre pourquoi il doit agir de telle ou telle manière. Mais en réalité, est-il possible d'apprendre cela à un enfant ?

• C'est cette question qui est le point de départ du texte : demander à un enfant de comprendre pour quelles raisons il faut ou il ne faut pas faire une chose, n'est-ce pas trop exiger de lui ? Tout le problème est de **savoir ce qu'est un enfant.** N'est-il qu'un **homme en modèle réduit**, un vase qu'il s'agirait de remplir ? Et pour quelles raisons une éducation qui tiendrait l'enfant pour un vase à remplir serait-elle dangereuse ?

■ Repérer la structure du texte et les procédés d'argumentation

• Dans un premier temps, Rousseau nous rappelle à la **spécificité de l'enfance.** Qu'est-ce qu'un enfant ? L'origine de notre erreur concernant l'éducation morale des enfants tient, dit Rousseau, à notre confusion s'agissant du rapport de **l'enfant** à **l'homme.**

• Dans un second temps, Rousseau expose les conséquences d'une telle confusion : incapables de raisonner, les enfants sont **dressés à la morale** plus qu'ils ne sont **élevés,** et en subissent les effets pervers.

■ Éviter les erreurs

• Pour expliquer ce texte, vous devrez d'abord relever les distinctions qui le structurent : « homme » / « enfant » ; « enfants » / « hommes » ; « jeunes docteurs » / « vieux enfants » ; « qui lui sont propres » / « les nôtres » ; « qu'un enfant eût cinq pieds de haut » / « du jugement à dix ans » ; « la force et les menaces » / « la flatterie et les promesses » ; « amorcés par l'intérêt », « contraints par la force » / « convaincus par la raison » ; « l'obéissance leur est avantageuse » / « la rébellion nuisible » ; « faire les volontés d'autrui » / « faire les leurs » ; « persuadés qu'ils font bien si l'on ignore leur désobéissance » / « prêts à convenir qu'ils font mal, s'ils sont découverts » ; « on croit les avoir convaincus » / « on ne les a qu'ennuyés ou intimidés ».

CORRIGÉ 38

Les titres en couleurs et les indications entre crochets servent à guider la lecture et ne doivent en aucun cas figurer sur la copie.

Introduction

Dans cet extrait de l'*Émile*, Rousseau s'interroge sur l'éducation morale de l'enfant : doit-on lui apprendre la vertu ? *A priori*, on pourrait penser que l'enfant doit apprendre à raisonner par lui-même. Mais en réalité, est-il possible de demander à un enfant de comprendre pour quelles raisons il faut ou il ne faut pas agir d'une certaine façon ?

Rousseau analyse ici les effets pervers d'une éducation qui ne s'enracinerait pas dans une compréhension profonde de la nature de l'enfant, et nous rappelle au respect de l'enfant.

Il développe sa démonstration en deux temps. Dans un premier temps, il s'agit de savoir ce qu'est un enfant. N'est-ce qu'un homme en modèle réduit, un vase qu'il s'agirait de remplir ? L'origine de notre erreur concernant l'éducation morale des enfants tient, dit Rousseau, à notre incapacité à tenir compte de la spécificité de l'enfant. Dans un second temps, il expose les effets d'une telle confusion : incapables de raisonner, les enfants sont dressés à la morale plus qu'ils ne sont élevés. Rousseau envisage alors les incidences nocives d'un tel dressage.

1. Qu'est-ce qu'un enfant ?

A. Les dangers de la prématuration

Dans un premier temps, Rousseau aborde la question de l'éducation morale en nous appelant à reconsidérer notre rapport à l'enfance. La morale, dit-il, n'est pas « l'affaire d'un enfant » mais l'affaire d'un homme, et penser que l'on peut apprendre à un enfant à distinguer le bien du mal, c'est d'abord faire une erreur qui réside dans la confusion entre l'enfant et l'homme. Qu'est-ce qu'un enfant ? Pour le savoir, il faut s'en référer à la nature et à son « ordre » : « la nature veut que les enfants soient enfants avant que d'être hommes », écrit Rousseau.

Info
La question de la nature est ici essentielle, puisque Rousseau entend fonder une éducation naturelle, par opposition à une éducation qui le pervertit en s'écartant de ce que la nature nous indique.

Si les enfants ne sont pas des hommes, il ne faut pas les traiter comme tels. Rousseau développe ici une comparaison entre un enfant que l'on aurait pris

LA MORALE

pour un homme et des « fruits précoces » : comme le fruit trop vite mûri qui n'a pas eu le temps de développer ses qualités (il n'a ni « saveur » ni « maturité »), les enfants que l'on traite comme des hommes n'auront jamais été vraiment des enfants (ils sont de « jeunes docteurs »), et pour cela ne deviendront jamais vraiment des hommes (ils sont de « vieux enfants »).

B. L'enfance est l'âge de la force

Mais comment sortir de cette confusion entre l'enfant et l'homme ? Pour cela, il est nécessaire de définir l'enfance. L'enfance, dit Rousseau, doit être considérée en tant que telle, et non pas comme une page blanche qu'il s'agirait de remplir. Elle a, dit-il, des « manières de voir, de penser, de sentir, qui lui sont propres » : autrement dit, il faut reconnaître que l'enfant est un être différent de l'homme, et non une sorte d'homme vide en qui il s'agirait de développer la « raison » et le « jugement ». Rousseau s'appuie ici sur une comparaison visant à nous faire comprendre l'absurdité et la violence d'une éducation morale précoce : de même qu'on ne demanderait pas à un enfant d'avoir « cinq pieds de haut », il ne faut pas lui demander d'avoir du « jugement ». En d'autres termes, vouloir apprendre la vertu à un enfant est comparable au fait de tordre son corps pour le faire grandir. De fait, l'enfance n'est pas l'âge de raison, mais, dit Rousseau, elle n'est pas non plus l'âge vide de la stupidité : elle est l'« âge de la force ». En somme, par la nature, l'enfant possède ce dont il a besoin : il a à la fois des désirs et la capacité à les satisfaire. C'est cette force qui lui est nécessaire, et c'est elle qui le définit.

[Transition] Mais alors, s'il s'agit de prendre en compte la nature de l'enfant, est-il impossible d'apprendre aux enfants à être vertueux ?

2. Les effets d'une éducation aveugle à la nature de l'enfant

A. Les enfants miment la vertu par peur ou par intérêt

C'est cette question qu'envisage Rousseau dans un deuxième temps de sa démonstration. Oui, dit-il, il est impossible de leur apprendre cela. En revanche, essayer de leur donner une éducation morale produira sur eux des effets pervers. Car une telle éducation ne peut reposer que sur la contrainte et le recours à l'autorité. Ainsi, les enfants ne seront vertueux qu' « amorcés par l'intérêt » (d'obtenir une récompense) ou « contraints par la force ».

Rousseau se livre alors à la description du jeu de dupes entre l'éducateur et l'enfant : poussé par « la flatterie et les promesses », fuyant « la force et les menaces », l'enfant « fait semblant », dit Rousseau, d'être « convaincu par la raison ». Autrement dit,

Attention
La distinction entre *persuader* et *convaincre* est un repère du programme. Il faut la faire apparaître dans votre devoir.

loin d'être « convaincu » c'est-à-dire amené à admettre la nécessité de son action vertueuse par un éducateur qui a su lui en exposer les raisons, l'enfant n'est que « persuadé », c'est-à-dire que ce qui l'amène à cette action n'est pas le fait qu'il en comprend la raison, mais le fait qu'on a joué de sa sensibilité pour le pousser à la faire.

Ainsi, cet enfant incapable par nature de distinguer le bien du mal se trouve contraint de mimer la vertu et de cacher à l'éducateur que le motif de son action n'est pas sa raison mais la peur ou le désir. La logique de l'intérêt pousse nécessairement l'enfant à chercher son avantage : mais il ne voit l'avantage de son action vertueuse que par rapport à son éducateur. En d'autres termes, ce qui paraîtra bon à l'enfant sera de faire ce qu'il veut quand l'éducateur ne le voit pas, et de reconnaître qu'il a mal agi si l'éducateur le voit. De cette éducation contre-nature, l'enfant ne peut tirer que cet enseignement : bien agir, c'est agir selon sa volonté à condition de ne pas être vu, ou agir selon la volonté de l'éducateur pour échapper à la sanction.

B. Personne ne peut leur apprendre la vertu

Et cette impossibilité de l'éducation morale de l'enfant ne tient pas, précise Rousseau, à la qualité de l'éducateur, mais bien à la définition même de l'enfance. L'enfance, comme il l'a définie plus haut, est l'« âge de la force » et non celui de la vertu. Autrement dit, l'enfant ne peut pas apprendre à vouloir bien agir. Ce n'est que par une manipulation aveugle que l'éducateur peut obtenir de lui qu'il se comporte en apparence moralement. Et c'est alors l'éducateur qui est dupe : il « croit les avoir convaincus » quand l'enfant ne s'est conformé à ses volontés que sous l'effet d'un ensemble de passions. La « crainte », l'« espoir », l'« embarras » ne produisent pas des enfants vertueux mais des enfants « ennuyés ou intimidés » qui ne font qu'obéir aux conduites prescrites sans en saisir les motifs.

Conclusion

En définitive, Rousseau explique dans ce texte la raison pour laquelle l'éducation de l'enfant doit être négative : on n'apprend pas la vertu à un enfant, dit-il, parce qu'il n'en a pas les capacités. À rebours d'une éducation contraignante qui repose sur une mauvaise compréhension de ce qu'est un enfant et le déforme en entendant l'instruire d'une vertu qu'il ne peut que mimer, il s'agit ici de poser les bases d'une éducation naturelle, c'est-à-dire conforme à la nature de l'enfant, qui lui laisserait donc le temps d'être un enfant pour ensuite seulement devenir un homme.

SUJET
39

Antilles, Guyane • Septembre 2015

DISSERTATION • Série L

Peut-on être heureux sans le savoir ?

LES CLÉS DU SUJET

■ Définir les termes du sujet

« Peut-on »

• On pose ici la question d'une possibilité mais aussi d'une légitimité ou encore d'une autorisation morale.

« Être heureux »

• On indique par là l'état de celui qui a atteint le bonheur, c'est-à-dire un état de satisfaction totale et durable qui se distingue d'un plaisir ou d'une joie éphémères.

« Sans le savoir »

• Cette expression indique d'abord un état d'inconscience, mais cela peut également renvoyer à un défaut de connaissance, autrement dit un état d'ignorance selon un sens plus épistémologique, moins psychologique. Dans le premier cas, « savoir » est pris comme un verbe à l'infinitif ; dans le second, il peut être pris comme substantif.

■ Dégager la problématique du sujet et construire un plan

La problématique

A priori, si le bonheur consiste en un état de satisfaction, être heureux suppose de prendre **conscience** d'avoir fait ce que l'on souhaitait. Donc le bonheur serait corrélatif de son savoir. Pourtant, il n'est pas rare de « prendre conscience » de son bonheur **passé**, une fois seulement que la situation change, se détériore. Mais qu'est-ce qu'un bonheur qui ne s'accompagne pas de la jouissance de son état ? Le bonheur n'est-il pas d'abord une possibilité d'exercer librement son **jugement** ?

Le plan

On verra dans un premier temps que le bonheur peut être lié à la **représentation** et à l'acceptation de la réalité et qu'en ce sens le bonheur ne relève pas d'une **situation** mais d'un **état d'âme**. Être heureux serait se savoir heureux (première partie). Cependant, si la survenue de certains malheurs nous fait dire que nous étions heureux sans le savoir c'est que, soit le bonheur peur être défini objectivement indépendamment de la représentation que l'on s'en fait, soit que nous sommes victimes d'une illusion rétrospective (deuxième partie). **Le savoir** n'est-il pas plutôt ce qui contribue au bonheur, propre de l'homme, être de culture (troisième partie) ?

■ Éviter les erreurs

Ce sujet est assez difficile car il exige de bien maîtriser le chapitre sur le bonheur, que l'on doit distinguer du plaisir ou de la joie. Il faut pouvoir articuler le sujet aux problématiques générales du bonheur : est-ce une réalité, un idéal ou une utopie ? Comment le définir ? Est-ce un **état d'esprit**, ou relève-t-il d'une **situation** ? Est-il, comme l'étymologie l'indique, lié au hasard, ou bien est-il plutôt le résultat de l'action humaine ? Il va donc falloir réussir à articuler toutes ces questions autour d'un fil directeur cohérent.

CORRIGÉ 39

Les titres en couleurs servent à guider la lecture et ne doivent en aucun cas figurer sur la copie.

Introduction

« Je ne savais pas la chance que j'avais... » Il est fréquent de constater que l'on ne comprend son bonheur qu'une fois qu'on l'a perdu. Il y aurait donc un décalage possible entre être heureux et se savoir heureux. Mais peut-on vraiment être heureux sans le savoir ?

Conseil
Il est possible d'accrocher le lecteur par une situation banale mais qui donne l'occasion d'apporter une première distinction conceptuelle, ici entre état et conscience du bonheur.

Il semble d'abord que le bonheur s'exprime à travers la conscience que l'on en a. En ce sens, le bonheur se confondrait avec son savoir. Cependant, un état heureux ne peut se révéler qu'avec sa perte. Mais ce serait alors considérer que le bonheur correspond à une situation précise que l'on peut décrire objectivement. Ce serait oublier la dimension subjective de toute personne qui se construit son bonheur.

En quoi le bonheur est-il lié à la conscience qu'on en a ? Quel pourrait être alors la signification d'un bonheur perdu dont on prendrait conscience ? Enfin le savoir n'est-il pas nécessaire à la construction du bonheur de l'homme ?

Attention
On formule ici le plan de la dissertation sous forme de questions.

1. Être heureux, c'est avoir conscience de son bonheur

A. Le bonheur se distingue d'une simple satisfaction sensible

Par définition, le bonheur désigne une satisfaction totale et durable de son être. Il se distingue donc d'un simple plaisir, lié à la satisfaction d'un sens ou d'une partie de son être. Le bonheur dépend de la conscience d'une satisfaction totale. Cette satisfaction consiste en une approbation consciente de son état qui ne se laisse perturber par aucune gêne.

B. Le bonheur réside dans une tranquillité de l'âme

Ainsi, pour Épicure dans la *Lettre à Ménécée*, il convient pour être heureux de savoir distinguer les désirs nécessaires et naturels des désirs vains. Ne s'attachant qu'à la satisfaction des bons désirs, évacuant tous les désirs à l'origine de passions néfastes, on peut atteindre ce qu'il appelle l'ataraxie, c'est-à-dire le bonheur considéré comme absence de trouble de l'âme et de souffrance du corps.

De ce fait, le bonheur ne peut se confondre avec une simple satisfaction de désirs sensibles, il passe par une satisfaction qui relève de la conscience qu'on en a.

Pourtant, si le bonheur est un état relevant d'une représentation consciente, il y a des situations où l'on prend conscience d'un bonheur perdu. Être heureux pourrait-il être le fait d'une situation objective ?

Attention
Une transition doit toujours conclure sur la partie qui précède et annoncer la prochaine en apportant un nouvel argument.

2. Mais d'où vient l'idée d'un bonheur inconscient perdu ?

A. Il est impossible d'être heureux selon des critères absolument objectifs

Affirmer que l'on peut être heureux sans le savoir c'est postuler un décalage entre un état de bonheur et la conscience que l'on en a. Le bonheur ne serait pas un sentiment mais une réalité que l'on pourrait décrire objectivement selon certains critères. Si, comme l'explique Durkheim dans *Le Suicide,* on pouvait identifier par des statistiques les personnes

Info
L'étymologie est importante mais elle doit toujours être raccrochée à une logique argumentative, c'est pour cela qu'elle ne se situe pas toujours en début de devoir.

susceptibles de se suicider en fonction de l'âge, le sexe, la situation familiale, la situation géographique… alors on pourrait imaginer qu'en remplissant certains critères, on aurait toutes les chances d'être heureux. Mais ce serait là confondre les conditions du bonheur et le bonheur lui-même. Cela reviendrait à ramener le bonheur à son étymologie (ce qui est de bon augure), ce qu'on a la chance d'avoir. Or ne dit-on pas que le bonheur se construit ? Qu'il relève de la réalisation d'un projet conscient et personnel ? Ramener le bonheur à un ensemble de critères que l'on pourrait décrire objectivement serait nier la part de liberté individuelle qui intervient dans la construction de « son » bonheur.

B. La perte d'un bonheur peut être une illusion rétrospective

Que serait un bonheur accompagné du sentiment d'être malheureux ? Même si une cause n'est pas identifiée, une souffrance peut être forte. Un dépressif dont on n'a pas identifié la raison souffre réellement, un hypocondriaque souffre aussi même s'il a inventé sa maladie. L'idée d'un bonheur perdu serait une illusion rétrospective du sujet lui-même qui oublie ses souffrances passées face à ses nouveaux malheurs, plus terribles que tout selon lui.

Elle peut être aussi une illusion suscitée par le regard d'autrui. La connaissance de soi est difficile selon Freud car il reste toujours une part d'inconscient, mais les pensées de l'autre résistent bien davantage. Pour Merleau-Ponty, on peut compatir aux émotions des autres mais jamais on ne pourra ressentir exactement ce que l'autre éprouve. Il demeure toujours une altérité radicale.

Ainsi, dire d'un suicidé « il avait tout pour être heureux » n'a pas de sens puisque ce serait confondre les conditions du bonheur avec le bonheur lui-même et oublier que le bonheur n'est pas qu'un état mais la représentation de cet état. La première possibilité pour être heureux ne réside-t-elle pas alors dans l'exercice de son jugement ?

3. Le bonheur, proprement humain, s'appuie sur le savoir

A. Le bonheur implique l'exercice du jugement

Il y a des événements qui semblent objectivement s'opposer au bonheur : la perte d'un être cher, la perte d'un travail, un problème de santé… Pourtant, malgré ces sources évidentes de souffrance, il est possible de conserver une forme de tranquillité de l'âme. Ainsi, pour le stoïcisme, le bonheur dépend d'abord de notre représentation des événements et de la liberté que l'on conserve par rapport à eux.

Info
La conception du bonheur pour le stoïcisme renvoie aussi à l'idée d'ataraxie comme absence de trouble de l'âme et du corps.

Il faut selon Épictète savoir distinguer ce qui dépend de nous de ce qui n'en dépend pas. Il serait vain de vouloir agir sur des lois nécessaires. La liberté ne porte que sur une action possible.

En ce sens, il faut pour être heureux exercer un jugement qui constitue une connaissance du monde extérieur.

B. Le savoir rapproche du bonheur

Le bonheur est aussi lié à la réussite de ses actions. Pour Aristote, il y a tout un cortège de biens qui sont à la fois des plaisirs ponctuels, mais aussi des moyens d'atteindre une autre fin qui leur est supérieure, et cela jusqu'à ce que l'on atteigne le Bien suprême. Le savoir, la connaissance du monde, aide à trouver le bonheur en permettant d'adapter les meilleurs moyens aux fins que l'on se fixe.

Ainsi, on ne peut être heureux sans le savoir au sens où ce savoir aide à se représenter le bonheur mais aussi à l'atteindre.

Conclusion

Il semble, *a priori*, que l'on puisse être heureux sans le savoir puisque face à des nouveaux malheurs on regrette de ne pas avoir profité d'un bonheur passé. Pourtant, s'il peut y avoir des conditions objectives au bonheur, elles ne se confondent pas avec l'état d'esprit corrélatif au bonheur lui-même.

Dès lors, on ne peut être heureux sans savoir qu'on l'est. On ne peut être heureux également sans un savoir qui permet à la fois d'exercer son jugement pour prendre conscience de son état mais aussi d'un savoir qui est connaissance du monde afin d'adapter au mieux les finalités que l'on se fixe.

Croire que l'on puisse être heureux sans le savoir serait nier la part de désir constitutif de tout sujet particulier.

Amérique du Sud • Novembre 2014

EXPLICATION DE TEXTE • Série S

Aristote

▸ Expliquer le texte suivant :

Pour tout homme, l'activité la plus désirable étant celle qui est en accord avec sa disposition propre, il en résulte que pour l'homme de bien, c'est l'activité qui correspond à la vertu. Ce n'est pas dans le jeu que consiste le bonheur. Il serait en effet étrange que la fin de l'homme fût le jeu, et qu'on dût se donner du tracas et du mal pendant toute sa vie afin de pouvoir s'amuser ! Car, pour le dire en un mot, tout ce que nous choisissons est choisi en vue d'une autre chose, à l'exception du bonheur qui est une fin en soi. Mais se dépenser avec tant d'ardeur et de peine en vue de s'amuser ensuite est de toute évidence quelque chose d'insensé et de puéril à l'excès ; au contraire, s'amuser en vue d'exercer une activité sérieuse, voilà la règle à suivre. Le jeu est, en effet, une sorte de délassement, du fait que nous sommes incapables de travailler d'une façon ininterrompue et que nous avons besoin de relâche. Le délassement n'est donc pas une fin, car il n'a lieu qu'en vue de l'activité. Et la vie heureuse semble être celle qui correspond à la vertu ; or, une vie vertueuse ne va pas sans un effort sérieux et ne consiste pas dans un simple jeu. Et nous affirmons, à la fois, que les choses sérieuses sont moralement supérieures à celles qui font rire ou s'accompagnent d'amusement, et que l'activité la plus sérieuse est toujours celle de la partie la meilleure de nous-mêmes ou celle de l'homme d'une moralité plus élevée.

Aristote, *Éthique à Nicomaque*, vers 335 avant J.-C.

La connaissance de la doctrine de l'auteur n'est pas requise. Il faut et il suffit que l'explication rende compte, par la compréhension précise du texte, du problème dont il est question.

LES CLÉS DU SUJET

■ Dégager la problématique du texte

• Qu'est-ce que l'homme poursuit quand il agit ? Qu'est-ce qu'il désire le plus ? S'il apprécie des activités ludiques, le **jeu** est-il pour autant une **fin en soi** ? Il semble que le bien que l'homme recherche soit une manière de réaliser ce qu'il y a de meilleur en lui, mais pour cela il ne va pas déployer toute une série d'**efforts** pour simplement s'amuser. L'homme de bien fait des efforts pour trouver son bonheur dans la vertu.

• Mais qu'est-ce que le **bien** pour Aristote ? Le bien **moral** correspond-il au bien de l'homme, son **bonheur** ?

• Et quelle peut être alors la fonction du jeu et pourquoi le recherche-t-on s'il nous éloigne de notre finalité principale ?

■ Repérer la structure du texte et les procédés d'argumentation

• Tout d'abord, Aristote affirme que la **finalité** de l'homme vertueux n'est pas le jeu.

• Il explique ensuite que le **jeu** est recherché non comme fin en soi mais comme moyen de **délassement**, qui permet de continuer ensuite l'activité sérieuse de recherche de la vertu.

• En effet, l'homme de bien fait des efforts pour accomplir **sa nature**, pour son bien, et ne peut donc souffrir du sérieux de son activité.

■ Éviter les erreurs

Il y a plusieurs présupposés dans le texte qu'il convient de souligner pour ne pas rester dans des propos confus.

• D'abord, Aristote affirme que chaque homme a une nature qui lui est propre, et son bonheur dépend de la réalisation de cette nature.

• Ensuite, le bien recherché est à la fois le bien moral (l'exercice de la vertu) et le bien pour l'homme, c'est-à-dire son bonheur. Sa philosophie est un **eudémonisme**.

• Enfin, l'idée de **vertu** désigne une excellence de son être et pas seulement une qualité morale.

• Il est préférable de maîtriser les distinctions fin/moyen et en puissance/en acte pour comprendre le texte.

CORRIGÉ 40

Les titres en couleur servent à guider la lecture et ne doivent en aucun cas figurer sur la copie.

Introduction

Ne cherchons-nous pas tous à nous amuser pour notre plus grand bonheur ? Il semblerait pourtant que le jeu ne soit pas la priorité de l'homme vertueux. En effet, selon Aristote dans cet extrait de *L'Éthique à Nicomaque*, l'homme trouve son bonheur dans l'accomplissement de sa nature. Or quelle serait la vie de l'homme vertueux ? Celle de réaliser la meilleure partie de lui-même, la plus sérieuse. Mais pourquoi alors aimer le jeu ? Est-ce incompatible avec l'exercice de la morale ? Ne peut-on pas être bon tout en s'amusant ? Aristote va d'abord montrer que le jeu ne peut pas constituer la finalité de l'homme vertueux. Mais il explique ensuite que le jeu n'est pas incompatible avec l'exercice sérieux de la vertu dans la mesure où il permet de supporter les efforts qu'il impose. Alors l'homme vertueux serait-il malheureux ? C'est à cette question qu'Aristote répond dans la troisième partie.

> **Conseil**
> Le plan énoncé dans l'introduction ne doit pas dévoiler toutes les ficelles de l'argumentation de l'auteur : la troisième partie est énoncée sous forme de question.

1. Thèse : la finalité de l'homme vertueux n'est pas le jeu

Si chaque homme cherche à réaliser sa propre nature, alors l'homme de bien recherche la vertu et non le jeu.

A. Si chacun désire ce qui permet de réaliser sa nature, alors l'homme de bien cherche la vertu

En effet pour Aristote, l'homme ne désire rien d'autre que de réaliser sa propre nature, « ce qui est en accord avec sa disposition propre ». Il a en lui une puissance, une nature en germe, qui ne demande qu'à se réaliser, qu'à s'actualiser. Le but, la fin de la vie d'un homme consiste à faire son œuvre. Celui qui est disposé à être médecin se réalisera en pratiquant la médecine, celui qui est disposé à être maître se réalisera en commandant, etc.

Qu'en est-il de l'homme de bien, l'homme moral ? Il se réalisera et trouvera son plein épanouissement en pratiquant la vertu. Mais qu'est-ce que la vertu ? Pour Aristote, la vertu a d'abord pour signification l'idée d'excellence dans un domaine, c'est-à-dire le fait de réaliser au mieux sa disposition. Mais dans ce passage, la vertu se rapporte à l'homme « de bien », donnant à ce mot un sens moral. La vertu prend alors son sens plus contemporain de qualité morale qui consiste à exercer de la bonté. Ces deux sens se confondent-ils ? Comment Aristote comprend la vertu dans ce texte ? Le bien est-il un niveau de perfection dans la réalisation d'une activité, un principe moral ou une conception du bonheur ?

B. Il serait absurde de faire du jeu une fin en soi au moyen de tant d'efforts

Mais Aristote poursuit avec une affirmation : « ce n'est pas dans le jeu que consiste le bonheur ». Le jeu désigne le fait de s'amuser grâce à une activité de l'ordre du loisir, et non du travail qui, même s'il peut être soumis à certaines règles (comme dans tout jeu de société par exemple), permet d'éprouver une satisfaction par l'idée de temps libre et la gratuité qui le caractérisent. Le jeu est donc de l'ordre du plaisir, état de satisfaction partiel et éphémère qui se distingue du bonheur, état de satisfaction totale qui est censée durer.

Le bonheur, qui est pour Aristote une fin en soi et non un moyen au service d'une autre fin, ne peut résider dans le jeu qui n'est qu'un moyen provisoire d'éprouver du plaisir. Le bonheur désigne donc le bien total de tout son être et constitue la seule fin en soi, le cortège des autres petits biens n'étant qu'une succession de fins se transformant rapidement à leur tour en moyens en vue d'une autre fin, jusqu'à cette fin finale que serait le bonheur, le souverain bien (*agathon* en grec), qui se suffit à lui-même.

Aristote donne un argument par l'absurde : si le jeu était la fin ultime, le bonheur recherché, alors il serait « étrange », voire contradictoire, que l'homme passe toute sa vie à fournir tant d'efforts pour atteindre ce moment du jeu qui se caractérise précisément par l'absence d'effort, le pur loisir.

[Transition] Ainsi l'homme de bien cherche la vertu, seul bonheur possible, et ce bonheur ne se confond pas avec le jeu. Mais le bonheur est-il pour autant incompatible avec le fait de s'amuser ? Il semble pourtant que tout le monde aime s'amuser…

> **Info**
> La transition reprend l'idée principale de la partie et lui apporte une objection, une question ou une nuance qui annonce la partie suivante. Il s'agit de dialoguer avec le texte en lui posant des questions, puis en trouvant les réponses dans les parties qui suivent.

2. Le jeu n'est qu'un moyen de délassement pour atteindre le bien

Beaucoup de personnes recherchent l'amusement, le divertissement, c'est un fait. Sont-ils simplement en train de se tromper sur ce que devrait être leur bonheur ?

A. Le jeu ne doit pas être une fin en soi mais un moyen pour agir sérieusement

Pour Aristote, fournir beaucoup d'efforts pour se divertir ensuite est soit « insensé », autrement dit l'œuvre d'un fou, soit le fait d'être « puéril », c'est-à-dire l'œuvre d'un enfant, donc en aucun cas l'œuvre d'un homme, animal en possession de toute sa raison ou d'une raison assez mûre. On imagine le pervers qui, pour « jouer », déploie des stratégies comme Lafcadio, dans *Les Caves du Vatican* de Gide, qui va tuer un vieillard en le jetant du train, juste pour le plaisir de jouer avec la police. On imagine aussi l'enfant qui déploie des trésors de mensonges et d'efforts compliqués pour pouvoir échapper au travail et aller s'amuser.

L'homme pleinement homme devrait-il renoncer au jeu ? Non, le jeu ne doit pas être la fin visée au moyen d'un travail sérieux, mais au contraire le moyen pour atteindre la seule fin possible pour l'homme raisonnable : avoir une activité sérieuse. En effet, tout travail demande un effort, une peine, et son étymologie nous le rappelle car il vient du latin *tripalium* qui signifie torture. Que le jeu soit au service de l'activité sérieuse, et non l'inverse, est « une règle à suivre ». Aristote adopte un ton prescriptif en donnant des règles pratiques de prudence.

B. Car le jeu n'est qu'une détente pour supporter l'action sérieuse

En effet, l'effort ne peut se faire de « façon ininterrompue ». Aristote évoque ici un argument psychologique qui est le manque de résistance humaine fasse à la contrainte. Nous avons besoin de « relâche », de faire des pauses, comme l'homme éveillé a besoin de dormir. Le jeu devient alors ce moment de « délassement » qui n'existe qu'en vue de redynamiser l'activité. Ce n'est qu'un moyen et non une fin en soi. Le jeu est plus entendu ici comme détente, comme arrêt des activités contraignantes, que comme dispositif mis en place pour faire une partie d'un jeu avec ses règles précises. En ce sens, Pascal parle aussi du divertissement comme ce qui nous détourne de ce qui devrait nous préoccuper : garder une forme de lucidité sur nous-mêmes. Le divertissement devient condamnable quand on prend le jeu au sérieux et qu'il nous empêche de penser. Il est alors à l'origine d'une illusion, terme qui vient du latin *il-ludere* (que l'on retrouve dans l'adjectif « ludique ») et qui indique que quelque chose se « joue » de nous.

> **Attention**
> La référence à un autre auteur n'a de sens que si elle permet d'éclairer le texte en en montrant les enjeux.

[Transition] Ainsi le jeu ne peut constituer une fin en soi mais pour autant il n'est pas à proscrire. Au contraire, il se révèle indispensable pour faire un temps de pause face à la contrainte qu'exerce sur l'homme l'activité sérieuse.

Mais pourquoi vouloir alors l'action sérieuse si elle semble pénible ? N'est-elle pas incompatible avec l'idée de bonheur ?

3. L'homme de bien ne peut que vouloir le sérieux car cela correspond à la partie supérieure de son être

Aristote applique ses propos à l'étude plus spécifique de l'homme vertueux.

A. Si le bonheur réside dans la vertu, alors il implique l'effort plutôt que le jeu

Pour Aristote, le bonheur réside dans la vertu. Il affirme ainsi son eudémonisme. Mais on peut constater que la vertu exige des efforts : pour faire le bien, pour être gentil, honnête, généreux par exemple, il faut renoncer à ses intérêts particuliers. Pour savoir même où est le bien il faut chercher à juger une situation, à délibérer. Tout cela demande des efforts et n'est pas un simple jeu. En quoi cela conduit l'homme au bonheur ?

B. Le sérieux accompagne la meilleure partie de soi-même

Si l'homme se définit par son œuvre comme expression de ce qui lui est propre, alors l'homme vertueux cherche le bien et tout ce qu'il met en place pour y parvenir ne pourra que le rendre heureux, même si cela doit lui coûter des efforts. La contrainte n'est pas synonyme de malheur mais de passage nécessaire à la réalisation d'un bonheur. Et, plus sa moralité sera élevée, au sens où l'homme exercera son jugement pour déterminer le bien et trouver les meilleurs moyens d'y parvenir, plus il réalisera la meilleure partie de lui-même. Vouloir le bien, activité sérieuse qui se distingue du plaisir immédiat, est ce que veut l'homme par nature vertueux, et il n'en sera que plus heureux quand il l'aura trouvé.

Conclusion

Aristote a montré dans ce texte comment l'homme vertueux pouvait atteindre le bonheur. Il s'agit de fournir un effort pour actualiser sa nature, mais cet effort, qui semble s'opposer au jeu source de plaisir, est nécessaire à sa réalisation. Le bien qu'il y trouve est donc à la fois un principe moral, un niveau de perfection de son être et la source du bonheur.

En cela il s'oppose à une morale kantienne qui sépare morale et bonheur, et il se distingue aussi de toute philosophie qui ferait de la vertu une souffrance en s'appuyant sur le rejet du plaisir. L'effort vertueux n'est pas source de souffrance et trouve même son souffle dans une ponctuation par le jeu.

III. Préparer l'épreuve orale de contrôle

SUJET

41

Sujet d'oral n° 1

Marx

▸ **Commentez ce texte de Marx, extrait du *Capital*.**

DOCUMENT

« Le travail est de prime abord un acte qui se passe entre l'homme et la nature. L'homme y joue lui-même vis-à-vis de la nature le rôle d'une puissance naturelle. Les forces dont son corps est doué, bras et jambes, tête et mains, il les met en mouvement afin de s'assimiler des matières en leur donnant une forme utile à sa vie. En même temps qu'il agit par ce mouvement sur la nature extérieure et la modifie, il modifie sa propre nature, et développe les facultés qui y sommeillent. Nous ne nous arrêterons pas à cet état primordial du travail où il n'a pas encore dépouillé son mode purement instinctif. Notre point de départ c'est le travail sous une forme qui appartient exclusivement à l'homme. Une araignée fait des opérations qui ressemblent à celles du tisserand, et l'abeille confond par la structure de ses cellules de cire l'habileté de plus d'un architecte. Mais ce qui distingue dès l'abord le plus mauvais architecte de l'abeille la plus experte, c'est qu'il a construit la cellule dans sa tête avant de la construire dans la ruche. Le résultat auquel le travail aboutit préexiste idéalement dans l'imagination du travailleur. Ce n'est pas qu'il opère seulement un changement de forme dans les matières naturelles ; il y réalise du même coup son propre but dont il a conscience, qui détermine comme loi son mode d'action, et auquel il doit subordonner sa volonté. »

Karl Marx (1818-1883), *Le Capital*,
traduction J. Roy, Éditions sociales, 1950.

PISTES POUR L'ORAL

PRÉPARATION

Cerner les enjeux

• Ce texte de Marx entend préciser ce qu'est le travail. La définition du travail comme simple activité permettant de répondre à ses besoins reste trop générale et ne rend pas compte de la spécificité du travail humain.

• Marx va alors le définir par rapport à l'intelligence et à la volonté humaine mises en œuvre.

Éviter les erreurs

• Ce texte s'inscrit dans un ouvrage critique du capitalisme. Cependant, il convient de garder à l'esprit que Marx est d'abord un philosophe. C'est le penseur qui nous intéresse ici. Il faut éviter toutes récupérations politiques.

• Ce texte contient des développements théoriques et très concrets : il s'agit de mettre ces deux aspects en parallèle et de permettre ainsi l'éclairage réciproque de l'un par rapport à l'autre.

PRÉSENTATION

Introduction

Ce texte est extrait de l'ouvrage intitulé *Le Capital, Critique de l'économie politique*, qui, même s'il traite d'économie comme son nom l'indique, reste d'abord l'œuvre d'un philosophe. Marx souhaite y faire une analyse scientifique du système capitaliste et de ses mécanismes. Ici, dans le premier de ses trois livres, Marx étudie le développement de la production capitaliste. Plus précisément, il s'agit du début du chapitre 7 de la 3e section, traitant de la production des valeurs d'usage.

Pour comprendre cela, il faut d'abord savoir en quoi consiste le travail. Comment le définir ? Dire que c'est une médiation par rapport à la nature ne rend pas compte de la spécificité humaine du travail. Marx compare alors des activités similaires d'hommes et d'animaux. Il en conclut que le travail est une mise en œuvre de la volonté et de l'intelligence de l'homme.

Développement

Première étape

Par rapport à quoi le travail est-il analysé ? Quelle peut en être la définition générale ?

Le travail est analysé par rapport à la nature. Il est l'intermédiaire entre l'homme et la nature. Il est la transformation et l'assimilation de la nature dans un but utilitaire. Le travail est formateur pour l'humanité car, en produisant ses conditions de vie, l'homme se produit lui-même à travers sa croissance et son développement.

Mais quel est l'objectif de Marx dans ce texte ?

Cette première définition du travail est trop générale. Elle ne prend pas en compte la spécificité de l'activité humaine qui reste sur un mode instinctif. Il veut déterminer ce qui dans le travail est proprement humain.

Deuxième étape

Pour ce faire, Marx compare le travail du tisserand avec celui de l'araignée, et celui de l'architecte avec celui de l'abeille. Le tisserand tisse une toile comme l'araignée, et l'abeille fabrique une ruche comme l'architecte une maison. *A priori* on pourrait penser qu'animal et homme se livrent aux mêmes activités.

Or ce qui distingue le travail de l'animal de celui de l'homme n'est pas la qualité du produit (voir la cellule parfaite d'une ruche), mais la nature même de cette activité (le processus, la manière dont on travaille). Le travail de l'homme est le résultat d'un projet, d'une intention. Celle-ci n'obéit pas qu'à une cause mécanique, mais vise une fin que l'homme s'est posée, voire imposée.

Troisième étape

Finalement, le travail est-il le propre de l'homme ?

Dans ce sens fort que Marx donne au travail, celui-ci est le propre de l'homme. Même si l'animal a comme l'homme une activité de transformation de la nature, il reste dépendant de ses instincts et de ses automatismes. Seul l'homme travaille, dans la mesure où il conçoit ce qu'il va faire. Le travail devient alors la marque de l'esprit et de la volonté de l'homme.

Conclusion

Marx reprend ici la thèse de Hegel : le travail est l'essence de l'homme. Mais il s'agit du travail qui fait de l'homme un être de culture, un *Homo faber*, dans la mesure où il met en œuvre ce qui fait de lui un homme, c'est-à-dire son intelligence et sa liberté, et qui lui permet de se réaliser. Il ne s'agit pas d'un être soumis à la nature, un *Animal laborans* pour qui le travail est avant tout une corvée, dans la mesure où il ne consiste qu'à répondre à des besoins.

ENTRETIEN

Voici d'autres questions que l'examinateur pourrait vous poser lors de l'entretien.

▶ **Quels sont les enjeux du texte ?**

En distinguant le travail qui renvoie à la nature de celui qui renvoie à la culture de l'homme, Marx pose les définitions qui permettront d'expliquer en quoi un travail peut être aliénant pour l'homme : lorsqu'il le ramène exclusivement à sa condition animale en le dépossédant de l'usage de son intelligence et de sa volonté.

▶ **Pouvez-vous expliquer ce qu'est l'instinct ?**

C'est l'idée d'une nature qui agit en nous, malgré nous, comme chez les animaux. En revanche, le travail spécifiquement humain est le fruit de la volonté et de l'intelligence de l'homme.

SUJET

42

Sujet d'oral n° 2

Lévi-Strauss

▸ **Commentez ce texte de Lévi-Strauss, extrait de *Race et histoire*.**

DOCUMENT

« L'attitude la plus ancienne, et qui repose sans doute sur des fondements psychologiques solides puisqu'elle tend à réapparaître chez chacun de nous quand nous sommes placés dans une situation inattendue, consiste à répudier purement et simplement les formes culturelles : morales, religieuses, sociales, esthétiques, qui sont les plus éloignées de celles auxquelles nous nous identifions. « Habitudes de sauvages », « cela n'est pas de chez nous », « on ne devrait pas permettre cela », etc., autant de réactions grossières qui traduisent ce même frisson, cette même répulsion, en présence de manières de vivre, de croire ou de penser qui nous sont étrangères. Ainsi l'Antiquité confondait-elle tout ce qui ne participait pas de la culture grecque (puis gréco-romaine) sous le même nom de barbare ; la civilisation occidentale a ensuite utilisé le terme de sauvage dans le même sens. Or derrière ces épithètes se dissimule un même jugement : il est probable que le mot barbare se réfère étymologiquement à la confusion et à l'inarticulation du chant des oiseaux, opposées à la valeur signifiante du langage humain ; et sauvage, qui veut dire « de la forêt », évoque aussi un genre de vie animale, par opposition à la culture humaine. Dans les deux cas, on refuse d'admettre le fait même de la diversité culturelle ; on préfère rejeter hors de la culture, dans la nature, tout ce qui ne se conforme pas à la norme sous laquelle on vit. […]

En refusant l'humanité à ceux qui apparaissent comme les plus « sauvages » ou « barbares » de ses représentants, on ne fait que leur emprunter une de leurs attitudes typiques. Le barbare, c'est d'abord l'homme qui croit à la barbarie. »

Claude Lévi-Strauss (1908-2009), *Race et histoire*, Gallimard, 2007.

PISTES POUR L'ORAL

PRÉPARATION

Cerner les enjeux

Ce texte s'inscrit dans une réflexion sur la notion de culture, en particulier la culture telle qu'elle se définit pour un Occidental. Qu'est-ce qu'un homme cultivé ? s'oppose-t-il à celui que l'on appelle barbare ? Et sur quoi repose la prétention à qualifier l'autre de « barbare » ? ne manque-t-on pas soi-même d'humanité en la refusant à autrui ?

Éviter les erreurs

La plus néfaste des erreurs serait de faire un contresens sur le propos de Lévi-Strauss en ramenant la barbarie à une absence de culture, ou encore à une simple différence de culture.

La référence à l'ethnocentrisme est incontournable, même si le terme n'est pas dans le texte.

C'est un texte qui appelle des exemples précis.

PRÉSENTATION

Introduction

Lorsqu'en 1952 l'UNESCO publia des brochures sur le racisme, Claude Lévi-Strauss écrivit un essai qui devint *Race et histoire*, ouvrage qui permit d'apporter une réflexion nouvelle sur la culture occidentale. Le texte à étudier illustre tout à fait le concept clé de l'auteur, et le chapitre 3 dont il est extrait porte le même nom : « l'ethnocentrisme ». Celui-ci consiste à faire de sa propre culture un modèle, et à rejeter hors de la culture en général tout ce qui ne rentre pas dans la sienne.

Lévi-Strauss part d'un constat : c'est une attitude communément partagée de répudier spontanément ce qui n'appartient pas à sa propre culture. L'auteur va montrer ensuite comment, derrière les mots utilisés pour qualifier des hommes d'autres cultures, on leur refuse la valeur même d'êtres de culture. De là, il n'y a qu'un pas pour leur refuser l'humanité ; c'est ainsi que, dans la dernière partie, l'auteur pose sa thèse : « Le barbare, c'est d'abord l'homme qui croit à la barbarie. »

Développement

Première étape

L'auteur commence par un constat d'attitude, et en cela il est anthropologue : lorsqu'on se trouve dans une « situation inattendue » comme lors d'un voyage ou lorsqu'un étranger arrive, soit chaque fois que l'on rencontre une autre culture que la sienne, on a tendance à rejeter ce qui n'appartient pas à sa propre culture. Ainsi des actions d'ordre moral (comme les questions de polygamie), religieux (comme certains sacrifices), social (comme la manière de se saluer), ou esthétique (comme la décoration de son corps) sont facilement critiquées dès qu'elle ne nous ressemblent plus.

Deuxième étape

Cette attitude n'est pas nouvelle et semble communément partagée. Dans notre langue elle se traduit par des expressions telles que « habitudes de sauvages », « cela n'est pas de chez nous » ou encore « on ne devrait pas permettre cela ». L'auteur qualifie alors ces propos de grossiers, dans le sens où à la fois ils témoignent d'une certaine ignorance, voire de bêtise, mais aussi d'une capacité à agresser l'autre. L'analyse psychologique qui en est faite consiste à voir dans le « frisson » face à tout ce qui est étranger une forme de peur. C'est la même peur que l'on retrouve dans le racisme, à la différence qu'ici il est question d'un rejet de toutes caractéristiques culturelles étrangères et non plus naturelles, comme lorsqu'on parle de race. Ainsi l'auteur va se livrer à une critique de ce qu'on appelle l'ethnocentrisme. Celui-ci consiste à faire de sa propre culture, de son groupe ou ethnie, une norme, un modèle pour les autres.

Troisième étape

L'histoire du mot « barbare » illustre ce propos : à l'origine il désignait tous ceux qui, pour les Grecs, n'appartenaient pas à leur civilisation. Puis la civilisation occidentale a fait le même usage du mot « sauvage ». Or ces deux termes renvoient au domaine de la nature : le premier au langage inarticulé des oiseaux, le second signifie « de la forêt ». Ainsi traiter l'autre de barbare ou de sauvage c'est le ramener à l'ordre de la vie animale, donc en faire un être dénué de toute culture.

Quatrième étape

Cet effet de l'ethnocentrisme, qui consiste à voir en l'autre un barbare, ne réside même pas dans la prétention à une culture supérieure, mais en une négation de toutes formes de culture autres que la sienne. Or l'humanité ne se partage pas qu'avec celui en qui on se reconnaît. Juger inhumain, sauvage ou barbare l'autre parce qu'il est radicalement différent, c'est soi-même manquer d'humanité. C'est refuser ce qui fait la dignité de l'autre, sa nature humaine.

Lévi-Strauss met en avant un devoir éthique de respect de l'autre dans son altérité. Le barbare est celui qui croit à la barbarie de l'autre, c'est-à-dire à son inhumanité. Il croit que l'autre est un barbare parce qu'il ne respecte pas sa dignité d'homme. Or ne pas reconnaître en l'autre une même nature humaine, c'est cela être barbare.

Conclusion

Ce texte a donc établi à partir d'un constat anthropologique et d'une étude linguistique qu'il existe en chacun de nous un préjugé ethnocentrique qu'il faut combattre, car il peut ramener l'autre à un être exclusivement de nature et non de culture. En effet, lorsqu'on refuse abusivement l'humanité à l'autre, on risque soi-même de se comporter de manière inhumaine. Le barbare, au sens d'« être cruel », est donc bien celui qui croit qu'il existe des barbares, c'est-à-dire des hommes qui ne méritent pas leur statut d'humains.

ENTRETIEN

Voici d'autres questions que l'examinateur pourrait vous poser lors de l'entretien.

▶ **Expliquez la phrase : « on refuse d'admettre le fait même de la diversité culturelle ».**

Quand on est ethnocentrique, on pense qu'il n'y a qu'une seule culture, la sienne, au lieu de reconnaître que les cultures peuvent être différentes. En refusant l'existence d'une diversité culturelle, on refuse l'existence d'une culture chez l'autre, et donc on le ramène au rang de l'animal.

▶ **Quels sont les enjeux du texte ?**

Il s'agit de dénoncer le préjugé ethnocentrique qui procède, comme le racisme, par la négation de l'altérité d'autrui.

SUJET 43

Sujet d'oral n° 3

Aristote

▶ **Commentez ce texte d'Aristote, extrait de *La Politique*.**

DOCUMENT

« C'est pourquoi toute cité est naturelle, puisque le sont les premières communautés qui la constituent. Car elle est leur fin, et la nature est fin : car ce que chaque chose est une fois que sa genèse est complètement achevée, nous disons que c'est la nature de cette chose, ainsi pour un homme, un cheval, une famille. De plus le « ce en vue de quoi » c'est-à-dire la fin, c'est le meilleur ; et l'autarcie est à la fois la fin et le meilleur.

Nous en déduisons qu'à l'évidence la cité fait partie des choses naturelles, et que l'homme est par nature un animal politique ; si bien que celui qui vit hors cité, naturellement bien sûr et non par le hasard des circonstances, est soit un être dégradé, soit un être surhumain : il est comme celui qu'Homère injurie en ces termes :

« sans lignage, sans loi, sans foyer ». Car un tel homme est du même coup naturellement passionné de guerre. Il est comme une pièce isolée au jeu de tric-trac.

C'est pourquoi il est évident que l'homme est un animal politique, bien plus que n'importe quelle abeille ou n'importe quel animal grégaire. Car, nous le disons souvent, la nature ne fait rien en vain. Et seul parmi les animaux l'homme est doué de parole.

Certes la voix sert à signifier la douleur et le plaisir, et c'est pourquoi on la rencontre chez les autres animaux (car leur nature s'est hissée jusqu'à la faculté de percevoir douleur et plaisir et de se les signifier mutuellement). Mais la parole existe en vue de manifester l'utile et le nuisible, puis aussi, par voie de conséquence, le juste et l'injuste. C'est ce qui fait qu'il n'y a qu'une chose qui soit propre aux hommes et les sépare des autres animaux : la perception du bien et du mal, du juste et de l'injuste et autres notions de ce genre ; et avoir de telles notions en commun, voilà ce qui fait une famille et une cité. »

Aristote (384 av. J.-C.-322 av. J.-C.), *La Politique*.

PISTES POUR L'ORAL

PRÉPARATION

Cerner les enjeux

• Ce texte met au service de sa thèse « l'homme est un animal politique » différents types d'explications. Il convient de bien les distinguer pour montrer en quoi elles se complètent. Pour ce faire, on prendra garde de ne pas accumuler les arguments mais de mettre en évidence la progression du texte et la façon dont Aristote lie les concepts de société, de langage et de morale.

• De plus, l'auteur commence par poser la thèse métaphysique du finalisme, qu'il faudra rapidement identifier puis développer tout au long du texte.

Éviter les erreurs

• Ce texte met en relation morale et politique, mais attention, la politique est l'instrument qui permet à l'homme de s'accomplir en tant qu'être moral, et ce n'est pas l'inverse.

• Il convient aussi de ne pas faire de contresens sur le rôle du langage dans la mise en commun de valeurs morales : c'est parce que les hommes peuvent exprimer les mêmes valeurs qu'ils forment des communautés et ce n'est pas le besoin de dialoguer qui les rassemble ici.

PRÉSENTATION

Introduction

Dans *La Politique*, Aristote appuie ses principes de philosophie politique sur un présupposé métaphysique : le finalisme. Tout a une cause finale. Cet extrait montre précisément que si les hommes forment des sociétés c'est pour mieux réaliser ce qui est au fond de leur nature.

Comprendre l'homme, c'est le comprendre dans son rapport aux autres. Qu'est-ce qui conduit les hommes à former des sociétés ? Est-ce par une tendance naturelle, un calcul intéressé ou le fruit du hasard ? Dans cet extrait, Aristote privilégie la sociabilité naturelle. L'homme est un animal politique et tout être exclu de la cité ne peut être un homme. Comment ? Grâce au langage qui amène les hommes à vivre ensemble. Pourquoi ? Parce qu'il permet d'exprimer leurs valeurs morales communes.

Développement

Première étape

Dans une première étape du texte (du début à « à la fois la fin et le meilleur »), Aristote s'appuie sur le finalisme pour montrer que si les familles se regroupent en cités, cela va dans le sens d'une réalisation naturelle.

Il procède par une analyse qui va du plus simple au plus complexe. Il a montré précédemment que l'homme tendait à vivre en couple, puis en famille, puis en village puis en cité, dans la mesure où ce qui chaque fois lui permettait de réaliser, d'actualiser ce qu'il est en puissance, c'est l'association avec d'autres hommes, par un jeu de complémentarité.

Deuxième étape

L'auteur va, lors d'une deuxième étape (jusqu'à « tric-trac »), énoncer sa thèse : l'homme est un animal politique. Cette définition de l'homme est accompagnée de son corollaire : « la cité fait partie des choses naturelles ». En effet, si la sociabilité de l'homme est un phénomène naturel, et non pas culturel (c'est-à-dire le fruit d'une transformation de sa propre nature), alors le fait d'être rassemblés en une même cité constitue pour les hommes une évolution qui lui est destinée.

Aristote va alors expliciter son propos grâce à un contre-exemple. Celui qui est hors de la cité est soit au-dessus de l'humanité, « un être surhumain », autant dire un Dieu, soit en dessous de l'humanité, « un être dégradé », autant dire une bête. Il sera alors « passionné de guerre » et ne réalisera plus son essence sociale. Il ne pourra plus s'accomplir en tant qu'être politique, il ne peut plus être un homme. Mais si l'homme ne peut pas exister en dehors de la cité, sous peine de perdre son humanité, qu'est-ce qui peut garantir par ailleurs qu'en se regroupant avec ses congénères, il ne vive pas non plus comme un animal grégaire ?

Troisième étape

Dans un troisième mouvement (jusqu'à « doué de parole »), Aristote va expliciter sa définition en affirmant que la différence spécifique entre l'homme et l'animal grégaire se situe dans le langage.

Selon quel moteur la cité se constitue-t-elle différemment d'un troupeau ? Aristote va partir alors d'un présupposé métaphysique pour répondre à cette question : « la nature ne fait rien en vain ». Cela signifie que la nature est finalisée. Le mouvement de la nature répond à une nécessité interne : tout ce qu'elle fait ou tout ce dont elle dispose, obéit à une cause finale. Or seul parmi les animaux, l'homme a un langage.

Mais en quoi se distingue-t-il de la communication animale ? Et par ailleurs, en quoi le langage peut-il avoir une fonction politique ?

Quatrième étape

Enfin, c'est dans le dernier mouvement du texte qu'il explique que c'est parce que le langage permet de mettre en commun des valeurs morales que l'homme est doué d'une sociabilité naturelle.

L'apparente communication entre les animaux pourrait nous faire croire qu'ils sont doués de langage. Or par leur voix, les animaux n'expriment que des sensations comme le « douloureux » ou l'« agréable ».

Quelle est alors la spécificité du langage humain ? La finalité du langage est de manifester la moralité humaine. Si l'animal n'a pas de langage comme l'homme, ce n'est pas pour des raisons physiologiques (car ils ont la voix en commun) mais parce qu'ils n'ont pas les mêmes choses à manifester.

Conclusion

Aristote définit l'homme dans sa dimension politique et morale : l'homme est un animal politique car il possède des notions de morales qu'il exprime par le langage.

ENTRETIEN

Voici d'autres questions que l'examinateur pourrait vous poser lors de l'entretien.

▶ **Que signifie : « celui qui vit hors cité, naturellement bien sûr et non par le hasard des circonstances » ?**

Celui qui serait naturellement hors de la cité, et non par hasard, c'est-à-dire par le jeu de circonstances qui lui seraient imposées comme un voyage ou un exil, ne peut être imaginé comme un homme.

▶ **Quels sont les enjeux du texte ?**

Les enjeux du texte sont d'abord anthropologiques puisqu'il répond à la question « qu'est-ce que l'homme ? ».

Ils sont également politiques, puisqu'à travers la définition de l'homme, on s'interroge sur l'origine des sociétés. On peut aussi parler d'enjeux moraux puisque la morale est ici directement liée à la politique. Enfin, les enjeux du texte sont métaphysiques puisqu'il s'agit d'établir les caractéristiques du langage humain à travers celle d'une nature finalisée.

SUJET 44

Sujet d'oral n° 4

Descartes

▸ **Commentez ce texte de Descartes, extrait du *Discours de la méthode*.**

DOCUMENT

« Je ne sais si je dois vous entretenir des premières méditations que j'ai faites ; car elles sont si métaphysiques et si peu communes, qu'elles ne seront peut-être pas au goût de tout le monde. Et toutefois, afin qu'on puisse juger si les fondements que j'ai pris sont assez fermes, je me trouve en quelque façon contraint d'en parler. J'avais dès longtemps remarqué que, pour les mœurs, il est besoin quelquefois de suivre des opinions qu'on sait être fort incertaines, tout de même que si elles étaient indubitables, ainsi qu'il a été dit ci-dessus, mais, pource [parce] qu'alors je désirais vaquer seulement à la recherche de la vérité, je pensai qu'il fallait que je fisse tout le contraire, et que je rejetasse, comme absolument faux, tout ce en quoi je pourrais imaginer le moindre doute, afin de voir s'il ne resterait point, après cela, quelque chose en ma créance, qui fût entièrement indubitable. Ainsi, à cause que nos sens nous trompent quelquefois, je voulus supposer qu'il n'y avait aucune chose qui fût telle qu'ils nous la font imaginer. Et pource qu'il y a des hommes qui se méprennent en raisonnant, même touchant les plus simples matières de géométrie, et y font des paralogismes, jugeant que j'étais sujet à faillir, autant qu'aucun autre, je rejetai comme fausses toutes les raisons que j'avais prises auparavant pour démonstrations. Et enfin, considérant que toutes les mêmes pensées, que nous avons étant éveillés, nous peuvent aussi venir quand nous dormons, sans qu'il y en ait aucune, pour lors, qui soit vraie, je me résolus de feindre que toutes les choses qui m'étaient jamais entrées en l'esprit n'étaient non plus vraies que les illusions de mes songes.

Mais, aussitôt après, je pris garde que, pendant que je voulais ainsi penser que tout était faux, il fallait nécessairement que moi, qui le pensais, fusse quelque chose. Et remarquant que cette vérité : *je pense donc je suis*, était si ferme et si assurée, que toutes les plus extravagantes suppositions des sceptiques n'étaient pas capables de l'ébranler, je jugeai que je pouvais la recevoir, sans scrupule, pour le premier principe de la philosophie que je cherchais. »

René Descartes (1596-1650), *Discours de la méthode,* IV.

PISTES POUR L'ORAL

PRÉPARATION

Cerner les enjeux

Ce texte a des enjeux épistémologiques car il permet à Descartes, par sa découverte du *cogito*, de fonder tout l'édifice de la connaissance.

Mais il a aussi des enjeux anthropologiques dans la mesure où l'on apprend que l'homme se définit d'abord par sa conscience.

Éviter les erreurs

L'idée du *cogito* est si connue que les élèves généralement s'autorisent à ne pas l'expliquer. Or, la simple affirmation « je pense donc je suis », si elle n'est pas resituée dans son contexte réflexif, perd tout son sens. La compréhension du *cogito* est elle-même de l'ordre de l'expérience métaphysique. Cette explication est une invitation à la repenser avec Descartes.

PRÉSENTATION

Introduction

Que puis-je savoir avec certitude ? Le projet général de Descartes dans ce livre est de fonder la connaissance sur le sujet et non l'inverse. Rappelons que Descartes est un rationaliste : il fonde le savoir sur la raison.

Au terme de la méditation mise en œuvre dans ce texte, l'expérience d'un doute généralisé, Descartes découvre une première vérité. Alors même que je peux douter de tout, une seule chose résiste : le doute, lui-même et donc le fait même de penser. C'est le fameux « je pense donc je suis ».

Développement

Première étape

Dans une première partie (jusqu'à « entièrement indubitable »), Descartes présente son projet de trouver une vérité absolument indubitable, c'est-à-dire à laquelle ne subsiste aucun doute. Il s'adresse à un vaste public et pourtant, il va faire le récit de ses méditations qui sont si « métaphysiques » qu'elles ne peuvent être au goût de tous car il s'agit de s'abstraire d'un monde qui nous est donné immédiatement pour en démonter toutes les certitudes. Mais la démarche de Descartes se distingue du scepticisme qui consiste à faire du doute une fin en soi. Ici, il s'agit d'un doute méthodique (provisoire) pour rechercher ce qui se présente de manière indubitable pour vrai, afin précisément de savoir ce qu'est le vrai. Le doute peut être dangereux car il risque de laisser les plus fragiles qui ne parviennent pas à s'en affranchir, « égarés toute leur vie ».

Descartes reproduit son cheminement (*cf.* méthode : *méta odos*, le « chemin vers ») qui lui permet d'apporter un fondement à la science. La connaissance est conçue comme un édifice déductif où chaque pierre est constituée par une autre qui le soutient. La substance pensante, c'est-à-dire le sujet, est le seul fondement possible de la science.

Deuxième étape

Dans la deuxième partie (jusqu'à « illusions de mes songes »), Descartes nous fait part de son expérience du doute. Tout d'abord, nos sens sont trompeurs quelquefois, comme les illusions d'optique (par exemple une tour carrée vue comme ronde de loin). Il s'agit là d'un doute raisonnable. Mais le doute devient radical car il n'admet aucun intermédiaire entre le vrai et le faux : il ne va plus seulement concerner l'incertitude sensible, mais toute certitude sensible, et finalement l'existence du monde extérieur.

Puis il va douter des évidences intellectuelles elles-mêmes. Comme on peut se tromper par les sens, on peut se tromper rationnellement. La rationalité elle-même doit être fondée, car une rationalité non critiquée, spontanée, ne vaut guère mieux que la soumission aveugle au sensible. Dès ce moment, le monde entier, et pas seulement les objets sensibles, mais toutes vérités deviennent « illusion et tromperie ».

Descartes doute de toute réalité : tout pourrait être un rêve. Il ne s'agit pas de conclure que la réalité n'est qu'un rêve mais de saisir que notre croyance au monde extérieur n'est pas si certaine que cela. Mais comment sortir de ce doute ?

Troisième étape

Enfin, dans la dernière partie du texte, Descartes établit une première certitude : le *cogito*. En effet, au moment même où je doute de toutes mes représentations, il reste une chose dont je ne puis absolument pas douter, c'est que précisément je doute. Or si je doute, je pense, et si je pense (*cogito*), je suis.

Ainsi, la connaissance de soi est plus facile que celle des choses extérieures, celle de l'âme plus aisée que celle du corps. Ce *cogito* est donc la première vérité et celle-ci lui permettra de trouver un critère de vérité : l'évidence.

Conclusion

Ainsi la conscience, avant d'être une question philosophique comme une autre, est la condition de possibilité de toute pensée philosophique. De la même manière, Socrate inaugure la philosophie avec la question « connais-toi toi-même », qui implique la mise à l'épreuve des savoirs. Mais avec Socrate, le non-savoir est une conscience de son ignorance ; avec Descartes, la conscience n'est plus seulement une condition négative du savoir mais le fondement et le modèle de la vérité.

ENTRETIEN

Voici une autre question que l'examinateur pourrait vous poser lors de l'entretien.

▶ **Que veut dire Descartes lorsqu'il affirme : « J'avais dès longtemps remarqué que, pour les mœurs il est besoin quelquefois de suivre des opinions qu'on sait être fort incertaines, tout de même que si elles étaient indubitables, ainsi qu'il a été dit ci-dessus ? »**

Ici, Descartes fait allusion à sa morale provisoire : il s'agit de s'adapter aux coutumes de son pays, d'être ferme dans ses actions car l'action n'attend pas. On ne peut suspendre son action comme on suspend son jugement (c'est-à-dire quand on doute).

Sujet d'oral n° 5

Épictète

▸ **Commentez ce texte d'Épictète, extrait du *Manuel*.**

DOCUMENT

« Il y a ce qui dépend de nous, il y a ce qui ne dépend pas de nous. Dépendent de nous l'opinion, la tendance, le désir, l'aversion, en un mot toutes nos œuvres propres ; ne dépendent pas de nous le corps, la richesse, les témoignages de considération, les hautes charges, en un mot toutes les choses qui ne sont pas nos œuvres propres. Les choses qui dépendent de nous sont naturellement libres, sans empêchement, sans entrave ; celles qui ne dépendent pas de nous sont fragiles, serves, facilement empêchées, propres à autrui. Rappelle-toi donc ceci : si tu prends pour libres les choses naturellement serves, pour propres à toi-même les choses propres à autrui, tu connaîtras l'entrave, l'affliction, le trouble, tu accuseras dieux et hommes ; mais si tu prends pour tien seulement ce qui es tien, pour propre à autrui ce qui est, de fait, propre à autrui, personne ne te contraindra jamais ni ne t'empêchera, tu n'adresseras à personne accusation ni reproche, tu ne feras absolument rien contre ton gré, personne ne te nuira ; tu n'auras pas d'ennemi ; car tu ne souffriras aucun dommage. »

Épictète (50-125 ou 130 ap. J.-C.), *Manuel*.

PISTES POUR L'ORAL

PRÉPARATION

Cerner les enjeux

- Il s'agit d'un texte sur la liberté qui insiste sur l'attitude du sujet par rapport à la nécessité qui s'impose à lui. En ce sens, ce texte est très représentatif du stoïcisme.
- La liberté et le bonheur consistent à vouloir agir uniquement sur ce qui dépend de nous. Il faut donc savoir distinguer ce qui dépend de nous (notre faculté de penser les choses et de les vouloir), de ce qui n'en dépend pas (corps, richesses, opinions des autres, honneurs…).

Éviter les erreurs

- Le risque de ce texte est de se limiter à de la paraphrase. Ayant déjà de nombreux exemples, on pourrait croire qu'il suffit de les citer, or ils méritent d'être explicités, et eux-mêmes illustrés.
- Il faut analyser rigoureusement l'idée de liberté, et ne pas la réduire à « ce qui dépend de nous » alors qu'elle consiste plus précisément à distinguer ce qui dépend de ce qui ne dépend pas de nous.

PRÉSENTATION

Introduction

Le *Manuel* est un ouvrage qui regroupe un ensemble de maximes morales destinées à tous ceux qui souhaitent affermir leur volonté et progresser dans le domaine de la sagesse. Cet ouvrage permet d'avoir une connaissance assez précise du stoïcisme. Cette doctrine dont Épictète est l'un des plus grands représentants se présente à la fois comme un ensemble de règles de vie, et à ce titre elle intéresse même les non-philosophes, et comme une conception théorique et rationnelle de l'univers.

Il s'agit au sens courant de pouvoir supporter le malheur et la douleur avec courage et fermeté (l'auteur lui-même était un esclave ayant supporté la torture), et au sens philosophique d'accepter l'ordre rationnel du cosmos et d'adapter sa propre volonté à sa nécessité.

En ce sens, cet extrait vient illustrer l'idée que la seule manière d'être libre malgré les lois nécessaires de la nature est justement de ne pas chercher à vouloir les modifier si c'est impossible. Pour cela, il convient d'apprendre à distinguer ce qui dépend de nous de ce qui n'en dépend pas. Tel est l'objet du texte.

Développement

Première étape

Épictète commence son texte dans une première partie par poser à titre d'hypothèse la distinction entre ce qui dépend de nous et ce qui n'en dépend pas.

Ce qui dépend de nous désigne ce qui relève de nos œuvres propres, à savoir le désir, l'aversion, l'opinion, la tendance. Dépend de nous donc tout ce qui est issu de notre pouvoir de penser. En ce sens, la liberté comme possibilité d'agir par soi-même et de créer ses propres « œuvres », est d'abord une liberté de pensée. Les idées et les passions, même si elles s'appliquent à des choses extérieures à nous, même si elles peuvent être suscitées par des objets indépendants de nous, restent toujours en dernier recours « nos » idées et « nos » passions. Nous restons toujours libres de nous faire influencer ou non. Les influences extérieures ne sont pas encore des entraves. Si nous souhaitons résister à l'objet de la tentation, il ne tient qu'à nous de le faire, dire le contraire serait nous déresponsabiliser.

Par contre, ce qui ne dépend pas de nous relève à la fois de la nécessité, comme la donnée biologique, notre corps, ou encore comme l'ordre social (« la richesse », les « considérations de témoignage »). Cette acceptation de la hiérarchie de la société avec toutes ses injustices comme quelque chose contre lequel on ne peut rien, s'illustre par le fait que les deux représentants du stoïcisme puissent être à la fois pour l'un esclave (Épictète), et pour l'autre empereur (Marc Aurèle). Toutes ces choses qui ne dépendent pas de nous mais d'autrui sont donc très fragiles et fluctuantes.

Que nous apporte alors la conscience de cette distinction ?

Deuxième étape

Cette distinction permet d'établir une règle de vie qu'il est possible de mettre en pratique pour s'approcher de la sagesse : la liberté et le bonheur consiste à ne vouloir que ce qui dépend de nous. L'auteur l'énonce sous forme de conseil.

En effet, confondre ce qui dépend de nous avec ce qui n'en depend pas, c'est se destiner à des gémissements et de l'ingratitude.

En revanche, vouloir agir uniquement sur ce qui nous est propre, c'est pouvoir être heureux. En effet, en acceptant la nécessité du monde, on se préserve d'actions vaines qui ne peuvent que nous ramener à notre impuissance, et dont on pourrait dans un élan de mauvaise foi accuser les autres, y compris les dieux, et de ce fait s'en faire des ennemis.

Conclusion

Ce texte s'inscrit bien dans le courant stoïcien dans la mesure où il indique comment être libre et heureux tout en acceptant le monde tel qu'il est.

C'est d'ailleurs ce point qui a permis à Descartes de constituer la troisième règle de la morale provisoire de son *Discours de la méthode* : « Ma troisième maxime était de tâcher toujours plutôt à me vaincre que la fortune, et à changer mes désirs que l'ordre du monde ; et généralement, de m'accoutumer à croire qu'il n'y a rien qui soit entièrement en notre pouvoir, que nos pensées. »

Liberté et déterminisme sont donc conciliés.

ENTRETIEN

Voici d'autres questions que l'examinateur pourrait vous poser lors de l'entretien.

▶ **Expliquez la phrase : « Rappelle-toi donc ceci : si tu prends pour libres les choses naturellement serves, pour propres à toi-même les choses propres à autrui, tu connaîtras l'entrave, l'affliction, le trouble, tu accuseras dieux et hommes… »**

L'auteur prend ici le ton du conseil (« rappelle-toi ») pour pouvoir vivre heureux, ou du moins éviter d'être malheureux. En prenant ce qui est par nature dépendant, c'est-à-dire esclave d'autrui (« les choses naturellement serves »), bref indépendant de nous, comme quelque chose de soumis à notre volonté, nous buterons nécessairement sur des obstacles (« entrave »). Nous ne pourrons de ce fait qu'éprouver de la peine (« affliction »). Et ne comprenant pas les choses, nous nous en prendrons injustement aux autres, les « dieux et hommes », ce qui est finalement une forme de mauvaise foi.

▶ **D'après le texte, comment et pourquoi éviter la contrainte ?**

D'après le texte, la contrainte, c'est-à-dire ce qui m'empêche d'être libre, peut être évitée grâce à la distinction entre nos biens propres et ceux qui ne le sont pas. Ainsi, ne vouloir que ce qui dépend de nous est une forme de sagesse qui nous assure d'être réellement libres et heureux. Avoir l'âme en paix est ce que les stoïciens appellent l'ataraxie.

SUJET

46

Sujet d'oral n° 6

Platon

▸ **Commentez ce texte de Platon, extrait de *Hippias majeur*.**

DOCUMENT

« Si dieu le permet, Hippias, il en ira ainsi. Mais pour l'heure, réponds-moi brièvement sur un point, que tu m'as heureusement rappelé. Récemment, lors d'une discussion où je blâmais comme laides certaines choses et en louais d'autres comme belles, quelqu'un m'a mis dans l'embarras. Il m'a interrogé de la sorte, avec beaucoup d'insolence : « Comment fais-tu, Socrate, pour savoir quelles choses sont belles et lesquelles sont laides ? Voyons, serais-tu capable de dire ce qu'est le beau ? » Et moi, en incapable, je restai dans l'embarras sans pouvoir lui faire une réponse convenable. Après avoir quitté cette réunion, j'étais en colère contre moi-même, m'adressais des reproches et pris la résolution, dès que j'aurai rencontré le premier d'entre vous qui êtes savants, d'écouter, d'apprendre et d'y consacrer mes efforts avant de retourner ensuite vers celui qui m'avait interrogé pour reprendre le combat de l'argument. Et aujourd'hui, je le redis, c'est une bonne chose que tu sois venu. Expose-moi donc comme il faut ce qu'est le beau lui-même, et efforce-toi de me répondre avec la plus grande exactitude possible, afin de m'éviter une seconde réfutation qui me rendrait de nouveau ridicule. Bien sûr, tu connais cela en toute clarté, et ce ne doit être qu'une connaissance infime parmi toutes les choses que tu sais. »

Platon (427 av. J.-C.-348 av. J.-C.),
Hippias majeur (≈ 421-415 av. J.-C.).

PISTES POUR L'ORAL

PRÉPARATION

Cerner les enjeux

Socrate pose pour la première fois la question de ce qu'est le beau. Il s'agit de tester le prétendu savoir d'Hippias. Socrate aura alors recours à un stratagème : il fait intervenir un troisième personnage, anonyme, qui l'aurait questionné de la même manière que Socrate a pu le faire avec Hippias. Il s'agit ici de poser à la fois l'objet du dialogue et la manière de s'interroger.

Éviter les erreurs

Le sous-titre de l'ouvrage porte sur le beau mais cette question est abordée d'un point de vue éthique plutôt qu'esthétique. Par ailleurs, on peut voir deux niveaux d'analyse : savoir qui détient vraiment la sagesse, et savoir ce qu'est le beau, question qui n'est là que pour expliciter la première. Il ne faut pas perdre de vue ces deux perspectives.

PRÉSENTATION

Introduction

Ce texte est extrait d'*Hippias majeur* qui a pour sous-titre « Sur le beau ». Cet ouvrage met en scène Hippias, la figure du sophiste, face à Socrate, la figure du philosophe. Le texte se trouve à la fin du prologue qui aborde d'abord la question de l'éducation. En effet, Hippias se vente de gagner beaucoup d'argent en vendant son « savoir », sa sagesse, pour la formation des jeunes gens. La question essentielle du dialogue serait plutôt de savoir qu'est-ce que la sagesse et qui est vraiment sage.

Pour mettre à l'épreuve son interlocuteur, Socrate recourt à un stratagème : il lui fait croire qu'un personnage inconnu d'Hippias l'interroge, de la même manière que Socrate interroge Hippias. Puis il demande à Hippias de l'aider à y répondre. Il peut ainsi le réfuter indirectement sans le vexer. Pour mettre à l'épreuve son prétendu savoir, il va ainsi l'interroger sur ce qu'est le beau. Question qui se pose d'abord sur le plan éthique puisqu'ils s'interrogent tous deux sur le savoir qui permet d'accomplir de « belles actions ».

Dans une première partie, Socrate commence par introduire pour la première fois ce curieux inconnu qui le somme de répondre à la question ontologique de la beauté. Il explique alors dans un second temps son embarras. Enfin, il finit par approuver ironiquement la présence d'Hippias car celui-ci pourra ainsi l'aider à répondre grâce à son savoir.

Développement

Première étape

Dans une première partie, Socrate introduit pour la première fois un personnage anonyme. Socrate retranscrit la situation qu'il vit avec Hippias à travers la rencontre qu'il a avec cet inconnu. En effet, tout au long du dialogue, Hippias ne cesse de proposer des exemples de choses belles ou laides (une belle jeune fille, une belle marmite…) sans jamais répondre finalement à la question ontologique « qu'est-ce le beau ? » car il la confond toujours avec la question « qu'est-ce qui est beau ? ».

Pour pouvoir interroger ce sophiste très prétentieux et susceptible, Socrate va se mettre à sa place et créer ainsi une sorte de complicité qui l'empêche de se sentir heurté, et introduit un autre personnage qui l'interrogera de la même manière que Socrate interroge Hippias. En lui demandant de l'aider à répondre, il espère (en vain) qu'Hippias finira alors par comprendre ce que Socrate essaye de lui dire. On a ici un exemple de l'ironie socratique mise à l'œuvre car ce personnage inconnu n'est en réalité que Socrate lui-même, mais cela, Hippias, bien sûr, ne le sait pas !

Ainsi, Socrate prétend que cet inconnu l'interroge avec insolence (on présuppose que cela renvoie à son agacement contenu) car si l'on prétend décrire des choses belles ou laides, il faut d'abord être capable de dire ce qu'est le beau en soi. Mais que signifie connaître une chose en elle-même ?

Deuxième étape

Socrate expose alors son embarras face à cet inconnu, insinuant ainsi qu'Hippias devrait lui-même être embarrassé de son ignorance, mais l'ironie qui consiste à faire comprendre quelque chose en affirmant son contraire est encore à l'œuvre puisque Socrate dit vouloir se réfugier auprès du savoir d'Hippias afin de trouver des réponses.

On comprend très bien qu'il y a un décalage entre Socrate qui affirme son ignorance, et Hippias qui prétend être très savant car il gagne beaucoup d'argent. En réalité, Socrate est plus savant qu'Hippias puisqu'il a au moins, lui, la conscience de son ignorance (ce que l'on appelle l'ignorance socratique) face à tous les sophistes qui ne savent pas répondre à la question ontologique, mais qui pensent que donner une série d'exemples suffit.

On peut comparer cet embarras d'une âme qui réfléchit à la description de Bergson sur la conscience, plus vive lors de moments d'hésitation, de doute, de crise. Penser n'a rien de confortable : c'est un questionnement. Socrate décrit la pensée comme « dialogue de l'âme avec elle-même ».

Troisième étape

Enfin, Socrate interpelle toujours ironiquement Hippias pour qu'il lui donne une réponse à la question de l'essence de la beauté avec exactitude.

Socrate considère le dialogue comme l'art de la réfutation. On le verra à la fin de l'ouvrage, la question n'est pas décidée, on reste sur une aporie, mais on a écarté les fausses pistes, les mauvaises réponses d'Hippias que Socrate aura réfutées.

Ainsi se dresse l'opposition entre Socrate, le philosophe conscient de son ignorance, mais qui cherche par le biais du dialogue à découvrir la vérité dont les caractéristiques sont l'objectivité et l'universalité, et Hippias, le sophiste imbu de lui-même pour qui seul compte le pouvoir séducteur des mots, sans souci de la valeur de vérité et d'universalité dont ne peuvent rendre compte ses exemples puisque, par définition, ils sont particuliers.

Conclusion

Ce texte, situé à l'intersection du prologue et du dialogue, pose tous les enjeux de cet ouvrage. Il fait le lien entre la question débattue dans le prologue, savoir ce qu'est une bonne éducation, et celle qui nourrit tout le dialogue, savoir ce qu'est le beau. Si l'éducation, mission confiée moyennant rémunération aux sophistes, consiste à transmettre un savoir, il faut alors aussi s'interroger sur ce qu'est un savoir ; Socrate prend ici le prétexte de la question du beau pour y répondre.

Ce texte permet donc de mettre à jour la méthode proprement socratique : le dialogue ironique qui par un questionnement doit pouvoir atteindre le vrai et, si ce n'est pas le cas, au moins écarter le faux. C'est en ce sens qu'un dialogue aporétique n'est pas un échec.

ENTRETIEN

Voici une autre question que l'examinateur pourrait vous poser lors de l'entretien.

▶ **À ce stade du dialogue, comment montrer que Hippias est prétentieux ?**

D'une part, il se vante de pouvoir répondre à tout et l'argent qu'il gagne en serait la preuve ; d'autre part, à Sparte, lorsqu'il ne parvient pas à faire fortune alors que ses habitants sont très soucieux de l'éducation de leurs enfants, Hippias ne se remet pas en question et met son échec sur le compte des lois et des traditions de cette cité qui ne lui seraient pas favorables.

SUJET

47

Sujet d'oral n° 7

Sartre

▸ **Commentez ce texte de Sartre, extrait de *L'existentialisme est un humanisme*.**

DOCUMENT

« Ce que les gens veulent, c'est qu'on naisse lâche ou héros. Un des reproches qu'on fait le plus souvent aux *Chemins de la liberté* [1], se formule ainsi : mais enfin, ces gens qui sont si veules, comment en ferez-vous des héros ? Cette objection prête plutôt à rire car elle suppose que les gens naissent héros. Et au fond, c'est cela que les gens souhaitent penser : si vous naissez lâches, vous serez parfaitement tranquilles, vous n'y pouvez rien, vous serez lâches toute votre vie, quoi que vous fassiez ; si vous naissez héros, vous serez aussi parfaitement tranquilles, vous serez héros toute votre vie, vous boirez comme un héros, vous mangerez comme un héros. Ce que dit l'existentialiste, c'est que le lâche se fait lâche, que le héros se fait héros ; il y a toujours une possibilité pour le lâche de ne plus être lâche, et pour le héros de cesser d'être un héros. Ce qui compte, c'est l'engagement total, et ce n'est pas un cas particulier, une action particulière, qui vous engagent totalement. »

Jean-Paul Sartre (1905-1980),
L'existentialisme est un humanisme, Gallimard, 1996.

1. Œuvre romanesque de Sartre.

PISTES POUR L'ORAL

PRÉPARATION

Cerner les enjeux

Ce texte interroge sur ce qu'est un héros, ou plus précisément il dénonce le préjugé à ce sujet : les hommes préfèrent que l'héroïsme ou la lâcheté soient des caractéristiques innées. À travers cet exemple, Sartre applique sa thèse existentialiste qui affirme qu'il n'y a pas de nature humaine. Seuls nos actes nous définissent.

Éviter les erreurs

• Il y a deux manières d'entrer dans ce texte : soit on s'interroge en particulier sur ce qu'est un héros, soit on appuie sa réflexion sur la question plus générale de l'existence ou non d'une nature humaine. Quel que soit l'angle de réflexion engagé, il ne faut négliger aucun de ces deux aspects.

• Par ailleurs, Sartre montre que son idée de l'héroïsme s'oppose à deux idées : celle qui prétend que l'on est héros de naissance, et celle qui prétend qu'il suffit d'avoir accompli un acte héroïque dans sa vie pour l'être définitivement. Il convient de distinguer ces deux aspects.

PRÉSENTATION

Introduction

L'existentialisme est un humanisme est un compte rendu d'une conférence faite par Sartre en 1946. Il veut répondre à certaines objections qu'on lui a faites au sujet de son ouvrage fondamental *L'Être et le Néant*. Il y présente sa thèse existentialiste qui considère qu'en l'homme, l'existence précède l'essence, ce qui renvoie à cette thèse paradoxale et donc soumise à certains contresens que Sartre veut reprendre ici : « L'homme est condamné à être libre. »

Après avoir expliqué que la responsabilité peut être source d'angoisse, Sartre va dans cet extrait illustrer son propos avec la question de savoir si lorsqu'on se conduit comme un héros ou un lâche cela relève d'un choix ou d'une nature humaine, ce qui déresponsabiliserait l'homme.

Ainsi, pour répondre à la question de savoir s'il existe une nature humaine, Sartre répond ici à la question de savoir ce qu'est un héros. Il commence par un constat sur la psychologie humaine : les hommes préfèrent croire qu'on naît « héros », que c'est inscrit dans une nature humaine. Il explique alors dans une seconde partie que cette mauvaise foi est une manière de se déculpabiliser tranquillement. Mais dans sa dernière partie, il y oppose sa thèse existentialiste qui affirme que non seulement l'héroïsme n'est pas une caractéristique innée, mais de plus il ne suffit pas d'agir une fois dans sa vie héroïquement pour « être » un héros. Ce que nous sommes ne peut que relever d'un « engagement total ».

Développement

Première étape

Dans ce texte, Sartre se défend contre les contestations faites à sa conception de l'homme qu'il a théorisé dans *L'Être et le Néant*, mais aussi qu'il a appliquée dans son œuvre romanesque *Les Chemins de la liberté*. On y voit des hommes devenir des héros alors qu'ils étaient d'abord des gens veules. C'est précisément ce que ses lecteurs ne supportent pas. Sartre constate que les gens ne veulent pas envisager la possibilité d'une transformation de leur être de lâches en héros, ou inversement.

Les gens préfèrent présupposer qu'il soit inscrit dans la nature de l'homme d'être lâche ou héros. Ainsi, on serait déjà déterminé à la naissance comme héros ou lâche, ce qui bien sûr est ridicule puisque l'héroïsme se caractérise par ce que l'on a fait. On imagine mal un nourrisson accomplir des actes de bravoure !

Ainsi, dans cette première partie du texte, Sartre explique que le reproche que l'on fait à sa thèse, à savoir que l'homme peut toujours changer ce qu'il est par ses actes, s'appuie sur une croyance absurde. Pour Sartre, l'homme existe et se définit ensuite, il n'est pas condamné à rester définitivement ce qu'il croit être. Il a en lui une liberté absolue, il peut choisir d'être lâche ou non, et surtout il ne peut se cacher derrière cette idée qu'il ne peut faire autrement ; il est libre, il est même « condamné à être libre », dit-il par ailleurs.

Mais pourquoi les hommes n'acceptent pas cette liberté et préfèrent faire preuve de mauvaise foi en s'imaginant être prédéterminés ?

Deuxième étape

Dans une seconde partie, Sartre donne alors une explication d'ordre psychologique : les hommes préfèrent penser qu'on est héros ou lâche une bonne fois pour toute, que nos actes n'y pourront rien changer car c'est plus « tranquille » pour eux. Pourquoi ?

Parce que les hommes ne se sentent pas responsables de leurs actes. La responsabilité selon son étymologie signifie que l'on répond (de *respondeo* en latin qui a donné « responsable ») de ses actes. L'homme responsable n'est pas seulement l'acteur mais l'auteur, celui qui décide de ses actes librement, c'est-à-dire le sujet moral. Autrement dit, l'autre versant de la liberté est la responsabilité. Voilà pourquoi elle est source d'angoisse : l'homme se sent responsable de ce qu'il fait et donc, s'il se comporte comme un lâche, il en est coupable, il ne peut se cacher derrière un déterminisme qui le programmerait à l'avance à se comporter de telle ou telle manière.

La mauvaise foi des hommes qui consiste à se croire déterminés par une nature humaine, par des caractéristiques innées, permet de gommer toute éventuelle mauvaise conscience (morale) et ainsi d'être plus « tranquilles ».

Troisième étape

Malgré les reproches, Sartre maintient dans cette troisième partie sa thèse existentialiste : « En l'homme, l'existence précède l'essence. » Cela signifie que l'homme existe, agit d'abord et se définit ensuite. L'homme se définit par ses actes, et ce ne serait pas une nature préétablie (de lâche par exemple) qui déterminerait les actes. Et comme l'homme est un être temporel, qui, à chaque instant, a la liberté d'agir autrement que précédemment, de se libérer de l'essence précédente, on peut en déduire qu'il n'y a pas de nature humaine puisqu'elle est à chaque fois à redéfinir.

On peut très bien être le héros d'un soir, puis se comporter comme un pleutre et inversement. Le véritable héros n'est pas celui qui a accompli un acte héroïque, mais celui qui continue constamment à agir héroïquement. On comprend que cela ne favorise pas la tranquillité ! La détermination se trouve dans l'engagement.

Conclusion

Ainsi, à la question de savoir si les vertus sont innées, Sartre répond non car l'homme ne se caractérise que par une seule chose : sa liberté absolue, c'est-à-dire sa capacité à se déterminer lui-même. Cette thèse fut d'autant plus contestée qu'elle s'inscrit dans le contexte historique de la Seconde Guerre mondiale et de l'Occupation allemande. Il était alors plus simple de croire en une sorte d'irresponsabilité ou de passivité naturelle que de s'engager dans la Résistance.

Dans ce texte, Sartre dénonce l'illusion de l'opinion commune d'un déterminisme rassurant qui n'est autre que de la mauvaise foi, une capacité à se mentir à soi-même.

ENTRETIEN

Voici d'autres questions que l'examinateur pourrait vous poser lors de l'entretien.

▶ **Expliquez le passage suivant : « … si vous naissez héros, vous serez aussi parfaitement tranquilles, vous serez héros toute votre vie, vous boirez comme un héros, vous mangerez comme un héros ».**

Cette phrase est au conditionnel car elle reprend l'hypothèse soutenue par l'opinion commune d'un déterminisme absolu : ainsi celui qui se croit à la naissance héros se comportera toute sa vie selon cette caractéristique soi-disant innée jusque dans ses moindres faits et gestes. Sartre décrit ici un exemple d'attitude liée à la mauvaise foi.

▶ **Expliquez le passage suivant : « Ce qui compte, c'est l'engagement total… »**

À cette attitude de mauvaise foi, Sartre va justement opposer une liberté totale qui présuppose (et c'est ce qui dérange) une responsabilité totale. « Ce qui compte », ce qui fait la valeur et la dignité de l'homme, ce qui fait de lui un être moral, c'est sa possibilité de confirmer à chaque instant des choix moraux. Nous ne sommes que l'ensemble de nos actes et non un acte particulier. Pour être un héros, il faut se comporter à chaque instant comme tel. L'homme vertueux est celui qui s'engage à l'être, et s'engager c'est « tenir » son engagement dans la durée.

▶ **Finalement, chacun est-il celui qu'il veut être ?**

Être ce que l'on veut bien se laisser être (passivement, selon un désir facile) signifie que l'on a une essence qui nous détermine et qui nous fait agir à la manière de l'homme qui « boit » comme un héros en toute mauvaise foi. Mais à l'inverse, être ce que l'on « veut » (activement par sa volonté) être c'est aussi essayer de se déterminer soi-même par ses actions, quitte à être en contradiction avec ce que l'on a fait précédemment.

SUJET 48

Sujet d'oral n° 8

Hobbes

▸ **Commentez ce texte de Hobbes, extrait *Du citoyen*.**

DOCUMENT

« La plupart de ceux qui ont écrit touchant les républiques, supposent ou demandent, comme une chose qui ne doit pas leur être refusée, que l'homme est un animal politique, ζωον πολιτικον, selon le langage des Grecs, né avec une certaine disposition naturelle à la société. Sur ce fondement-là, ils bâtissent la doctrine civile ; de sorte que pour la conservation de la paix, et pour la conduite de tout le genre humain, il ne faut plus rien, sinon que les hommes s'accordent et conviennent de l'observation de certains pactes et conditions, auxquelles alors ils donnent le titre de lois. Cet axiome, quoique reçu si communément, ne laisse pas d'être faux, et l'erreur vient d'une trop légère contemplation de la nature humaine. Car si l'on considère de plus près les causes pour lesquelles les hommes s'assemblent, et se plaisent à une mutuelle société, il apparaîtra bientôt que cela n'arrive que par accident, et non par une disposition nécessaire de la nature. En effet, si les hommes s'entr'aimaient naturellement, c'est-à-dire en tant qu'hommes, il n'y a aucune raison pourquoi chacun n'aimerait pas le premier venu, comme étant autant homme qu'un autre ; de ce côté-là, il n'y aurait aucune occasion d'user de choix et de préférence. Je ne sais aussi pourquoi on converserait plus volontiers avec ceux en la société desquels on reçoit de l'honneur ou de l'utilité, qu'avec ceux qui la rendent à quelqu'autre. Il en faut donc venir là, que nous ne cherchons pas de compagnon par quelque instinct de la nature ; mais bien pour l'honneur et l'utilité qu'il nous apporte. »

Thomas Hobbes (1588-1679), *Du citoyen*.

PISTES POUR L'ORAL

PRÉPARATION

Cerner les enjeux

Ce texte marque une rupture avec la philosophie politique de l'Antiquité grecque, en particulier celle d'Aristote : l'origine des sociétés n'est pas naturelle, mais conventionnelle. Elle s'appuie sur un pacte social. Ce texte réfute la thèse d'Aristote qui affirme que l'homme est un animal politique (*cf.* sujet d'oral n° 3).

Éviter les erreurs

En plus de bien connaître l'œuvre de Hobbes, il est donc important de savoir la situer dans l'histoire de la philosophie politique, sinon on risque de faire un contresens en confondant les arguments de Hobbes avec ceux qu'il critique.

PRÉSENTATION

Introduction

Ce texte est extrait du *Citoyen* de Hobbes, qui anticipe son ouvrage le plus connu : *le Léviathan*. Ce texte au cœur de la philosophie politique en interroge les fondements mêmes : pourquoi les hommes ont-ils formé des sociétés ? Pour y répondre il faut faire appel à une fiction méthodologique : le passage de l'état de nature (état sans loi) à un état civil, autrement dit à la société organisée par des institutions.

Après avoir montré dans la préface que la condition des hommes à l'état de nature est en réalité un état de guerre permanente et généralisée, Hobbes va dans cette première partie, intitulée « La liberté », décrire l'état des relations entre les hommes en dehors de la société civile.

Pour ce faire il va d'abord interroger le présupposé convenu de l'époque d'un homme comme animal politique, pour ensuite le critiquer, et enfin apporter une nouvelle réponse radicalement différente à la question de savoir ce qui pousse les hommes à former des sociétés.

Développement

Première étape

Dans la première partie du texte, Hobbes analyse la fameuse définition aristotélicienne de l'homme comme « animal politique ». Elle exprime ce que l'ensemble de ses prédécesseurs ont pu écrire sur la république. En effet, si l'homme est un animal, il se distingue de celui-ci par le fait d'être « politique » c'est-à-dire que sa sociabilité est inscrite dans sa nature. L'homme est « né avec une disposition naturelle à la société ». Autrement dit, c'est parce qu'il est inscrit dans la nature des hommes de former des sociétés qu'ils se sont rassemblés et organisés autour de lois communes.

La vie en société est ce qui permet selon la tradition grecque de réaliser ce pourquoi les hommes sont faits, d'actualiser ce qu'ils sont en puissance : ils (hommes/femmes ; maître/esclaves) sont complémentaires. De là vient une sorte de bienveillance naturelle des uns pour les autres.

Les juristes en ce sens n'ont plus qu'à observer ce que naturellement les hommes font, et à normaliser ensuite ces comportements sous forme de lois.

Deuxième étape

C'est à cette idée communément partagée que Hobbes veut se confronter. Il affirme qu'elle est fausse et résulte d'une mauvaise observation de la nature humaine. Il montre en effet, grâce à un raisonnement par l'absurde, que la sociabilité de l'homme n'est pas naturelle, n'est pas une essence mais un accident.

Si les hommes étaient poussés naturellement les uns vers les autres, ils s'aimeraient tous mutuellement de manière égale. Or bien évidemment ce n'est pas le cas, les hommes ont tous des préférences.

L'enjeu ici est, en montrant qu'il n'y a pas de bienveillance innée pour autrui, d'affirmer que l'origine de la société n'est pas naturelle, et donc qu'elle fait l'objet d'un choix, qu'elle est le fruit d'un acte libre.

Troisième étape

La place est alors faite pour affirmer que l'entrée en société résulte d'une décision : le pacte social. En effet, à partir du moment où l'association des hommes en une société n'est pas commandée par la nature, elle se trouve entièrement construite et choisie par l'homme. Hobbes appuie son argument par le fait que les hommes se retournent toujours vers ceux qui apportent plus d'honneurs et d'utilité. Par conséquent, la sociabilité est toujours intéressée.

Conclusion

Ainsi Hobbes marque une rupture avec la pensée grecque, qui faisait de la société un état de fait naturel. Avec Hobbes la société devient le résultat d'une décision humaine, et donc permet de mettre en avant comme fondement même de tout accord social la liberté humaine.

ENTRETIEN

Voici d'autres questions que l'examinateur pourrait vous poser lors de l'entretien.

▶ **Par quoi est guidé le passage de l'état de nature à l'état social si ce n'est par une bienveillance naturelle ?**
Par une crainte réciproque : les hommes perçoivent les autres comme des dangers potentiels, et anticipent le conflit en les agressant d'abord. L'homme devient « un loup pour l'homme ».

▶ **Quel pourrait être le modèle du gouvernement idéal pour Hobbes ?**
La monarchie, mais pas de droit divin car celle-ci n'est qu'une forme dérivée d'une conception naturaliste de la société.

IV. La boîte à outils

Lexique des notions

Le sujet

La conscience

Désigne dans son sens psychologique cette capacité de l'esprit de savoir qu'il pense, parle, ressent ou agit lorsqu'il pense, parle, ressent ou agit.

La perception

Consiste à appréhender le réel par le biais des sensations que le sujet organise. Tout le problème de la perception est de savoir comment celle-ci organise ces sensations : par les sens eux-mêmes ou par une opération de l'intellect ?

L'inconscient

Désigne au sens freudien une entité psychique autonome et dynamique dont la fonction est de refouler. Il est à distinguer du sens antérieur à Freud de l'inconscient, qui se définit comme degré moindre de la conscience et que l'on peut appeler « inconscience ».

Autrui

Désigne tout autre que moi, qui n'est pas moi, et qui pourtant est comme moi un sujet. Il est mon « alter ego », semblable et différent. C'est cette double particularité qu'il faut interroger.

Le désir

Désigne d'abord un manque par rapport à un objet imaginé ou réel et qui doit être source de satisfaction. Il se distingue du besoin dans la mesure où il n'est pas lié à une nécessité vitale. Il peut également désigner l'élan pour combler ce manque, voire la puissance d'être, et donc l'essence de l'homme ; en ce sens c'est un principe moteur.

L'existence et le temps

L'**existence** désigne un mode d'être différent de l'essence dans la mesure où cet être relève de la réalité actuelle. L'existence inclut également une dimension supérieure au fait de « vivre » biologiquement, qui est celle de la conscience humaine inscrite dans le temps.

Le **temps** se définit par la succession continue passé, présent et futur. Le problème est de savoir si le temps est une donnée objective, appréhendable par la science, ou une caractéristique de la pensée.

La culture

Le langage

Au sens large, le langage est un système de signes permettant la communication ; au sens restreint, c'est la faculté universelle de constituer et d'utiliser une langue et de pouvoir ainsi manifester une pensée par un système de signes.

L'art

Vient du grec *tekhné* qui renvoie d'abord à l'idée de technique, donc d'un savoir-faire. Mais l'art désigne dans un sens esthétique plus récent ce que l'on appelait au XVIIIe siècle les beaux-arts. En ce sens, il convient de distinguer la question de la création artistique (le travail de l'artiste) de la question du jugement de goût (l'effet produit par une œuvre sur le spectateur).

Le travail et la technique

Le **travail**, dans son sens courant, désigne l'activité ayant pour but de produire quelque chose d'utile, de transformer la nature pour satisfaire les besoins de l'homme. À la différence d'une activité purement animale, le travail résulte d'un effort de la conscience et de la volonté humaines. Par extension, le travail désigne à la fois la situation de l'homme qui se livre à cette activité, et l'ouvrage, le produit de cette activité.
La **technique** désigne l'ensemble des procédés et du savoir-faire déployés pour accomplir un travail.

La religion

L'étymologie de la religion (*religare* : lier, attacher) renvoie à l'idée d'être « relié ». En effet, dans sa dimension horizontale, la religion lie les hommes entre eux dans un même culte : c'est un phénomène social. Et dans sa dimension verticale, elle lie les hommes à une être divin transcendant : c'est un acte de foi.

L'histoire

L'**Histoire** avec un grand « H » désigne la réalité historique, le cours des événements du passé, le devenir des affaires humaines.
L'**histoire** avec un petit « h » désigne la science historique, la discipline étudiant l'Histoire, son récit.

La raison et le réel

Théorie et expérience

Une **théorie** désigne un système de thèses formulées par la raison sous forme de lois se rapportant à un objet d'étude.
L'**expérience** en revanche désigne l'ensemble des données sensibles avec lesquelles la théorie est en relation soit pour être élaborée, soit pour être vérifiée.

La démonstration

Faire une démonstration consiste à conduire un raisonnement (opposé à la croyance) ou une opération qui permet de conclure à la vérité d'une hypothèse à partir de prémisses considérées comme certaines. La démonstration est une preuve particulière, mais toute preuve ne constitue pas une démonstration.

L'interprétation

Consiste à trouver le sens caché ou latent de certaines données comme une œuvre, un texte ou un rêve. Elle ne se réduit pas à une explication faite à la lettre. L'interprétation permet de passer du signifiant au signifié.

Le vivant

Désigne d'abord l'ensemble des êtres qui ont en eux, en vertu de l'organisation particulière de leurs éléments, un principe de croissance lié à l'échange avec le milieu extérieur et qui sont susceptibles de se reproduire. C'est donc un système clos autonome, dont les organes et les fonctions sont interdépendantes et grâce à quoi il se renouvelle (nutrition, assimilation, réparation, reproduction).

La matière et l'esprit

La **matière**, dans son sens courant, désigne tout objet extérieur à nous, perçu par les sens. Dans un sens plus épistémologique, la matière renvoie à l'ensemble des éléments constitutifs de la réalité physique ou corporelle.
En ce sens, elle s'oppose à l'**esprit** qui se rapporte à la pensée, ou encore à l'âme.

La vérité

Désigne dans son sens le plus général le caractère des jugements (et des propositions qui les expriment) capables de fonder un accord entre les esprits.
La vérité renvoie au réel et à ce qu'on en dit. Elle désigne ainsi ce qui est soit un fait (synonyme de réalité), soit une proposition.

La politique

La société, les échanges et l'État

La **société** désigne l'ensemble des individus entre lesquels il existe des rapports organisés et des services réciproques, rapports consolidés par des institutions, et codifiés sous forme de lois. Ces rapports réciproques et répartis constituent l'ensemble des **échanges**.
Ces institutions politiques et juridiques, lorsqu'elles forment un tout durable, constituent l'**État**.

La justice et le droit

La **justice** désigne la vertu qui exige le respect et la défense du droit.
Être juste, c'est agir selon le **droit**.
Mais le droit peut être défini à plusieurs niveaux.
Comme **droit objectif**, ou positif, il désigne le code propre à une société donnée, variable selon le temps et le lieu, l'ensemble des normes qui règlent la vie sociale et sont exprimées dans des lois coutumières ou écrites.

Comme **droit subjectif**, il désigne le pouvoir moral d'agir, de posséder ou d'exiger quelque chose. C'est une exigence de la conscience qui consiste à réclamer un bien, un « dû ».

La morale

La liberté

On peut donner une définition négative de la liberté comme absence de contrainte, d'obstacle, et une définition positive comme capacité à agir par soi-même.

Le devoir

Désigne l'obligation morale d'agir selon sa conscience et sa liberté. En cela il se distingue de l'obligation juridique, et de la contrainte ou nécessité physique.

Le bonheur

Se définit comme état de plénitude, de satisfaction totale. Il se distingue ainsi du plaisir, état de satisfaction éphémère.

Lexique des repères

Absolu/relatif

Absolu désigne ce qui se suffit à soi-même pour exister, pour être vrai : indépendant, autosuffisant, et par suite complet, total, comme un pouvoir absolu, une confiance absolue ou encore l'Être Absolu (Dieu). Il s'oppose à **relatif**, ce qui n'a pas sa raison d'être en soi : dépendant, imparfait, ou à resituer dans un contexte comme une idée relative à une époque, une couleur relative à sa perception. En morale, l'absolu peut désigner la valeur ultime, une fin en soi, le souverain Bien, par opposition à l'utile, toujours relatif.

Abstrait/concret

Abstrait désigne le résultat d'une activité de l'esprit qui sépare et isole des éléments de la réalité en formant des concepts à partir de caractères communs. **Concret,** en désignant tout ce qui se donne dans l'expérience, s'oppose, mais aussi sert de support à l'abstraction. Par exemple, selon Aristote, le médecin a une connaissance générale, théorique et abstraite, mais il ne soigne que des cas particuliers dont il fait l'expérience concrète.

En acte/en puissance

Cette distinction d'origine aristotélicienne permet de décrire le changement qui fait passer quelque chose de l'état de **puissance**, c'est-à-dire de germe, de virtualité, à l'**acte**, c'est-à-dire à son accomplissement, à sa réalisation au sens de processus mais aussi de résultat. Ainsi, de la même manière qu'une plante sera en acte ce que la graine est en puissance, un médecin sera en acte ce que l'étudiant en médecine est en puissance. Le passage de la puissance à l'acte consiste à actualiser des potentialités.

Analyse/synthèse

L'**analyse** et la **synthèse** renvoient à deux méthodes distinctes de raisonnement : la première consiste à décomposer ou à dissoudre un ensemble, tandis que la seconde à partir d'éléments épars pour remonter vers un tout. Ainsi lorsqu'un élève commence à analyser un sujet de dissertation, il cherche d'abord à définir chacun des termes séparément, puis quand il reformule le sujet pour saisir le sens global, il en fait la synthèse.

Cause/fin

Les notions de cause et de fin renvoient à deux types d'explication (respectivement de types mécaniste et finaliste), à deux manières de répondre à la question « pourquoi ». La **cause** indique ce qui en amont a pu produire directement l'effet à expliquer. La **fin** se rapporte en aval au but ou à la finalité recherchée et qui peut correspondre à une intention, une raison. Ainsi à la question « pourquoi cet enfant est-il puni ? », on peut répondre par la cause (suite à une bêtise) ou par la fin (dans un but éducatif).

Contingent/nécessaire/possible

Est **nécessaire** ce qui ne peut pas ne pas être autrement (et non pas comme dans son usage courant « utile »). Par exemple, les angles d'un triangle font nécessairement 180° en géométrie euclidienne. Par opposition, est **contingent** ce qui peut indifféremment être ou ne pas être. Ainsi un acte pour être libre présuppose une certaine contingence de la réalité. Est **possible** ce qui peut arriver sans qu'il n'y ait de contradiction avec le réel ou la logique. Ainsi, ma mort est nécessaire, sa date est contingente et il est possible que cela soit cette semaine.

Croire/savoir

Croire et savoir sont deux modes du « tenir-pour-vrai » (*Fürwahrhalten* en allemand) selon Kant. **Croire** consiste à soutenir une vérité mais en l'absence de garantie objective suffisante. C'est avoir, selon différents degrés, la conviction d'être sous une bonne étoile, de pouvoir réussir, qu'il va pleuvoir, ou que l'eau va bientôt bouillir. Savoir est un état de certitude reposant sur des preuves ou des démonstrations suffisantes. Par exemple, je sais ma leçon, je sais que j'ai marché dans une flaque d'eau, ou encore que l'eau bout à 100 °C.

Essentiel/accidentel

Est **essentiel** ce qui participe de l'essence d'une chose, ce qui fait qu'elle est ce qu'elle est, ce qui est indispensable à son être et à sa définition. Est **accidentel** ce qui appartient à une chose mais à titre d'accident, c'est-à-dire en tant que caractéristique qui peut être retranchée sans que la définition de cette chose en soit changée. Par exemple, il est essentiel à l'homme d'être un animal rationnel selon la définition aristotélicienne, mais il est accidentel qu'il soit chauve ou chevelu. Le sophiste joue sur la confusion entre les deux notions en procédant par généralisation abusive.

Expliquer/comprendre

Expliquer consiste à déterminer les causes d'un phénomène de manière à le rendre intelligible, à en trouver les lois qui président à sa production. Une explication (du latin *ex-plicare*, déplier) procède par analyse, en décomposant le tout en ses parties. Elle renvoie à la méthode des sciences de la nature. **Comprendre** consiste à saisir le sens, la signification globale d'un événement, d'une situation, d'une œuvre en remontant aux conditions qui les ont rendus possibles. La compréhension (du latin *com-prehendere*, saisir ensemble, envelopper) est synthétique et ramène un phénomène à l'unité de son projet, d'une intention ou d'une volonté. Elle renvoie à la méthode des sciences humaines.

En fait/en droit

Le **fait** indique ce qui existe dans la réalité concrète et singulière, ce qui est, alors que le **droit** indique ce qui devrait être selon des principes légaux ou légitimes. Ces deux principes peuvent s'opposer. Par exemple, Rousseau souligne que la liberté, essence de l'homme (en droit), est partout bafouée (en fait) : « l'homme est né libre et partout il est dans les fers », *Contrat social, I*.

Formel/matériel

Formel est relatif à la forme, c'est-à-dire à ce qui détermine l'apparence extérieure, le contour, comme la forme d'un visage, mais aussi à ce qui détermine la structure, l'arrangement d'une chose comme la forme d'un discours. Par opposition, **matériel** est relatif à la matière, c'est-à-dire à ce qui hors de nous peut être saisi par les sens, à ce qui renvoie à une réalité physique. L'opposition forme/matière peut renvoyer aux oppositions suivantes : contenant/contenu, forme/fond (d'un texte par exemple), apparence extérieure/substance réelle (comme la figure d'une statue et le marbre), âme/corps (en anthropologie), vérité formelle (cohérence logique d'un raisonnement)/vérité matérielle (correspondance avec la réalité), intention pure/motif d'une action (en morale).

Genre/espèce/individu

La distinction genre/espèce/individu permet d'opérer des classifications de plus en plus précises selon ces différentes catégories en allant du général au singulier. Le **genre** est la classe générale qui se subdivise en espèces, et l'**espèce** peut être ramenée à un élément fondamental, l'unité ultime : l'**individu**. Cette distinction permet de réfléchir à la fois sur la théorie des ensembles en logique, et sur l'évolution des espèces en biologie. Par exemple, l'individu Grosminet appartient à l'espèce chat qui appartient au genre animal.

Idéal/réel

Idéal désigne ce qui n'existe que dans l'esprit, sans être perçu par les sens. Par opposition, **réel** désigne ce qui se situe en face de lui et existe effectivement. Par suite, l'idéal désigne la perfection que la pensée peut concevoir ou désirer, et le réel ce qui peut faire l'objet d'une connaissance.

Identité/égalité/différence

L'**identité** désigne ce qui demeure le même, identique à soi-même selon le principe A = A (comme l'identité d'une personne qui subsiste à travers le temps), ou bien ce qui est tout-à-fait semblable à quelque chose d'autre selon le principe A = B. Mais dans ce dernier cas, pour que les deux choses soient discernables, il faut qu'il y ait une différence entre les deux termes de l'égalité. La **différence** désigne toute relation d'extériorité ou d'altérité entre deux objets comparables. En mathématique, l'équivalence A = B est une **égalité** et en même temps une identité, car A est interchangeable avec B. En revanche, en politique l'**égalité** entre les hommes signifie qu'ils ont les mêmes droits et cela dans le respect des différences et de l'identité de chacun.

Intuitif/discursif

Intuitif est un mode de connaissance qui relève de l'intuition, c'est-à-dire d'une vision ou saisie directe et immédiate, par les sens (comme la décomposition de la lumière blanche dans le prisme de Newton), ou par l'intellect (comme le *cogito* cartésien). **Discursif** est un mode de connaissance qui se fait par la médiation d'un discours, c'est-à-dire indirectement par les étapes d'un raisonnement, d'une démonstration.

Légal/légitime

Est **légal** ce qui est conforme au code écrit d'une société donnée, au droit positif. Est **légitime** ce qui est moralement juste et conforme à la raison. La légitimité juge du fondement de la légalité. Le légalisme qui confond légal et légitime, a des limites, puisque des lois peuvent être injustes, illégitimes.

Médiat/immédiat

Médiat ou **immédiat** servent à qualifier notre rapport aux choses dans ce qu'il a d'indirect (il implique la médiation d'un moyen), ou de direct (sans intermédiaire). Notre liberté n'est pas immédiate et peut impliquer le recours à la médiation du travail. Le travail lui-même, en transformant la nature, nous arrache à son immédiateté.

Objectif/subjectif

Un jugement est **objectif** lorsqu'il restitue fidèlement, avec impartialité, ce qu'est l'objet extérieur au sujet qui le pense. Par opposition, un jugement **subjectif** s'établit en fonction du point de vue du sujet qui pense ou ressent. L'objectivité d'un jugement scientifique sera universellement reconnue. La subjectivité d'un point de vue reste singulière.

Obligation/contrainte

L'**obligation** désigne l'action de la volonté qui s'exerce sur elle-même pour se déterminer. En ce sens même si l'on agit sans désir, l'obligation est une action libre. En revanche, la **contrainte** désigne une force extérieure à la volonté qui est assujettissante et à laquelle on ne peut résister. Rendre honnêtement la monnaie de sa pièce par devoir moral est une obligation ; l'arme du bandit qui veut ma bourse est une contrainte.

Origine/fondement

L'**origine** désigne un commencement dans le temps, historique ou chronologique. Le **fondement** désigne un commencement logique ou essentiel qui répond plus à la question « pourquoi » que « comment » ou « quand », et qui, selon la métaphore architecturale, peut ensuite soutenir un ordre, une série de faits ou de connaissances. Ainsi le big-bang peut être considéré comme l'origine scientifique de notre monde, mais la nature politique comme le fondement de l'humanité telle que la conçoit Aristote.

Persuader/convaincre

Persuader et convaincre sont deux manières d'amener un interlocuteur à tenir quelque chose pour vrai. Mais alors que l'art de **persuader** (comme la rhétorique) est une sorte de séduction qui sollicite les sentiments et l'imagination, l'art de **convaincre** consiste à démontrer, à présenter les raisons véritables d'adhérer. Ainsi le sophiste pourra persuader de quelque chose de faux, tandis que le philosophe ou le scientifique pourront convaincre d'une vérité en y apportant arguments et preuves.

Ressemblance/analogie

La **ressemblance** pose, de manière plutôt intuitive, un rapport de similitude entre deux choses ou deux personnes, pouvant aller jusqu'à la confusion. Un portrait réussi ressemble bien à son modèle, mais dans un trompe-l'œil, la ressemblance est si forte que l'on confond la copie et l'original. L'**analogie** établit une ressemblance de rapports entre des choses différentes par essence selon le raisonnement de type mathématique a/b = c/d, où ce que a est à b, c l'est à d, sans que a ressemble à c ou b à d. Selon Aristote en *Poétique*, 1457b, la vieillesse est à la vie ce que le soir est au jour.

Principe/conséquence

Le **principe** désigne une proposition première et fondamentale. La **conséquence** est la proposition qui en découle nécessairement. Dans le domaine de l'existence, il s'agit de la cause et de son effet ; dans celui de la connaissance, il s'agit de la prémisse et de sa déduction ; dans celui de l'action, il s'agit de la règle et de son application.

En théorie/en pratique

En théorie signifie du point de vue de la représentation, de la pensée qui engendre des considérations abstraites. **En pratique** signifie du point de vue de l'action (technique ou morale), en tant qu'elle engendre des résultats concrets. La théorie et la pratique ne sont pas nécessairement opposées. Elles peuvent se compléter dans la mesure où l'homme peut bien agir grâce à une connaissance juste, et où la théorie elle-même peut être modifiée ou tirée d'une confrontation à la réalité. Pour Kant, l'exercice du jugement permet le passage de l'une à l'autre.

Transcendant/immanent

Est **transcendant** ce qui relève d'un principe supérieur et extérieur à notre monde. Ainsi l'idée d'un Dieu créateur renvoie à un principe transcendant. À l'inverse, est **immanent** ce qui appartient à la nature d'un être et qui relève d'un principe ou d'une causalité interne. Pour Kant, le transcendant est inconnaissable car au-delà de l'expérience, alors qu'est immanent ce qui ne sort pas des limites de l'expérience possible.

Universel/général/particulier/singulier

Universel qualifie ce qui vaut pour une totalité d'êtres ou d'idées, sans exception. Par exemple, « tous les hommes sont mortels ». **Général** qualifie ce qui vaut pour une pluralité d'êtres appartenant à un même genre ou ensemble. Établi par généralisation empirique, il admet des exceptions comme les règles générales de prudence. **Particulier** sert à désigner quelques éléments d'une classe. Par exemple, « certains hommes sont chauves ». **Singulier** qualifie ce qui appartient à un seul individu, à un sujet unique. Par exemple, « Socrate est fascinant ».

Index des noms propres

Les numéros renvoient aux sujets, les explications de texte sont ***en gras****.*

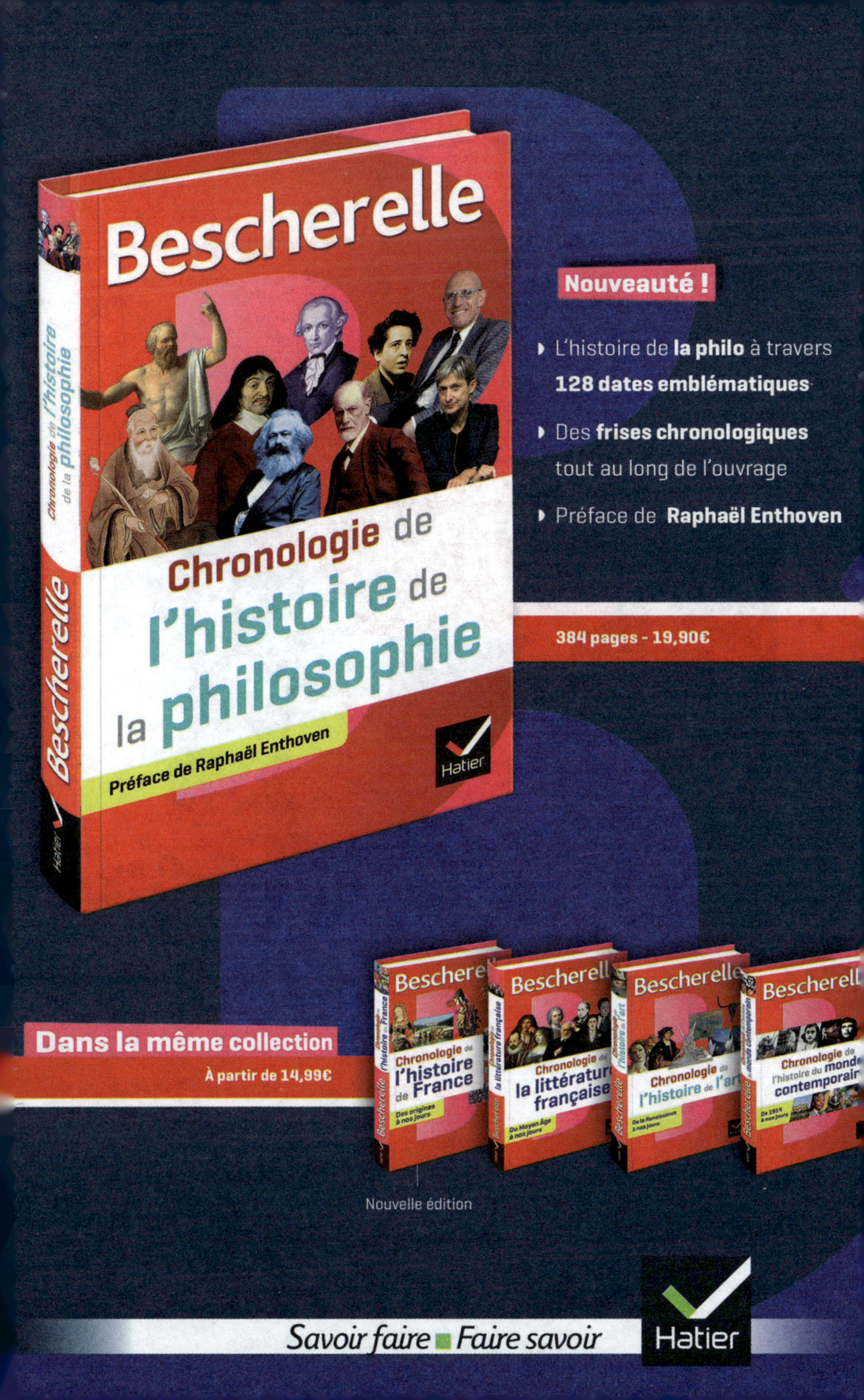
Bescherelle
Chronologie de l'histoire de la philosophie
Préface de Raphaël Enthoven
Hatier
Nouveauté !
L'histoire de la philo à travers 128 dates emblématiques
Des frises chronologiques tout au long de l'ouvrage
Préface de Raphaël Enthoven
384 pages - 19,90€
Dans la même collection
À partir de 14,99€
Chronologie de l'histoire de France
Des origines à nos jours
Chronologie de la littérature française
Du Moyen Âge à nos jours
Chronologie de l'histoire de l'art
De la Renaissance à nos jours
Chronologie de l'histoire du monde contemporain
De 1914 à nos jours
Nouvelle édition
Savoir faire Faire savoir
Hatier